AF436143

HISTORIA OCCULTAE

10

LES ÉDITIONS DE L'ŒIL DU SPHINX
36-42 rue de la Villette
75019 PARIS, France
www.œildusphinx.com
ods@œildusphinx.com

© 2019 LES ÉDITIONS DE L'ŒIL DU SPHINX

ISBN : 979 - 10 -91506 - 96 - 0
EAN : 9791091506960
ISSN de la collection : 1976-709 X
Dépôt Légal : février 2019

Illustration de couverture par Emmanuel Thibault ©

HISTORIA OCCULTAE
Revue annuelle des sciences ésotériques

Directeur
Philippe Marlin

Rédacteur-en-chef
Emmanuel Thibault

Fondateur
Dominique Dubois

Concepteur graphique/illustration
André Savéant & Emmanuel Thibault

LES ÉDITIONS DE L'ŒIL DU SPHINX
36-42 rue de la Villette
75019 PARIS, France
www.œildusphinx.com
ods@œildusphinx.com

SOMMAIRE

ÉDITORIAL

Peu avant Pâques cette année, notre amie Geneviève Béduneau nous a soudainement quittés pour d'autres cieux. Elle avait rejoint l'association de l'Œil du Sphinx lors de discussions sur les listes Internet à propos du mystère de Rennes-le-Château, puis en 2008 à l'occasion du deuxième Congrès Fortéen de Paris. Passionnée et passionnante, elle n'avait pas tardé à rejoindre l'équipe éditoriale, à animer de nombreuses conférences lors de nos activités, puis à assurer durant cinq années la rédaction d'*Historia Occultae*. C'est avec beaucoup de regrets que nous lui dédions ce numéro ; elle nous manque à tous et c'est un sentiment étrange de sillonner la France de l'imaginaire et de l'ésotérisme en travaillant sans elle, qui était une présence à la fois fidèle, érudite et vive. Mais l'aventure continue, bien entendu. Avec ce numéro 10, j'ai le plaisir de prendre les rênes de la rédaction. Nous poursuivrons sur la belle lancée des numéros précédents qui ont fait d'*Historia Occultae* l'une des revues francophones majeures en matière d'histoire et d'actualité de l'ésotérisme.

Ce numéro s'ouvre sur une contribution de Christian de Caluwe qui pose, dans le cadre traditionnel maçonnique, une question centrale pour le rituel aujourd'hui : celle de l'authenticité. *Dire la vérité et se faire vrai* aborde cet enjeu fondamental qui va bien au-delà de la morale. L'authenticité détermine la qualité de l'être qui s'implique dans un rituel, quel qu'il soit et, partant, la teneur profonde de cette démarche. L'authenticité est déterminante sur la voie de l'éducation spirituelle comme dans le comportement quotidien. Nos lecteurs découvriront avec intérêt la façon originale dont Christian de Caluwe a choisi de l'aborder ici, une réflexion autour d'un tableau d'Édouard Debat-Ponsan.

Claude Debout nous propose ensuite de revenir sur la relation ambiguë du fondateur de la psychanalyse avec l'occultisme, en prenant comme référence un ouvrage de Christian Moreau paru en 1976. Les temps changent, la réflexion évolue. Cinquante ans plus tard, nous abordons la psychologie — et la psychanalyse en particulier — avec un autre regard. Les enjeux ont changé eux aussi, tout comme la façon dont la société profane considère l'ésotérisme et le sacré en général. La lecture de cet article, intitulé *L'occultisme et Freud*, nous permettra de rafraîchir les idées que nous nous faisions à propos de Freud, de son rationalisme pas toujours aussi tranché qu'on le croit, de la nature de ses différends avec Jung, etc., mais surtout de reconsidérer la césure entre psychologie et métaphysique.

Rebondissant sur le texte précédent de Claude Debout paru dans *Historia Occultae* n° 9, Philippe Marlin vient nous parler de contre-culture et de la façon dont celle-ci agit comme une influence omniprésente qui touche également l'univers traditionnel et la spiritualité. Suit une intervention de Georges Bertin à propos de l'importance du symbole d'Isis en Franc-maçonnerie, notamment autour de la thématique des choses voilées ou révélées : *Le voile d'Isis*. Puis une longue *interview* d'un érudit membre du REAA à qui nous avons posé des questions sur *la nature, la pertinence et la transmission du rite* aujourd'hui. S'inscrire dans une démarche de quête spirituelle, qui plus est dans un Ordre initiatique, n'est pas une décision que l'on prend à la légère. Il s'agit de transformer sa vie et de lui donner une dimension sacrée, de se transformer avant tout afin qu'une telle chose devienne possible. Bien comprendre le sens de cet engagement et le contexte des moyens qui sont proposés pour y parvenir est indispensable ; pourtant, il est rare qu'on nous en parle aussi ouvertement que dans ce témoignage. Ce qui est dit ici à propos d'un rite particulier peut être transposé dans d'autres contextes initiatiques occidentaux et reste tout aussi éclairant. Les lecteurs en apprendront certainement aussi sur différents aspects de l'histoire de l'occultisme français au siècle dernier.

Nous retrouvons ensuite Christian de Caluwe pour une présentation détaillée de l'utilisation des parfums dans les rites occidentaux : *l'encensement*. Puis nous avons choisi un texte classique de notre amie Geneviève, paru une première fois dans le fanzine *Nemo* n° 2 sous le pseudonyme d'Anne Vève. Lancé par Geneviève Béduneau et Jean-Luc Le Bellec, *Nemo* faisait partie des nombreux supports dédiés à la Science-Fiction et au Fantastique durant les années 80. Peu d'entre eux ont vécu longtemps. Puisque nous sommes entre odésiens, nous pouvons citer avec nostalgie *Dragon & Microchips* qui a vu paraître 25 numéros aux Éditions de l'Œil du Sphinx, dont les deux derniers en format livre, en 2008. L'article sélectionné ici, tiré des volumineuses — que dis-je ? himalayesques — archives de notre amie, est un clin d'œil à son penchant pour les techniques de mancie. Dans *Tarots et Merveilles*, Geneviève Béduneau présente agréablement, mais avec la pertinence et la finesse qui la caractérise, le jeu de Tarot et sa symbolique. Un petit ouvrage de sa plume sur les runes ne tardera pas à paraître dans une collection entièrement dédiée aux travaux de notre amie.

Nous avons le plaisir de publier ensuite une recherche d'Olivier Steing qui a défriché pour nous le paysage sauvage et extrêmement touffu du rock indépendant et de ses relations avec l'occultisme. En effet, entre rumeurs et réalité, les liens des groupes de musique underground avec la magie, mais aussi avec les tendances les plus noires sont avérés… quoiqu'il s'agisse souvent d'emprunts à une symbolique particulièrement puissante ou de folklore. Mais pas toujours. Ce long reportage sera publié en deux parties ; la question du satanisme sera développée dans le prochain numéro, alors que nous découvrirons ici surtout les liens entre le thélémisme, les mythologies nordiques et les *Musiques du chaos*. Pour mieux comprendre ce contexte, l'anthropologue Raoul Zimmermann nous parlera de *L'àsatrù en Islande*, forme locale de l'odinisme dont il nous décrypte, carnets de terrain à l'appui, la version la plus contemporaine. Et pour terminer, je creuserai la question des nouvelles ritualités en lien avec cette notion qui hante les mouvements les plus actuels : comment *Guérir le territoire*, une préoccupation autour de laquelle se rejoignent néopaganismes et néochamanismes, mais aussi des sensibilités politiques opposées.

*

En guise d'amuse-gueule, nous vous proposons une expérience encore inédite dans nos colonnes : un petit exercice pratique. Dans la tradition du bouddhisme Ch'an, plus connu sous son appellation japonaise de Zen, une technique d'éducation spirituelle bien connue est le *kōan*. La rédaction vous dévoile dans ce numéro un *kōan* inédit que vous pourrez essayer de décrypter, si cela vous tente. La solution ne sera pas donnée immédiatement, comme c'est trop souvent le cas dans les ouvrages qui citent cette technique. En effet, cela coupe l'effet de suspense et encourage la réflexion intellectuelle, ce qui va précisément à l'encontre de l'exercice. Nous procéderons donc étape par étape au fil des prochains numéros, en suivant l'échange entre l'enseignant et son élève.

Si vous souhaitez soumettre vos textes à la rédaction, veuillez nous contacter sur *ods@oeildusphinx.com*, nous vous indiquerons le format d'envoi qui convient. Merci d'avance.

Excellente lecture !

Emmanuel Thibault, 25 novembre 2018

KŌAN INÉDIT

Définition : *kōan*, technique d'enseignement spirituel utilisée dans la voie zen de l'école Rinzai. Il s'agit d'un énoncé ou d'une question paradoxale qui n'utilise pas la logique ordinaire. Son objectif est de créer une rupture dans le flux mental telle qu'elle peut induire la réalisation spirituelle, le *satori* [1].

Une grenouille vorace qui mange sans faim tue tous les bœufs et tous les bouddhas, puis s'avale elle-même.

---

[1] Pour apporter à cette pratique un avis complémentaire issu de la culture occidentale, on peut citer le psychanalyste Erich Fromm : « *Découvrir son inconscient n'est absolument pas une démarche intellectuelle, mais une expérimentation affective qui peut difficilement, sinon pas du tout, se traduire en paroles. Cela ne signifie pas que réflexion et spéculation ne peuvent pas précéder le fait de la découverte. Mais la découverte est toujours en elle-même une expérience totale et caractérisée par sa soudaineté et sa spontanéité.* » (Erich Fromm, *La crise de la psychanalyse : essais sur Freud, Marx et la psychologie sociale*, Anthropos, 1971).

DIRE LA VÉRITÉ ET SE FAIRE VRAI

par Christian de Caluwe (2012-2017)

En partant du tableau intitulé « la Vérité sortant d'un puits »

La vérité sortant d'un puits
*par Édouard Debat-Ponsan, 1898,
à l'Hôtel Morin d'Amboise.*

Ce tableau qui va servir de support à nos réflexions a été peint en 1898 par Édouard Debat-Ponsan dans un contexte d'affrontement entre dreyfusards (Émile Zola, Jean Jaurès...) et antidreyfusards, nationalistes et antisémites (Charles Maurras, Maurice Barrès...). *« J'ai voulu seulement rendre l'âme nue de l'abominable Basile (personnage du Barbier de Séville de Beaumarchais), sans savoir que je peignais du même coup, le tableau le mieux réussi de ma carrière d'artiste. Je n'ai d'ailleurs aucun mérite à cela ; ce n'est pas ma main, c'est mon cœur qui guidait mon pinceau, »* répondit Édouard Debat-Ponsan, à Zola qui lui posait la question du pourquoi de son chef-d'œuvre.

Quoi qu'il en soit, il est possible de citer, en guise d'introduction à l'approche de notre propos, les deux pensées suivantes qui s'opposent : *« Toute vérité n'est pas bonne à dire »* selon un proverbe du XIIIe siècle, et ce que dit Luis Buñuel avec une certaine impétuosité ibérique : *« Il n'y a qu'une façon de dire la vérité, la dire ».*

D'ailleurs, dans le cabinet de réflexion du Rite Français et du Rite Écossais Ancien Accepté, se trouve un aphorisme : *« si tu ne veux pas connaître tes défauts, va-t'en ! »* On en déduit que celui qui a peur de découvrir ses faiblesses n'est pas prêt à se connaître. Cependant, un autre proverbe nous appelle à la prudence : *« la franchise n'est pas toujours bonne conseillère »*. Pour autant peut-on réduire la vérité à la découverte de ses défauts ? Et puis n'est-ce pas la perte des illusions sur soi qui nous blesse et qui nous fait progresser vers plus de spiritualité ?

Mais, qu'est-ce la Vérité ? Il serait possible de représenter la Vérité absolue par un axe vertical alors que nos vérités relatives pourraient être représentées par un axe horizontal : *« Vérité en deçà des Pyrénées, erreur au-delà »* nous rappelle Montaigne. Par conséquent, ces vérités relatives sont une réalité subjective perçue à travers le prisme d'une personne à un moment donné de sa vie et selon son vécu : *« Nous ne voyons pas le monde tel qu'il est, dit Kant, mais tel que nous sommes »*.

I – Faut-il dire la vérité, et comment ?

Il y a différentes manières d'exprimer la vérité, ou du moins de formuler sa vérité :

1 °) en la manipulant, comme le font bien souvent les décideurs, les hommes de pouvoir, les commerciaux qui pensent détenir la vérité et veulent l'imposer en pratiquant des techniques de vente (de type Xerox ou Dale Carnegie) pour convaincre l'interlocuteur ou les auditeurs, mais aussi pour arriver à des fins de pouvoir idéologique, politique ou financier. Des paroles soi-disant douces, mielleuses peuvent être aussi proférées. Comment pouvons-nous leur faire confiance ?

2 °) d'une façon inhibée, hésitante et fuyante, par excès parfois de délicatesse ou parce que l'interlocuteur présente une certaine rigidité qui l'empêche d'entendre ce que l'on cherche à lui dire ;

3 °) d'une façon archaïque, agressive et réflexe ; cette façon exprime la colère, pendant laquelle on lance à la figure de l'autre ses méchancetés, ses vacheries, ses quatre vérités. Les paroles sont alors blessantes et nuisibles, car elles provoquent une réaction de tension, d'incompréhension. Elles occasionnent un mécanisme de défense bien naturel qui apparaît souvent lorsque nous sommes blessés. Le choc de retour qui s'ensuit traduit notre souffrance qui peut devenir rémanente. La personne agressée doit se débrouiller avec ce qu'on vient de lui asséner. Dans le bouddhisme tibétain, on parle de « paroles dures ». Elles font partie des dix -non vertus, de même que le mensonge. Pourquoi rajouter de la souffrance à de la souffrance ? N'existe-t-il pas une façon non violente de communiquer sans offenser, sans mépriser, sans humilier ? Voyons donc comment.

4 °) d'une façon chaleureuse, réfléchie et sensible, mais cependant affirmée qualifiée d'assertivité par Andrew Salter, psychologue new-yorkais (*assertiveness* : assurance, confiance en soi, en anglais). Il semble plus facile de maîtriser chez l'autre les états que l'on a réussi à maîtriser chez soi et de désamorcer une « bombe relationnelle ». Mais surtout, essayer de répondre à la violence en n'étant pas violent soi-même. Il y a dans cette attitude, considération de l'autre, ouverture, détente, écoute, mais aussi respect et acceptation de soi avec toutes nos faiblesses ataviques et lointaines. Cette communication humaine est d'une grande qualité d'échanges et permet d'oser dire ce que l'on pense, sans être dans la négation de soi et la rumination de ce que l'on aurait pu dire ! Elle appelle le retour de l'autre en déjouant le piège éventuel de l'empathie qui peut être « *la meilleure et la pire des choses* », car elle favorise des projections imaginaires pas toujours en adéquation avec ce que l'autre vit. Quant à l'attitude stoïcienne de la maîtrise de soi, de ses pulsions, il ne s'agit pas pour autant d'amputer ce que nous sommes. C'est un idéal qui suppose une progression dans la maîtrise des différentes strates de notre psyché : l'inconscient qui devient subconscient, le subconscient qui devient conscient et le conscient qui s'élargit au supra-conscient. Mais de quelles vérités parlons-nous, puisque nous venons d'envisager comment les dire ? Plusieurs approches de ce concept vont apparaître de même que l'impérieuse nécessité de se faire vrai. Essayons, tout d'abord, de raisonner par niveaux d'organisation.

II – Différentes approches de la vérité

D'abord sur le plan éthique.

1 °) plan éthique

Il est important de ne pas mentir et de ne pas se mentir en portant un masque (*persona* de Jung) et en manipulant les hommes. Cependant, le masque peut servir de protection à une personne psychiquement clivée après un choc affectif important. Il est alors passager, mais nécessaire et vital. Reste que pour rester dignes, nous voudrions expérimenter la Vérité comme un art de vie au quotidien. Reconnaître également en toute humilité qu'il nous est difficile parfois d'accomplir nos promesses : « *Ma vie,* dit Montaigne, *est tout entière en apprentissage et en épreuve* ». Mais qu'en est-il sur le plan familial ?

2 °) plan familial

Il existe des secrets de famille : adultère, enfants naturels, homosexua-lité, inceste et, plus rarement, pères et mères d'adoption… Les temps ont changé depuis Marcel Pagnol ! Un des principes majeurs de l'ana-lyse transgénérationnelle, nous explique Colette Le Vaillant, psycho-thérapeute à orientation transgénérationnelle, est de dire que *tout ce qui n'est pas dit est répété* ! Il est important que les enfants sachent, dès trois ans et cela jusqu'à cinq ans maximum, d'où ils viennent, c'est-à-dire qu'ils soient informés sur la sexualité, savoir comment ils ont été conçus, mais aussi où ils vont, ce qui revient à les informer sur la mort, sous peine de les voir développer des symptômes et de mettre en jeu des images, des représentations archaïques qui se forment avant trois ans. L'enfant passe alors par trois stades encore plus archaïques qui évoquent les trois grands règnes de la nature : le miné-ral, le végétal, l'animal et l'humain. Psychotiques, autistes, schizophrènes pourraient bien être restés bloqués à l'un de ces stades. De plus, ce n'est pas parce que les choses ont été dites que leurs épreuves ont été traversées émotionnellement et métabolisées. D'où la distinction entre secret familial et fantômes parasites qui peuvent hanter les descendants du secret de famille.

Considérant les questions d'adoption et de révélation de l'identité de la naissance et des parents biologiques, révéler une vérité de cette sorte ne risque-t-elle pas de déstabiliser un enfant lorsqu'il est devenu adolescent ? Les parents adoptifs peuvent être alertés par son comportement : dépression, repli sur soi, agressivité pour provoquer enfin la révélation du non-dit sont des indices. L'idéal, de nos jours, est de trouver les mots pour dire la vérité le plus tôt possible même si les mimiques, le regard, la voix traduisent un mimétisme troublant avec l'un des parents auquel finit par ressembler parfois l'enfant adopté. Car il est fort probable que, dans son for intérieur, il ait deviné le secret de sa naissance, comme l'explique le psychanalyste Bruno Clavier en définissant le concept d'originaire, théorisé par Piéra Aulagnier : « *C'est la capacité de l'enfant de capter les événements traumatiques de ses parents, alors qu'on ne lui en a jamais parlé. Cela pose la question d'une télépathie profonde de l'enfant. Cette télépathie peut s'expliquer par une théorie qui complète le système établi originellement par Freud. Il avait décrit deux processus dans notre psychisme : le processus primaire, l'inconscient, les fantasmes, l'imagination, la pensée associative, et le processus secondaire, qui recouvre le jugement, l'analyse, le discernement, bref le conscient. Dans le cas de beaux-parents ou de parents adoptifs, il semble en être de même. Cette capacité fait que l'enfant est connecté à une réalité qui se place "hors temps" et "hors espace" ; elle s'étend de la période fœtale jusqu'à l'âge d'environ trois ans, elle perdure jusque vers dix ans pour disparaître avec l'adolescence, quoiqu'il en reste des traces chez tout adulte.* »

De là, poursuit Colette Le Vaillant, découle la nécessité de dire aux enfants adoptés d'où ils viennent, et cela le plus tôt possible, en valorisant cet acte empreint de gravité au cours duquel les parents géniteurs peuvent être remerciés de ce don. Il sera ainsi possible d'éviter les difficultés de lien et d'attachement de l'enfant avec sa nouvelle famille. D'autant plus que l'enfant adopté est porteur de quatre lignées et qu'il peut engendrer de ce fait toute une psychogénéalogie familiale. Cependant, les secrets d'adoption sont bien plus rares que les secrets de paternité réelle. Compte tenu du nombre sans cesse grandissant de familles recomposées, ces secrets tendent de nos jours à devenir moins fréquents.

3 °) plan sociologique

Après avoir abordé la vérité sur le plan familial, la question de pouvoir l'exprimer se pose dans notre vie quotidienne. Doit-on vivre en société en se disant ce que l'on pense vraiment dans un monde fait d'accommodements et de mensonges ? Comment ne pas songer à ce film de Matthew Robinson, *The invention of lying* (L'invention du mensonge) qui met en scène un monde où l'on croit ce que dit l'autre, car le mensonge n'existe pas. Chacun dit vertement ses quatre vérités, souvent négatives et sans hypocrisie, à toute personne, qu'elle ait envie ou pas de les entendre, jusqu'au jour où un homme, en inventant le mensonge, devient puissant, car sa sincérité ne peut pas être mise en doute. Quoi qu'il en soit, il paraît prudent de les dire avec diplomatie, avec assertivité, avec amour ; bref, il est nécessaire d'y mettre des formes pour être entendu et pour ne pas provoquer de mécanismes de défense par orgueil de celui à qui elles s'adressent. Mais, sur le plan professionnel, lorsqu'il faut défendre son gagne-pain, ou bien, comme sous la résistance, sauver la vie d'un proche, ne doit-on pas par moments se « mettre un pavé » sur la langue à moins d'être syndiqué, protégé ?

Quoi qu'il en soit, il existe des espaces, des moments pour trouver les mots afin d'exprimer sa vérité dans le respect de l'autre. Par exemple au sein d'un espace protégé, poser sa pierre sans s'opposer fait partie d'un art de bâtir en « *rassemblant ce qui est épars* » et en exploitant parfois les « *ressources des résistances partagées* » ; car nos semblables ne sont pas seulement attachants par leurs qualités, mais aussi et peut être surtout par les « *compétences des défauts,* » selon les expressions de Philippe Kourilsky, professeur d'immunologie moléculaire au Collège de France. (*Du désir au besoin de changer* chez Dunod). « *Ce que l'on te reproche, cultive-le, c'est toi-même,* » dit Jean Cocteau. Ce sont précisément ces défauts qui singularisent nos semblables et ils nous les tendent comme autant de miroirs. Nous avons parfois réussi à y échapper, du moins nous en avons l'illusion, mais l'humanité présente et passée est en nous ! Les autres sont ceux par qui je suis devenu ce que je suis, car ils m'ont aidé à me construire. Place à l'altérité !

Et puis, ne doit-on pas s'interroger sur le sens de vouloir « dire ». Pourquoi veut-on asséner ce que l'on estime être une vérité à l'autre ? Ne faut-il pas voir dans cette intention le désir inconscient de se « décharger » d'un poids trop lourd à porter, sans prêter attention à la sensibilité de la personne à qui l'on s'adresse, du moment juste et propice, du contexte favorable pour le faire. Par conséquent, les conditions d'une communication favorable ne doivent pas nous échapper. Il en est de même au plan politique, comme nous allons le voir, car parfois nos élus se coupent de la base et tiennent secrets des épisodes malhonnêtes de leur vie ou entretiennent des mensonges.

4 °) plan politique

Tout comme la peinture d'Édouard Debat-Ponsan, qui traduit la polémique de l'époque de Dreyfus. La toile était dans l'appartement parisien d'Émile Zola lorsque le marchand d'art Ambroise Vollard, venu voir les tableaux de Cézanne propriété de l'écrivain, lui rendit visite. Écoutons-le : « *A mon arrivée chez Zola, on me fit traverser un vestibule où s'étalait une immense composition de Debat-Ponsan représentant une Vérité sortant du puits, avec, comme devise :* Nec Mergitur, *et comme titre : La Vérité dressant son miroir s'efforce de sortir du puits, où la maintiennent l'hypocrisie de Basile et la rude poigne de la force brutale.* », mais encore : « *La vérité est en marche et rien ne l'arrêtera. Remerciements à mes amis de la Vérité qui ont bien voulu me faire le sympathique cadeau de cette œuvre belle et brave, Paris le 6 décembre 1900.* »

Personnage masqué, symbolisant l'Hypocrisie, homme au chapeau du devant de la scène, incarnant la Force brutale, empêchent la Vérité de se dévoiler complètement. Ils aimeraient non seulement qu'elle se rhabille, mais aussi la renvoyer dans son puits ! Ces deux personnages lui font donc obstacle. Dans le cas de l'affaire Dreyfus, le combat de Zola relayé par Charles Péguy et beaucoup d'autres penseurs est virulent. Il ne suffit pas de connaître la vérité, encore faut-il la répandre et la défendre ! Peut-on toujours tenir ses promesses ? Faut-il parfois la taire quand on sait que, selon le Zohar, « *le monde subsiste par le secret* » ? C'est ainsi qu'un homme politique qui n'est pas enclin à mentir peut être amené par sa fonction à le faire, parfois malgré lui, mais souvent parce que le désir de parvenir va le rendre sans scrupule. Il va en être tout autrement en médecine où des considérations d'ordre philanthropique préoccupent le médecin.

5 °) Plan médical

Par exemple, est-il toujours possible de dire la vérité à un malade dont l'état de santé est préoccupant ? L'article 35 (article R.4127-35 du code de la santé publique) dispose : « *Le médecin doit à la personne qu'il examine, qu'il soigne ou qu'il conseille, une information loyale, claire et appropriée sur son état, les investigations et les soins qu'il lui propose. Tout au long de la maladie, il tient compte de la personnalité du patient dans ses explications et veille à leur compréhension. Toutefois, lorsqu'une personne demande à être tenue dans l'ignorance d'un diagnostic ou d'un pronostic, sa volonté doit être respectée, sauf si des tiers sont exposés à un risque de contamination. Un pronostic fatal ne doit être révélé qu'avec circonspection, mais les proches doivent en être prévenus, sauf exception, ou si le malade a préalablement interdit cette révélation ou désigné les tiers auxquels elle doit être faite.* » Ces différentes attitudes relèvent déjà de conceptions de vie qui varient selon les individus confrontés à une mort imminente.

Dans sa pratique quotidienne, le médecin est-il sûr de bien comprendre son malade dont la vérité intime peut lui échapper ? Quoi qu'il en soit, il ressent, comme chacun d'entre nous, de l'incomplétude. C'est notre seule certitude. Plus que quiconque, le praticien interprète des signes. La vérité médicale objective est pour lui, parfois difficile à établir, malgré une longue expérience dont il doit bannir toute croyance. Toute hypothèse doit être vérifiée expérimentalement, comme le prônait sagement Claude Bernard. Par conséquent, la vérité médicale repose sur la clinique et des interprétations, corroborées ou non, par des analyses ou des imageries (échographies, scanners, PET scan, IRM, IRMf…). Mais qu'en est-il sur le plan philosophique ?

6 °) Plan philosophique

Traditionnellement, nous venons de voir que la Vérité se présente comme une femme nue qui sort d'un puits ; certains lui voient le devant, d'autres le derrière ; cela suggère que l'on accède à une vérité relative par une démarche circulaire. Or, dans le tableau de Debat-Ponsan, cette femme à moitié nue nous tend un miroir qui renvoie à la prise de conscience que nous projetons bien souvent une image sur le réel. Cette connaissance par reflet nous renvoie à notre propre ambiguïté, à nos propres contradictions. *« L'homme est à l'image immortelle de Dieu, mais qui pourra la reconnaître s'il la défigure lui-même ? »* Nous sommes donc pris au piège du jeu de l'apparence et de la réalité. Ne sommes-nous pas nus sous nos habits ? Partir du visible pour aller vers l'invisible nous invite au *« connais-toi toi-même. »*

Quels commentaires en fait Socrate ? Référons-nous au Charmide, (164 d) : *« C'est ainsi que le dieu s'adresse à ceux qui entrent dans son temple, en des termes différents de ceux des hommes, et c'est ce que pensait, je crois, l'auteur de l'inscription : à tout homme qui entre il dit en réalité : "Sois sage". Mais il le dit, comme un devin, d'une façon un peu énigmatique ; car "Connais-toi toi-même et "Sois Sage", c'est la même chose, au dire de l'inscription et au mien. Mais on peut s'y tromper : c'est le cas, je crois de ceux, qui ont fait graver les inscriptions postérieures : 'Rien de trop'et" cautionner c'est se ruiner ». Ils ont pris le « Connais-toi toi-même » pour un conseil et non pour le salut du dieu aux arrivants, puis, voulant offrir eux-mêmes des conseils non moins salutaires, ils les ont consacrés dans ces inscriptions. »*

Mais comment interpréter le « connais-toi toi-même » ? Ne s'agit-il pas d'être lucide, de ne pas se mentir à soi-même ?

Un niveau psychologique d'introspection est le plus souvent retenu. Il a trait à la connaissance de soi pour « oser devenir qui l'on est » afin d'affirmer sa Personnalité véritable. La voie peut être longue comme « la voie humide » en alchimie et à ce propos André Gide n'hésite pas à dire (*Les nouvelles nourritures terrestres*, livre troisième) : *« Connais-toi toi-même. Maxime aussi pernicieuse que laide. Quiconque s'observe arrête son développement. La chenille qui chercherait à "bien se connaître" ne deviendrait jamais papillon. »* Ce que Gide semble oublier, c'est que cette métamorphose chez l'insecte n'est pas le fruit d'une décision consentie et cette question du libre arbitre est fondamentale chez l'homme, car elle conditionne son choix d'une seconde naissance d'ordre initiatique, transfiguration fécondée par l'Esprit.

Peut être s'agit-il pour cet auteur de ne plus se poser de questions, mais de vivre en nouveauté, d'imaginer le papillon faisant un retournement sur lui-même, conscient de sa métamorphose, mais rétrospectivement.

Et là nous pourrions parler de « voie sèche » ! La voie humide est longue et sûre ; elle suppose un travail de purification pour atteindre le Grand Œuvre. Les dissolutions se font par des lavages successifs. C'est la Voie Royale. Elle repose sur le VOIR. La mort initiatique précède l'illumination. La voie sèche est rapide. C'est la « voie sacerdotale » ou « voie des humbles ». Elle repose sur l'ÉCOUTE : l'illumination provoque la purification rétrospective. L'attaque se fait de front *sans dépouillement des métaux*. La première étape, celle de la séparation, est donc supprimée. Quoi qu'il en soit, les lois qui régissent le microcosme et le macrocosme sont les mêmes. Par conséquent, ce raisonnement par analogie nous donne une clef : en partant du monde visible qui tombe directement sous les sens, je peux accéder à des arrière-mondes invisibles, je peux dévoiler dans une certaine mesure le réel.

Mais un troisième niveau peut être envisagé : celui d'un éveil progressif vers le *Noûs*, (intellection ou esprit) vers le Soi éternel et vers la Connaissance immuable. « *Connais-toi toi-même pour mieux t'oublier toi-même* », qui débouche sur le « *Connais-toi en Moi* » de Sainte Thérèse d'Avila. Le TU devient alors JE. « *Ah ! insensé, qui crois que je ne suis pas toi !* » s'exclame Victor Hugo. La Lumière de la caverne en est une belle parabole : c'est la connaissance de la « *lumière souveraine dans l'intelligible, dispensatrice de vérité et d'intelligence* [...] *cause universelle de toute rectitude et beauté* », (*La République* 517 c, traduction Robin).

Par ailleurs, l'homme nietzschéen s'expose à la découverte de ce qu'il est, car il n'a pas peur des blessures... il ne cherche pas à être rassuré, pas plus qu'à être encouragé. C'est plus un phil-*alethe* (un ami, non pas de la sagesse, mais de la vérité) qu'un philosophe, et la vérité que l'on nous renvoie, parfois avec une franchise rude et virile, tranche nos défauts comme un diamant ou comme une épée flamboyante. L'orgueilleux en ressort vexé, car cette vérité est toujours déstructurante. L'amour-propre va être un obstacle à cette connaissance de soi qui ne va pas sans échardes. « *Celui qui a peur des blessures,* dit Simone Weil, *doit aimer autre chose que Dieu.* » Il faut plusieurs semaines pour accepter de ne pas être aussi bien que nous le pensions et faire la part de la projection que l'autre a faite sur nous de ce qui nous en revient. Ce mécanisme nous révèle une part inconnue de nous-mêmes que la démarche psychanalytique nous aide à percevoir.

6 °) plan psychanalytique

Dans une cure psychanalytique, le thérapeute frustre son patient de toute
réponse. C'est ce que Lacan appelle « la parole vide ». Pas de vérité assénée,
révélée. Au terme de cette démarche, survient alors « la parole pleine » : tu
es Cela, voici la clef de ta destinée mortelle et immortelle. Cependant, à la
lumière du concept de l'originaire, le thérapeute doit-il toujours se taire ?
Écoutons ce qu'en pense Bruno Clavier en prolongement de ce que nous
avons déjà dit : « *La relation analytique reproduit ce rapport archaïque
mère-enfant des premiers temps, et cette télépathie entre le patient et son
analyste est décrite par Freud dans ses Nouvelles conférences
d'introduction à la psychanalyse avec le cas d'un patient qui lui dit, lors
d'une séance, ce que Freud "venait de vivre immédiatement avant"*
(Sigmund Freud, *Nouvelles conférences d'introduction à la psychanalyse*
[1933], Paris, Gallimard, 1984, p. 78   ). *Cela se vérifie constamment avec
les adultes que je reçois. Cette communication inconsciente originaire fait
que la relation entre l'analyste et celui qu'il reçoit peut confondre ainsi les
espaces psychiques et corporels de façon étonnante. Cela va bien au-delà
de ce que la psychanalyse nomme le contre-transfert, la réaction intime de
l'analyste face à celui qu'il reçoit : il peut devenir l'autre et l'autre peut
devenir lui. Aussi, un analyste, à certains moments particuliers, ne devrait
pas hésiter à parler de lui-même à son analysant si la relation se situe trop
fortement dans ce type de communication inconsciente ; sinon celui-ci peut
prendre à son propre compte ce qui appartient en fait à son analyste.* »

Rappelons que l'outil majeur de la psychanalyse est le transfert. C'est en
effet au cours du transfert que le patient va revivre, retraverser des
épisodes douloureux de sa vie, mais dans un cadre propice et
bienveillant. Quand le drame se rejoue sur le plan émotionnel, appartient
à l'analyste de faire en sorte qu'il ne soit plus répétitif, mais résolutif.
Grâce au thérapeute, si ce dernier repère la répétition, il lui est possible
de dépasser ce scénario qui entraînait une fatalité dans la conduite de sa
vie quotidienne, comme un lointain et atavique murmure.

Cependant, comme le souligne le professeur Lucien Israël — le psychanalyste — « *la prétention que seule la médecine est capable de
guérir les névroses est grotesque...* » Nous avons tous fait l'expérience
de personnes ou de circonstances nous révélant une partie de notre

vérité inconsciente. À nous de l'optimiser à des fins créatrices. Écoutons ces vers de Paul Valéry qu'on peut lire sur le fronton du Théâtre National Populaire, mais qui peuvent s'adresser à l'homme :

> *« Il dépend de celui qui passe*
> *Que je sois tombe ou trésor*
> *Que je parle ou me taise*
> *Ceci ne tient qu'à toi*
> *Ami n'entre pas sans désir ».*

Celui qui passe peut être aussi celui qui fait passer, car cette approche psychanalytique nous conduit naturellement à un niveau initiatique. Notre histoire « occulte » devient ésotérisme de soi.

7 °) plan initiatique

Comment ne pas songer aux *Nourritures terrestres* d'André Gide, qui avait lu René Guénon, *(« Si Guénon a raison, eh bien toute mon œuvre tombe ! »)* disant être choqué par l'idée que la vérité soit détenue par un maître la dispensant par le mystère des rites à un disciple. Cependant, dans cet ouvrage, le rejet de la relation maître/disciple dissipe tout malentendu au cours d'un avertissement à la fois initial : *« Et quand tu m'auras lu, jette ce livre* […] *N'emporte pas mon livre avec toi »*, et finalement : *« Nathanaël, à présent, jette mon livre. Émancipe-t'en. Quitte-moi ! »*.

Quoi qu'il en soit, l'initié n'a-t-il pas la vision de ce qu'il va devenir ? L'*aletheia* en grec, ά-λήθεια, signifie *a lethe* : le sans oubli : cela suppose une anamnèse, un dévoilement, car *« tout ce que l'homme apprend,* dit Platon, *est déjà en lui »* : c'est se ressouvenir. C'est la réminiscence. Par conséquent pour les Grecs, la Vérité ne s'oppose pas au mensonge, mais à l'oubli. La vérité est donc en rapport avec la Parole et le non-oubli. Or l'oubli c'est le silence. Donc la parole s'oppose au silence. La vérité est en rapport avec celle des dieux et les poètes incarnent leur langage qui exprime un divin savoir. *L'aletheia* nous renvoie également à cet épisode de *Kung Fu*, feuilleton de 1973, dans lequel Kwai Chang Caine est accusé à tort et en toute bonne foi par Alétheia, une toute jeune fille qu'il protège, car elle croit sincèrement qu'il a tué le conducteur d'une diligence. Voir, c'est croire. Ne sommes nous pas parfois abusés par notre perception ? Dans ce cas le mot *alethia* prend un deuxième sens : la réalité s'oppose à l'apparence.

Cette recherche de la Vérité absolue et infinie anime l'homme de désir. Mais écoutons Louis-Claude de Saint-Martin[2] : « *Je ne quitterai jamais la prière que quand j'aurai senti que Dieu même prie en moi. […] Oui, ma vie entière ne sera plus qu'une prière non interrompue, puisque ce ne sera plus moi qui chercherai Dieu par ces élans morcelés des faibles désirs de l'homme ; mais que ce sera Dieu qui me cherchera par la continuité de son intarissable action.* » Et ce même auteur précise : « *Bientôt* [Dieu] *priera même avec moi lorsque je ne prierai pas […]* »

Le désir (curieusement anagramme de *sider* = aimant) est devenu alors Volonté divine. Il est analogue à la soif de lumière de l'initié, car « *On ne devient pas éclairé en imaginant des images de lumière, dit Jung, mais en rendant l'obscurité consciente* ». C'est donc progressivement que le récipiendaire va passer des ténèbres à la Lumière, une « *lumière du Soleil qui est l'ombre de Dieu* » à la suite de son obscurcissement, selon Marsile Ficin : « *Regarde la lumière dans le monde matériel, pleine de toutes les formes de toutes les choses, soustrais la matière, laisse le reste : tu obtiens l'âme, lumière incorporelle, omniforme, mobile. Ôte-lui, derechef, le mouvement, déjà tu atteins l'intellect angélique, lumière incorporelle, omniforme, immuable. Enlève-lui aussi cette diversité, par laquelle une forme se différencie selon sa luminosité, et qui est emplie d'une lumière venue d'ailleurs, afin que l'essence de la lumière et de chaque fortune soit identique et que la lumière se forme elle-même et, au travers de ses formes, forme toutes choses. Cette lumière brille infiniment parce qu'elle brille de sa propre nature et elle n'est point souillée, ou comprimée, quand elle se mélange à autre chose, elle est là à travers toutes choses, parce qu'elle n'appartient aucune, à aucune en propre, de sorte qu'elle fulgure à travers toutes choses équitablement. Elle vit à partir de soi et elle procure la vie aux choses tout entières, puisque son ombre est telle la lumière du Soleil, donnant seule la vie aux réalités corporelles. (…). Ainsi, qu'est-ce que la lumière du Soleil ? L'ombre de Dieu. Ainsi, qu'est-ce que Dieu ? Dieu est le Soleil du Soleil ; la lumière du Soleil est Dieu dans le corps du monde ; Dieu est la lumière du Soleil au-dessus des intellects angéliques* ».

---

[2] Louis-Claude de Saint-Martin, *Le Ministère de l'Homme-Esprit*, p. 289-290.

Nous commençons alors à grandir... par crises successives qui sont comme des mues. Et cela suppose une personnalité forte qui puisse sortir victorieuse des mécanismes de défense et des résistances. Les critiques fraternelles, les blessures que l'on m'inflige ne sont pas insurmontables et deviennent à ce moment un tremplin qui me conduit à plus de purification, à plus de dépouillement, à plus d'authenticité. La passion de la sincérité, de la droiture et de la pureté nous rend insupportable la malpropreté morale.

« Là où ma sincérité disparaît, dit Nietzsche, *je suis aveugle ; là où je veux savoir, je veux aussi être sincère, c'est-à-dire dur, sévère, étroit, cruel et inexorable. »*

La souffrance psychologique se révèle alors un mode de connaissance nécessaire à mon évolution. Cela ne suppose aucun apitoiement sur soi-même, mais encore faut-il être plus que deux pour dépasser tout conflit. L'amour de celui qui ne nous aime pas, voilà le sens du mot *agapê.* Il suppose une dimension transcendante comme troisième terme. Être frères, c'est avoir droit à la dispute. Quoi qu'il en soit, la démarche initiatique est une métamorphose intérieure au cours de laquelle défauts, après avoir été portés au rouge, sont blanchis par le feu du Grand Forgeron de l'Univers (n'est-ce pas le sens en hébreu du mot *Tubalcaïn ?*) Ineffable cataclysme au cours duquel la transparence nous revêt bientôt d'une aube de lumière et nous oblige à nous faire vrais.

III - S'efforcer de se faire vrai

« Ce qui fait si émouvante cette Vérité sortant du puits, dit Zola, *c'est qu'on semble entendre devant cette toile le cri de conscience d'un honnête homme. »* Il en est de même du poète : *« Le poète a dit la vérité, il doit être exécuté »,* chante Guy Béart. Et quand il ment, il a, au moment où il crée, la sincérité du poète selon Jean Cocteau : *« Le poète est un menteur qui dit toujours la vérité ».*

Cependant, la sincérité totale doit traduire ce désir de devenir authentique sans cliver pour autant la pensée et l'élan du cœur, comme peuvent le faire parfois les hommes de lettres et les hommes politiques lorsqu'ils pensent sans être. Saint Augustin nous en apporte le témoignage : « *Il ne s'agit pas tant de rechercher la vérité que de se faire vrai.* » De même que Jean-Jacques Rousseau : « *S'il faut être juste pour autrui, il faut être vrai pour soi ; c'est un hommage que l'honnête homme doit rendre à sa propre dignité.* »

Telle est la tâche du Compagnon-chevalier dans le soufisme iranien : *javânmardî* signifie « *chevalerie spirituelle* », « *juvénilité à demeure* », c'est-à-dire une jeunesse qui échappe au temps. C'est un art d'être vrai qui est le terme des Petits Mystères : Homme Primordial du soufisme et Homme Véritable du Taoïsme. Il en est de même en maçonnerie : « *Le dépouillement des métaux* », « *la pauvreté spirituelle* » nous ramènent à « *l'état d'enfance* ». L'Instruction de l'apprenti maçon définit ainsi la Vérité : « *C'est un attribut divin et le fondement de toute vertu [compagnonnique] Être des hommes de bien et sincères, c'est la leçon qui nous est enseignée [le jour de notre réception]. C'est à l'aide de cette grande loi que nous considérons les actions de notre vie et c'est par ces préceptes infaillibles que nous nous efforçons de les conduire. C'est pourquoi l'hypocrisie et la tromperie nous sont, ou devraient nous être inconnues. La sincérité et la loyauté sont caractéristiques essentielles, et notre cœur et notre langue s'unissent pour travailler au bonheur des uns et des autres et pour nous réjouir de la prospérité du Métier.* »

La quête d'une vérité spirituelle se confond un jour avec celle d'une vérité de vie et de voie. « *Bien faire pour bien être* » dit l'adage, car travailler sur un objet c'est travailler sur soi-même. N'est-ce pas la démarche de l'alchimiste qui découvre spontanément l'or dans sa coupelle après avoir poursuivi sans relâche le secret de sa vérité intérieure. En renonçant à son pouvoir, il opère sa propre métamorphose et accède à sa « vraie vie ».

« *Le Vajrayana, enseigne à ne pas s'imaginer que l'on peut connaître sans être. Mais ce qu'apprend surtout cette forme de bouddhisme, c'est qu'il ne faut jamais se prendre au sérieux, s'imaginer que l'on a progressé — ou réussi spirituellement —, car cela est une illusion, cela s'appelle le charme du matérialisme spirituel. Se voir et voir les choses avec humour, là est une autre vérité.* »

C'est ici que le méta-langage, langage au-delà du langage, va trahir notre authenticité. S'il y a accord entre le non-verbal et le verbal il va y avoir harmonie. Zoroastre prône *« la pensée pure, la parole pure et l'acte pur »*. Lorsque le maçon se met à l'Ordre d'apprenti, le signe pénal ancestral qu'il effectue ensuite en feignant de se trancher la gorge, lui rappelle que toute conduite indigne de sa part le divisera en deux parties, sa tête devenant incapable de diriger ce qu'il dit et ce qu'il fait. S'il est en accord avec lui, il sera alors possible de parler de intérieure, de fraîcheur. Car il s'agit de devenir ce que l'on connaît pour ne pas se mentir. L'initié se montre donc tel qu'il est ; il a renoncé à paraître ce qu'il n'est pas et surtout pas plus qu'il n'est. Ce vrai savoir est bien différent du savoir de l'érudit qui croit tout connaître alors qu'il confond le menu avec le repas : *« L'initiation n'est pas une connaissance, mais une vie, et l'homme doit donc découvrir par lui-même ce que lui montrent les symboles, car de cette façon il vivra leur vie, ne se limitant pas à apprendre les paroles où ils sont révélés »*, dit le poète portugais Fernando Pessoa.

De plus, toute vérité de vie est liée à l'éthique, car, dit Platon, *« le beau est la splendeur du vrai »*. La Vérité absolue est asymptote, elle passe par la métaphore. Il y a dialogue, *dia-logos,* quand il y a symboles *(du grec sumballeîn : jeter ensemble ; de balleîn : ballet)* et paraboles. La dialectique est diabolique *(diaballeîn : de dia, à travers, et balleîn jeter : jeter entre, jeter de part et d'autre).* La Vérité absolue est cet appel que l'on ressent vers une Lumière intérieure qui nous guide par bondissements vers une métaconscience. Le symbolisme en est la voie royale, comme voie d'éveil reposant sur *« l'œil du cœur »*, qui nous relie au monde des archétypes et aux grands rêves collectifs de l'humanité. Alors, ils parlent à notre subconscient en son propre langage.

Ainsi, l'expérience, qui repose sur tout un vécu, appelle le raisonnement, de même que la pratique engendre la théorie. De cette Raison intuitive va naître la connaissance par l'amour. De cette connaissance supra-rationnelle va naître la Gnose. La vérité suppose donc une démarche expérimentale, puis un raisonnement qui est une théorisation débouchant sur une supra-conscience de ce que savons et une sagesse. Tout ce que l'homme apprend est déjà en lui, disait Platon. Et cette révélation d'ordre ex-péri-mental, vient piéger la raison raisonnante. Dieu nous restera voilé tant que nous voudrons l'atteindre par le raisonnement intellectuel, car Il n'est pas de ce monde. La matière est ce voile qui nous en obscurcit l'omniprésence. Par conséquent, il ne faut pas se contenter de l'étude et intellectualiser les savoirs. L'initiation est un art de vivre. L'expérience, c'est la raison qui s'incarne dans notre corps ; la conscience c'est la raison qui se spiritualise grâce à l'entendement. Encore faut-il s'ouvrir à nos frères en humanité pour percevoir en nous la déité qui nous anime et nous fait devenir des Fils de la Lumière, car l'Humanité présente et passée est en nous comme un Grand Homme Cosmique qui subsiste ici et maintenant. Mais écoutons pour finir, ce texte issu d'une sagesse initiatique ancestrale : *« Vous n'accepterez aucune idée que vous ne compreniez et ne jugiez vraie. Ne profanez pas le mot de Vérité en l'accordant aux conceptions humaines. La Vérité absolue est inaccessible à l'esprit humain ; il s'en approche sans cesse, mais ne l'atteint jamais. »*

BIBLIOGRAPHIE ET RÉFÉRENCES :

Clavier, Bruno, *Les fantômes familiaux*, Essai-Poche, 2014.

Clavier, Bruno, *Entre archaïsme et modernité : la construction transgénérationnelle du couple et de la sexualité,* http://vimeo.com/32546201

Corbin, Henri, *Traités des Compagnons-Chevaliers* (partie française). Recueil de sept *Fotowwat-nâmeh* publié par Morteza Sarrâf (partie persane), 1973.

De Caluwe, Christian, « Le sens initiatique du mythe d'Œdipe », dans *Historia Occultae* n° 7, Éditions de l'Œil du Sphinx, 2016.

Dürkheim, Karlfried Graf, *Hara, centre vital de l'homme*, Le Courrier du Livre, 1986.

Durozoi, Gérard —Huisman, Denis —Deschamps, Jacques – Salem, Jean, *Parcours philosophiques —Textes de terminale*, A.Nathan, 1985.

Fagez, J.B., *Comprendre Lacan*, Pensée/Privat, 1979.

Gide, André, *Les Nourritures terrestres*, Le Livre de Poche, 1966.

Israël, Lucien, *L'hystérique, le sexe et le médecin*, Masson, 1980.

Le Vaillant, Colette, conférence *Le Transgénérationnel : le poids des ancêtres : le comprendre pour s'en libérer*, Saint Renan, 17 Juin 2017.

Platon, *Le Charmide*, Garnier-Flammarion, 1967.

Platon, *La République*, Garnier-Flammarion, 1966

Saint Martin, Louis-Claude, Le Ministère de l'Homme-Esprit, 1989.

Sonam, Gueshé, séminaire *Le Lam Rim, la voie progressive vers l'éveil*, Centre Vajra Yogini, juillet 1989, Lavaur.

Tournebise, Thierry, *Assertivité, l'affirmation de soi dans le respect d'autrui,* http://www.maieusthesie.com/PAIEMENT/PACKS-2011/1-Pack_Praticien_2011_pour_PDF.pdf

Zweig, Stefan, *Le combat avec le démon – Nietzsche*, Stock, 1948.

Amitiés sincères, film réalisé en 2012 par François Prévôt-Leygonie et Stéphan Archinard.

Kung Fu, série télévisée avec David Carradine. Épisode : L'Aletheia. (DVD 1972-1973).

The invention of lying (L'invention de mentir), film réalisé en 2009 par Matthew Robinson.

L'OCCULTISME ET FREUD

par Claude Debout, août 2018

Sigmund Freud

En relisant récemment un ouvrage tiré de ma bibliothèque, il m'a paru intéressant de proposer une mise en perspective du positionnement de Freud au début du XXᵉ siècle, au moment de l'élaboration de ses théories de métapsychologie et de sa pratique de psychanalyse, avec le travail critique proposé par Christian Moreau cinquante ans plus tard [3] et avec le point de vue que peut se faire aujourd'hui un ésotériste bénéficiant à la fois de l'éclairage initiatique et du recul que la psychanalyse a pu acquérir avec le temps dans la société occidentale. Le point de vue de l'occultisme nous intéressant d'abord ici, je me suis permis, dans le titre de cet article, d'inverser les termes de celui de Moreau destiné, lui, à un lectorat de psychologues.

---

[3] Christian Moreau, *Freud et l'occultisme*, Privat, 1976.

Partant, avec Moreau, de la définition de l'occultisme proposée par Robert Amadou[4], nous considérerons dans cet article que l'occultisme rassemble une variété de doctrines et de pratiques fondées sur la théorie des correspondances, qui est elle-même basée sur le principe d'analogie. Selon Amadou, l'analogie permet ainsi de relier la diversité des microcosmes à l'unité parfaite du macrocosme. « *Le rapport entre l'événement et la connaissance qu'on en obtient est l'expression de l'harmonie universelle, hors du temps et de l'espace que défend la philosophie occultiste.* » explique Amadou[5]. De fait, l'analyse de ces relations analogiques met en évidence que celles-ci ne sont ni spatiales, ni temporelles, mais intentionnelles, précise Moreau. « *La magie apparaît donc comme un moyen d'agir sur un des éléments de l'univers en utilisant les correspondances analogiques qu'il possède avec tout autre élément de l'univers. Ces correspondances peuvent être dans une analogie de forme ou de destination, ou encore dans la relation d'un mot et de l'objet qu'il désigne.[6]* » et plus loin : « *correspondance, analogie et intentionnalité sont au cœur de la vision occultiste du monde* ». Influencé par la perspective psychanalytique de la relation entre parole et psychologie, Moreau omet de considérer la notion de vibration, dont nous aurons à reparler.

Si Freud s'est intéressé à ce domaine, c'est que ses recherches en psychologie l'ouvraient aux phénomènes les plus mystérieux du fonctionnement de la psyché humaine. Au début de sa carrière, les applications cliniques de l'hypnose et l'étude du rêve jouaient un rôle important, notamment à Paris où Freud a travaillé avec Charcot. C'est à partir de ces expériences que Freud, prenant ses distances avec la théorisation courante de ces phénomènes, a progressivement élaboré la psychanalyse. Il précise lui-même que les circonstances qui ont accompagné et suivi la Première Guerre mondiale, étant donné l'énorme impact émotionnel laissé par ces millions de morts tant militaires que civils, ont largement favorisé l'essor de croyances en une possibilité de vie après la mort et de communication avec les défunts. Freud rejoignit la Society for Psychical Research de Londres comme membre correspondant en 1911, puis devint membre honoraire de la branche américaine, en 1915, et de la branche grecque, en 1923. Il ne

---

[4] Robert Amadou, *L'occultisme*, Julliard, 1950·

[5] Ibidem, p. 35.

[6] Christian Moreau, *Freud et l'occultisme*, Privat, 1976, pp. 15-16.

participa pas pour autant à leurs recherches, mais tenait à cette implication pour se tenir informé des recherches dans ce domaine, et pour faire connaître ses propres travaux dans le milieu de la métapsychique qui s'y intéressait beaucoup. Myers, l'inventeur du « moi subliminal », mentionne les théories freudiennes de l'inconscient, tout comme Freud fait allusion aux publications sur les rêves de Myers. Finalement, Freud n'a publié qu'une seule communication intitulée « Notes sur l'inconscient en psychanalyse » dans les Actes de la SPR[7].

Le père de la psychanalyse s'interrogeait : « *N'y a-t-il pas identité entre l'intérêt suscité par l'occultisme et l'intérêt porté aux choses religieuses ? Nous soupçonnons, en effet, que l'un des buts secrets de l'occultisme est de porter secours à la religion menacée par le progrès scientifique. En découvrant ce but, nous sentons croître notre méfiance, notre répulsion à nous livrer à l'étude des prétendus phénomènes occultes.[8]* » L'athéisme revendiqué par Freud est bien connu, et on sait comment il a réduit le sentiment religieux à un processus psychologique inconscient. Ainsi, sa répulsion pour le religieux se trouverait reportée sur l'occultisme — - enfin, au conditionnel, car on sait qu'il s'est beaucoup intéressé à démystifier certains processus typiques de l'occultisme, mais qu'il cédait lui-même, à son corps défendant, à certains comportements pas toujours cohérents, comme la superstition. Comme Moreau le souligne, les tendances superstitieuses de Freud influent pour beaucoup dans son ambivalence vis-à-vis de l'occultisme. Comme bien des gens, à des degrés divers, celles-ci le poussaient à croire en la réalité de certains phénomènes inexpliqués, mais par ses recherches il en était conscient et s'efforçait de ne pas y céder. À la suite de son auto-analyse, Freud a pu relier cette tendance superstitieuse à l'angoisse de mourir. Il s'intéressait toutefois de près, mais discrètement, à la question de la télépathie. Pour ma part, je repère dans la citation ci-dessus une intuition du père de la psychanalyse : il y aurait dans la popularité de l'occultisme au tournant du XXᵉ siècle un phénomène qu'il faut rapprocher de la relativisation de la pensée religieuse, mise à mal par un progrès scientifique sans précédent. J'y vois non pas une volonté plus ou moins avouée de « porter

---

[7] *Proceedings* SPR, vol XXVI, LXVI & Sigmund Freud, *Métapsychologie*, Gallimard, 1968, pp. 175-187.

[8] Sigmund Freud, *Rêve et occultisme*, cité dans Christian Moreau, *Freud et l'occultisme*, Privat, 1976, p. 22.

secours » à la religion, mais, au contraire, celle de proposer des alternatives en matière de développement spirituel. On sait en effet que certains mouvements occultistes de l'époque préfigurent les nouveaux mouvements spirituels qui se développeront durant les décennies suivantes et exploseront dans le grand public avec la période du *new age*, suivie par l'âge d'or des méthodes de développement personnel. Si Freud se défiait autant de la religion que de l'occultisme, c'est certainement qu'il y retrouvait des processus inconscients similaires, mais il n'a pas su voir en quoi consiste l'apport nouveau et créatif de ces pratiques ni en quoi elles mettent en lumière une profonde lacune dans la vision positiviste de son époque.

À propos de la relation ambiguë de Freud avec l'occultisme, Moreau résume : « *Il paraît clair que Freud a espéré, au début de son œuvre, parvenir à expliquer, à démystifier l'occultisme, grâce à la compréhension nouvelle que lui permettait l'appareil psychanalytique. Ainsi, la recherche de Freud s'est bâtie autour d'une hypothèse centrale : l'occultisme est une illusion. C'est cette position qui est adoptée dès les premiers écrits sur le sujet et l'essentiel de son étude des phénomènes occultes, y compris dans la troisième période de ses recherches, va être une tentative "d'éliminer une bonne fois pour toutes les productions du désir humain du domaine de la réalité matérielle". Rationaliste, attaché à une vision scientifique du monde, la "chasse à l'illusion" restera toujours sa démarche fondamentale et le dénominateur commun de tous ses travaux sur l'occultisme. Pourtant, au cours de sa recherche, Freud se trouvera confronté à un certain nombre de faits qui finalement l'amèneront à nuancer ses positions et à supposer l'existence d'un noyau de vérité, irréductible, derrière le fatras d'illusions. Il suppose que ce noyau de vérité pourrait être la télépathie, phénomène qu'il se refuse à considérer comme "occulte", et dont il espère une approche scientifique.*[9] » L'attitude de Freud à l'égard de l'occultisme en tant que démarche de recherches sur ce type de phénomène mal expliqué est par conséquent sévère : il traite les croyances occultistes d'obscurantisme et les considère exactement comme une sorte de « contre-initiation » par rapport au scientisme qui avait les faveurs de son époque et les siennes. Ainsi, il réinséra le rêve dans le domaine de l'inconscient et donc de l'organisation subjective de l'humain. Athée convaincu, Freud ne voulait

---

[9] Christian Moreau, *Freud et l'occultisme*, Privat, 1976, p. 118-119.

pas penser que le symbolisme typique du rêve — et du mythe — pouvait constituer une sorte de mode de communication, de langage intuitif entre l'humain et le divin que les diverses cultures traditionnelles auraient codifié de différentes manières de par le monde. C'est en revanche la perspective qui retiendra plus tard l'attention de Jung, après leur rupture.

Dans son positionnement par rapport à l'occultisme, plusieurs collaborations et ruptures jouèrent un rôle central. La plus importante fut sans conteste celle avec C. G. Jung. Dans son autobiographie[10], Jung témoigne de l'insistance de Freud à son égard pour qu'il n'abandonne jamais l'outil interprétatif de la théorie freudienne de la sexualité dans son approche des phénomènes occultes. Selon, Moreau, ce serait cette insistance qui a nourri sa prise de distance, puis sa rupture avec Freud, car Jung y décelait l'influence de réactions de refoulement à l'encontre de « contenus inconscients menaçants » liés au sentiment religieux. Jung considérait, lui, que le symbolisme des correspondances utilisé dans l'occultisme pouvait contribuer favorablement à une meilleure compréhension du domaine de l'inconscient. Il s'intéressa donc de près à l'Alchimie et à l'astrologie, entre bien d'autres systèmes traditionnels. Freud travailla également longtemps avec Sandor Ferenczi dont il s'efforçait de modérer les élans, mais qui resta son interlocuteur privilégié à propos de télépathie.

La télépathie est en effet le seul phénomène dont Freud accepte d'envisager la pertinence dans le cadre de ses recherches métapsychologiques. Selon lui, il constitue une sorte de « noyau de vérité » dans le champ de l'occultisme, tout le reste devant être mis sur le compte de mécanismes psychologiques inconscients ou — le cas échéant — de supercheries destinées à manipuler autrui, dans le contexte de la grande mode du spiritisme et de la métapsychique de l'époque. Selon Freud, la question de la télépathie se focalise autour des conditions qui pourraient favoriser l'expression de phénomènes télépathiques — au conditionnel, car Freud reconnaît à plusieurs reprises qu'il en vient à envisager la possibilité de tels phénomènes, notamment dans le cadre de la psychanalyse, mais non sans avoir au préalable examiné toutes les possibilités d'influences de contenus inconscients dans un cadre plus classique. Ainsi son élève Hélène Deutsch souligne l'importance du transfert et de l'identification

---

[10] Carl Gustav Jung, *Ma vie. Souvenirs, rêves et pensées recueillies par Aniela Jaffé*, Gallimard, 1966, p. 177.

à la personne dont les pensées sont perçues — l'agent — dans un article intitulé « Les phénomènes occultes survenant au cours de l'analyse » auquel Freud lui-même se réfère dans ses publications[11].

Freud remit en question la notion d'hystérie[12], qu'il considérait comme la manifestation psychophysiologique d'un désordre pulsionnel profond et inconscient d'ordre névrotique. Au départ, Freud pense que l'hystérie est la conséquence corporelle d'un traumatisme sexuel subi durant l'enfance (hypothèse *neurotica*), puis il précise qu'un fantasme de séduction peut aussi acquérir inconsciemment le statut de traumatisme psychique, mettant ainsi sur le même plan un éventuel traumatisme réel et le fantasme, ce qui poussera le psychanalyste à développer ensuite sa théorie des complexes. Freud considérait donc que dans les phénomènes de spiritisme comme dans la possession démoniaque, c'est une projection de processus inconscient qui intervient. La différence proviendrait, selon lui, de contextes culturels ou religieux différent, le catholicisme ou le kardécisme, par exemple. De fait, Freud a efficacement décrypté l'importance des pulsions inconscientes dans les phénomènes de névroses à représentations religieuses, comme la possession démoniaque : les « esprits maléfiques » évoqués par les malades sont le produit de la projection de pulsions intérieures refoulées[13]. En effet, les rapports cliniques laissent penser que, dans la plupart des phénomènes de possession, voire dans tous les cas, le ou la possédée trouve un certain plaisir intérieur à son état et à l'exhiber. Dès lors, on peut comprendre le travail d'exorcisme comme un rappel à soi de la puissance d'autonomie et de la cohérence de la personnalité qui vient combattre sa tendance à la dissociation — tout comme le fait d'ailleurs le travail psychanalytique. Mais on peut également concevoir — ce à quoi se refusait évidemment le psychanalyste, mais qui est l'hypothèse adoptée par de très nombreuses cultures dans le monde — que des entités non humaines pourraient cohabiter avec l'humain dans un imaginaire parallèle, le monde des esprits et des mythes, sans que la relation avec elles ne doive être considérée comme pathologique.

---

[11] publié dans Georges Devereux, *Psychoanalysis and the occult*, NY Int. Univ. Press, 1953.

[12] Sigmund Freud & Josef Breuer, *Etudes sur l'hystérie*, PUF, 1967 (1895).

[13] Sigmund Freud, « Une névrose démoniaque au XVIIe siècle » dans *Essais de psychanalyse appliquée*, Gallimard, 1971, pp. 211-251.

On peut suivre Freud dans sa critique des pratiques spirites qu'il conçoit comme l'expression d'un pathos et d'une fascination morbide pour l'idée que la solution aux problèmes de la vie quotidienne puisse se trouver dans une « autre dimension » plutôt que dans l'état psychologique de l'individu concerné. À son époque, la mode était donc aux « révélations d'outre-tombe », tout comme elle a ensuite évolué vers le *channeling*, les guides désincarnés, etc. Rappelons à ce sujet que le spiritisme a été déclenché par les sœurs Fox aux USA, très peu de temps après l'installation du télégraphe dans leur région, que le concept de « guides désincarnés » répond à l'irruption des spiritualités asiatiques en Europe, en particulier à travers la Société Théosophique, et que le *channeling* d'entités extraterrestres accompagne l'exploration spatiale. Ce qu'il faut surtout retenir de ces interprétations populaires, c'est le sentiment profond que « la vérité est ailleurs »[14], sentiment qui s'oppose directement à la théorie freudienne et à la psychologie en général lesquelles affirment sans concession que toute vérité doit être trouvée à l'intérieur du sujet. Cette ambiguïté de sentiment accompagne évidemment le développement de l'individualisme, cela ne surprendra personne. L'idée que la solution à nos problèmes se trouverait dans une autre dimension est aujourd'hui largement exploitée par d'innombrables méthodes psychothérapeutiques qui se piquent plus ou moins de spiritualité et font généralement référence aux travaux de Jung, la plupart du temps sans les avoir bien compris. Selon celles-ci, l'individu aurait le devoir de dénicher les causes de son mal-être dans l'anamnèse systémique familiale, d'apporter des solutions aux troubles de ses proches défunts et de se faire assister par eux afin d'améliorer sa propre situation — sous-entendant discrètement que si l'on échoue, la prochaine génération se fera, elle aussi, un devoir de corriger nos erreurs. L'anthropologue ne voit dans cette conception un peu fantasque qu'une théorie de gestion de la contingence parmi tant d'autres, mais le psychanalyste s'offusque de la projection d'une problématique intérieure. De fait, l'insistance sur la médiumnité qui accompagne la pratique du spiritisme met en évidence la question de la dissociation qui préoccupe également les psychopathologistes, surtout à l'époque de Freud. Le phénomène des personnalités multiples taraudait les pionniers de la psychologie depuis les nouvelles perspectives ouvertes par les recherches sur la médiumnité, le somnambulisme et le magnétisme animal qui précédèrent l'apparition de la médecine et de la psychiatrie[15]. En lien avec cette problématique de la dissociation et l'angoisse de mourir qu'il

---

[14] moto de la série télévisée fantastique *X-Files* réalisé par Chris Carter.

[15] voir Bertrand Méheust, *Somnambulisme et médiumnité*, Institut Synthélabo/Les Empêcheurs de penser en rond, 2 vol. 1999.

relie à l'inquiétante étrangeté, Freud accorde une importance particulière aux fantasmes de rencontre d'un double de soi-même[16]. L'image de soi que l'on observe dans le miroir étant évidemment un support du narcissisme primaire, elle dérange lorsqu'on a l'impression de croiser cette image dans la réalité, suscitant précisément un « retour du familier » dans des circonstances peu familières et plutôt déstabilisantes et désagréables. Cette image renvoie alors à la fois à l'éventuelle persistance du moi au-delà de la mort (on ne sait jamais trop s'il ne s'agit pas de son ombre ou de son propre fantôme) et à une remise en question du moi (et si cet autre était le vrai « moi » ?). Bref, « *le thème du double renvoie à l'histoire du moi et implique une régression à une époque où le moi n'était pas encore nettement délimité par rapport au monde extérieur et aux autres* » résume Moreau (p. 138).

Le concept d'inquiétante étrangeté (*das Unheimliche*, c'est-à-dire ce qui n'est pas familier et, partant, inconfortable voire potentiellement angoissant) a été largement développé par Freud qui y a consacré un essai[17]. La traduction française du terme a été proposée par Marie Bonaparte pour tenter de rendre la complexité de l'expression allemande utilisée par Freud, mais aussi par de nombreux auteurs de littérature romantique qui l'ont précédé. Dans son essai, Freud explique que le refoulement d'une représentation stimule un affect spécifique qui peut alors se transformer en angoisse, notamment lorsqu'un événement vient le réactiver juste à la frontière de la conscience. C'est ce qu'il tente d'exprimer par cette expression insistant sur l'ambiguïté d'un sentiment dont l'origine n'a pas de valeur angoissante en soi, mais uniquement à travers ce qu'il évoque de refoulé chez le sujet, en particulier des complexes infantiles. C'est évidemment le moteur de la littérature et du cinéma fantastiques, alors qu'il n'est pas sollicité dans les productions *gore* qui, elles, sont directement explicites. « *L'inquiétante étrangeté prend naissance dans la vie réelle lorsque des complexes infantiles refoulés sont ranimés par quelque impression extérieure, ou bien lorsque de primitives convictions surmontées semblent de nouveau être confirmées.*[18] » Moins que Ferenczi, mais quand même, Freud associe les performances des voyants à la perception télépathique de matériaux psychologiques refoulés contenus dans l'inconscient, suite à un affaiblissement des

---

[16] voir aussi, Otto Rank, *Der Doppelgänger – Don Juan et le Double*, Payot, 1973.

[17] Sigmund Freud, « L'inquiétante étrangeté » dans *Essais de psychanalyse appliquée*, Gallimard, 1971, pp. 163-210.

[18] Ibidem, p.189.

barrières qui le censurent habituellement. En abaissant les barrières psychiques qui constituent ces processus de refoulement, par exemple en se concentrant sur des supports de mancie, quels qu'ils soient, pour distraire leur attention et se plonger dans un état psychique plus perméable et proche de l'autohypnose, ces matériaux se révéleraient au percipient par télépathie. Freud lie donc les mancies, dans les cas qui ne sont pas frauduleux, à une forme de télépathie, car le percipient serait alors plus sensible, car mieux exercé, à faire tomber ces barrières que leurs consultants et, de là, à percevoir l'expression des désirs inconscients les plus puissants de ces agents[19]. Moreau résume : « *Agent et percipient semblent donc être tous deux également impliqués dans le phénomène télépathique, au niveau de leurs désirs inconscients. Une certaine similitude des désirs inconscients semblant nécessaire pour qu'agent et percipient puissent entrer en "résonnance".*[20] » Il serait donc adéquat de parler de communication télépathique, une relation qui s'établit dans les deux sens, plutôt que de « transmission de pensée », ce qui suggérerait que l'un envoie des pensées à l'autre, consciemment ou non, ou que le percipient va « fouiller » dans l'inconscient de l'agent. Selon Freud, cette perméabilité existerait également dans le rêve durant lequel les contenus psychiques refoulés tout comme les contenus télépathiques pourraient mieux atteindre la conscience, quitte à ce qu'un véritable rappel conscient se trouve décalé par rapport au rappel rêvé (par exemple, dans le cours de la journée qui suit, suite à un stimulus signifiant), comme il le précise dans les *Nouvelles conférences,* la *Signification des rêves* ou dans *Rêve et télépathie.* Freud nie toutefois la réalité de la clairvoyance en tant que telle, qui heurte son matérialisme forcené. De toute évidence, un matérialiste du début du XXe siècle ne peut admettre l'existence de discontinuités temporelles, ni même de perturbations dans le champ de l'espace-temps, des concepts qui émergeront plus tard dans la recherche en physique fondamentale. Dans *Rêve et occultisme*[21], il reprend l'hypothèse proposée par son ami Ferenczy selon laquelle la télépathie serait une sorte de reliquat de sensibilité animale qui diminuerait progressivement chez l'humain pour finir par disparaître chez l'homme moderne. Mais attention, car, avec une vision ainsi exprimée, on

---

[19] voir Sigmund Freud : *Psychanalyse et télépathie ; Rêve et télépathie ; Rêve et occultisme.*

[20] Christian Moreau, *Freud et l'occultisme*, Privat, 1976, p. 194.

[21] Sigmund Freud, *Rêve et occultisme*, non traduit, p. 76.

s'égare vers l'évolutionnisme social. Une autre hypothèse serait que l'enfant communique fréquemment par télépathie[22], idée qu'il a empruntée à Burlingham (1935) ; mais ce dernier a proposé ensuite (1967) une autre interprétation pour le moins aussi plausible et qui doit être prise en considération avant de recourir à celle de la télépathie à proprement parler, celle d'une une empathie profonde fondée sur la très grande sensibilité de l'enfant aux micro-expressions et émotions maternelles les plus subtiles, notamment les tentatives de sa mère de masquer ou déguiser ses sentiments. Il est clair que les idées issues de la psychanalyse ont influencé les recherches parapsychologiques depuis lors, certaines inspirées de Freud, d'autres de Jung, et de bien d'autres encore. De fait, la psychanalyse a lentement infusé dans notre société et certaines notions font aujourd'hui tant partie de la culture générale que l'on peut parler de Pop Psy[23] et même, selon certains sociologues, d'une « société psy ».

En ce qui concerne les rêves dits prémonitoires, Freud souligne qu'il convient de considérer avant tout la puissance du désir qui leur est lié. Celui-ci exprime une forte pulsion inconsciente, et c'est ce désir qui poussera ensuite le rêveur à tout faire pour le satisfaire. Ce rêveur pourra éventuellement interpréter par la suite la succession « rêve → réalisation du rêve » comme une prémonition qui s'est confirmée, mais il s'agit en fait, pour le psychanalyste, d'un même processus lié au désir et sans rapport de prémonition ni de causalité. Ce type de rêve nous montre, en quelque sorte, nos désirs réalisés dans l'avenir, mais c'est bien le désir inconscient qui nous amène à les réaliser. Freud pense aussi que les rêves ou les souvenirs auxquels on attribue une puissance émotionnelle particulière, par exemple dans les cas de « déjà vu » ou de « déjà rêvé », font intervenir des souvenirs-écrans qui remplissent la fonction de compromis entre des éléments refoulés et les mécanismes de défense inconscients : ils dévient et viennent ainsi recouvrir l'image que l'on se fait d'un événement dont le contenu nous troublait pour une raison ou pour une autre, faisant émerger le sentiment qu'il y a un sens « caché » derrière une situation

---

[22] lire à ce sujet J Fitzherbert « the role of ESP in early childhood » dans *Journal of Mental Science*, 1960, 106, pp. 1560-1567.

[23] expression proposée par Stewart Justman dans *Fool's Paradise, The unreal world of pop psychology*, I.R. Dee, 2005.

apparemment banale. Son approche de la synchronicité, une notion chère à Jung, quoique pas toujours bien comprise par ceux qui s'y réfèrent, est radicalement différente. Freud relie la tendance à exagérer l'importance émotionnelle de certains événements en dépit de la chaîne logique de causalité à la névrose obsessionnelle : « *Le refoulement de cette maladie s'effectue non pas par l'amnésie, mais par la disjonction des rapports de causalité, disjonction qui est une conséquence d'un retrait de l'affect. Ces rapports refoulés gardent une sorte de force capable d'avertir le sujet, force que j'ai comparée ailleurs à une perception endopsychique, de sorte que le malade introduit des rapports refoulés dans la réalité extérieure au moyen de la projection et là, ils témoignent de ce qui a été effacé dans le psychisme.[24]* »

La croyance en la toute-puissance des pensées est par ailleurs fréquente chez les obsessionnels. Elle traduit une surestimation des processus psychiques qui rend ceux-ci responsables d'événements en réalité sans lien avec leur volonté ou leurs pensées. Cette surestimation affichée masque en fait une sous-estimation du pouvoir d'agir sur l'environnement dans la réalité psychique du sujet. Freud étend ce principe à l'ensemble de la pensée magique, mais cela nous paraît exagéré, car on sait combien Freud infantilise certaines cultures, influencé qu'il est par la théorie évolutionniste de Spencer, Tylor et Frazer[25]. Ce que Freud, dans la tendance de son époque, considérait comme la survivance d'un stade de développement social archaïque n'est simplement qu'un autre modèle de société. Il n'est pas sans intérêt d'envisager qu'une phase de « toute-puissance de la pensée » intervienne dans le développement infantile, mais cela reste à prouver. Selon lui, c'est le narcissisme qui correspond chez l'enfant au stade de la pensée magique. On pourrait aussi avancer ironiquement que l'insistance de Freud à soutenir que sa théorie s'applique au détriment d'autres visions du monde est précisément l'application d'un tel narcissisme producteur d'illusion. Dans *Totem et tabou*, Freud considère que magie et sorcellerie sont les corollaires de l'animiste, qu'il attribue donc à des sociétés qu'il qualifie de « primitives ».

---

[24] Sigmund Freud, « Remarques sur un cas de névrose obsessionnelle (l'homme aux rats) » dans *Cinq psychanalyses*, PUF, 1970, p. 250.

[25] Sigmund Freud, *Totem et tabou*, Payot, 1968.

L'action magique applique deux principes : le principe de similitude et le principe de contiguïté « *Freud y reconnaît les principes de fonctionnement psychique mis en évidence dans le travail du rêve, condensation et déplacement, que Lacan a plus tard identifiés à la métaphore et à la métonymie. Le principe de similitude veut que le semblable appelle le semblable (magie homéopathique ou imitative) [...]. Le principe de contiguïté veut que les choses qui ont été une fois en contact continuent d'agir l'une sur l'autre, alors même que le contact a cessé (magie contagieuse).[26]* » Freud projette sur l'idée qu'il se fait du « primitif » les caractéristiques du stade infantile narcissique pour expliquer sa prédilection pour la pensée magique. Nous ne le suivrons évidemment pas sur cette voie ! De fait, Freud soutient qu'il est indispensable de dépasser le stade de la pensée magique — qu'il associe au « primitif », à l'enfant et au névrosé — pour la remplacer par « *une conception scientifique du monde, dans laquelle il n'y a plus de place pour la toute-puissance de l'homme, qui a reconnu sa petitesse et s'est résigné à la mort, comme il s'est soumis à toutes les autres nécessités matérielles[27]* ». On comprend dans cette phrase que le scientisme de Freud est intimement lié à sa perspective matérialiste du monde, sans aucune concession, et que lui-même justifie par là sa propre résignation à la « petitesse » de l'humain (*sic*) qui — pour un psychanalyste — ne traduit certainement pas une position philosophique, mais bien avant tout un sentiment personnel dont la racine est inconsciente. Le père de la psychanalyse se sent mort, se vit comme s'il était un zombi, incapable qu'il est de transmuter sa fascination pour ce qu'il a lui-même nommé la « pulsion de mort »[28]. Il crève de cette angoisse qui l'étreint au point de le rendre superstitieux et de voir dans les récurrences numérologiques des annonces de sa propre mort ou de celle de son fils, des processus psychiques qu'il s'enorgueillit de supporter, alors qu'il n'a pas compris que la confrontation avec la mort dans les voies initiatiques est toute autre et vise non pas une résignation génératrice de dépression, mais, au contraire, une métanoïa qui permet au mage d'intégrer sa propre impermanence à son existence — ce qui constitue

---

[26] Christian Moreau, *Freud et l'occultisme*, Privat, 1976, p.157.

[27] Sigmund Freud, *Totem et tabou*, Payot, 1968, p. 104.

[28] introduite par Freud dans *Au-delà du principe de plaisir* (*Jenseits des Lustprinzips*, 1920) ; elle reste une de ses notions les plus controversées.

la véritable « soumission » aux lois divines ou naturelles — et d'utiliser toute la vitalité ainsi libérée en lui pour œuvrer dans le sens de la vie, qui se régénère et évolue sans cesse. C'est aussi en matérialiste acharné que Freud règle son compte à l'Alchimie dans *L'avenir d'une illusion*, sans doute pour se démarquer de Jung avec qui la rupture est déjà confirmée. Qui peut sincèrement croire que les alchimistes sont motivés par l'appât du gain et qu'ils consacrent leur vie à produire la Pierre Philosophale pour devenir riches et sans se préoccuper de spiritualité ?

Admettons que l'enfant, au stade narcissique, traverse effectivement une phase durant laquelle il croit que ses désirs ont une influence directe sur la réalité, puisque ses parents accèdent à ses désirs d'une manière incompréhensible pour lui. Pour Freud, en effet, l'origine de la croyance en la puissance magique du verbe remonterait au fait que lorsque l'enfant crie, sa mère lui « obéit » et vient lui donner le sein ou s'occuper de lui. Mais l'enfant est-il vraiment si naïf, ou ne profite-t-il pas plutôt d'une forme d'attention ou de perception plus fine que celles de la majorité des adultes qui lui permet d'envisager la relation avec ses parents, et surtout sa mère ou sa nourrice, sur un plan d'échanges un peu moins rationalisés ? Quoi qu'il en soit, il n'est pas faux de relever que le névrosé obsessionnel puisse être sujet à ce type de comportement régressif — qui aurait alors subi une sorte de radicalisation à la suite d'une perte de sensibilité — et certainement à une inflation narcissique qui le conduit à surestimer le pouvoir de ses idées et de sa représentation du monde. Freud relie également ce phénomène au sentiment d'inquiétante étrangeté chez les individus équilibrés : « *Il semble que nous ayons tous, au cours de notre développement individuel, traversé une phase correspondant à cet animisme primitif* [29], *que chez aucun de nous elle n'ait pris fin sans laisser en nous des restes capables de se réveiller, et que tout ce qui aujourd'hui nous semble étrangement inquiétant remplisse cette condition de se rattacher à ces restes d'activité psychique animiste et de les inciter à se manifester* [30] » et plus loin « *Ce que nous avions tenu*

---

[29] concept que, je le rappelle, nous ne validons pas, mais que nous voulons bien associer ici au stade narcissique durant l'enfance.

[30] Sigmund Freud, « L'inquiétante étrangeté » dans *Essais de psychanalyse appliquée*, Gallimard, 1971, p. 193.

pour fantastique s'offre à nous comme réel, le symbole prend l'importance et la force de ce qui était symbolisé [31] ». Bref, le symbolique déborde sur la réalité ; c'est effectivement ce qui est décrit concernant le névrosé obsessionnel, qui charge de signifiance personnelle le moindre événement survenant dans son environnement, comme si l'univers entier ne parlait qu'à lui et s'organisait autour de lui. À cette description, on voit bien qu'elle est applicable à certains cas de névroses, mais qu'elle ne peut pas être transposée sur un peuple, à plus forte raison sur une multitude de peuples qui ont développé et préservé l'animisme et la pensée magique comme un mode efficace de gestion des contingences. L'évolutionnisme social a heureusement fait son temps, à l'exception de certaines mouvances politiques radicales dans lesquelles l'éducation générale et le sens critique restent assez limités. Par ailleurs, le fait que, dans la société occidentale elle-même, les occultistes aient entretenu des croyances et des pratiques rituelles fondées sur les correspondances et la magie ne doit pas être pris à la légère. Dans notre propre société majoritairement scientiste, d'innombrables aspects de la vie quotidienne font appel à des processus apparentés à la pensée magique, sans qu'ils puissent tous être qualifiés de pathologiquement régressifs. L'évolutionnisme, ou darwinisme social reste un sujet qui fait polémique, car, sans que nous en soyons bien conscients, il a imprégné toute une période de l'enseignement de l'histoire — sans qu'il faille s'en offusquer, car cette idée découlait logiquement de la représentation du monde à l'époque coloniale et postcoloniale. En résumé, cette théorie explique que, tout comme les espèces dans la théorie darwinienne de l'évolution naturelle, les sociétés évoluent ; ce concept a donc été compris comme une évolution faisant naturellement transiter l'espèce humaine de formes de cultures primitives vers d'autres formes de cultures considérées comme plus évoluées : bien évidemment, la culture occidentale libérale, consumériste, citadine et colonialiste, pour ne pas dire impérialiste. Si cette vision périmée se comprend aisément au regard de l'histoire, elle n'a plus lieu d'être aujourd'hui. Le simple fait que des cultures coexistent au XXIe siècle prouve qu'elles ne sont pas le produit d'une pyramide évolutive, mais qu'elles témoignent d'une diversité de manière de vivre et d'appréhender le cosmos. Si l'une d'entre elles a effectivement tendance à l'emporter actuellement sur les autres, ce

---

[31] ibidem p. 198.

n'est pas parce qu'elle est meilleure ou plus avancée, mais parce qu'elle applique un mode de vie, le consumérisme libéral, qui exerce un plus fort pouvoir d'attraction que d'autres modes de vie, comme celui des petites communautés agricoles. Rien ne dit d'ailleurs que les petites communautés agricoles ne seront pas précisément l'idéal sociétal de la seconde moitié du XXIe siècle. Ainsi donc, parler de cultures primitives pour désigner les autochtones de certaines zones isolées de notre planète – prétexte qui a trop souvent servi pour les maintenir, encore aujourd'hui, dans un statut légal de mineur auquel on ne reconnaît même pas le droit de voter ni de participer aux décisions qui concernent leur propre devenir et celui de leurs territoires ancestraux ! — est une expression typique du darwinisme social. Penser que la société néolibérale est l'aboutissement logique de la civilisation l'est tout autant. Qui oserait croire que la consommation de nourritures de plus en plus manipulées produites par des agriculteurs de plus en plus dépendants du marché au point de constituer le nouveau sous-prolétariat du troisième millénaire, et surtout la production outrancière de déchets polluants de toutes sortes qui mettent en danger la survie même de l'espèce humaine constitue le pinacle de l'évolution sociale ? Ce serait s'aveugler à propos de l'imminence d'ajustements civilisationnels qui s'imposent avec une urgence toujours plus grande si l'humanité veut éviter l'extinction. Le darwinisme social va de pair avec le point de vue spéciste qui place l'espèce humaine au centre du processus vital et pense que la vie de tout l'univers s'organise autour du devenir d'une seule espèce vivante : la nôtre. Pour replacer ce point de vue dans la théorie freudienne, il s'agit clairement d'une régression narcissique — n'est pas « primitif » celui qui croit ! Par conséquent, sans abonder non plus dans l'exaspération des activistes antispécistes actuels, qui n'ont, pour la plupart, pas une image claire du fonctionnement ni de la biosphère ni de la société, le moment est venu de reconnaître que l'espèce humaine est une parmi des millions d'autres, et qu'elle n'a de particularité scientifique que le fait que nous en faisons partie et qu'il est tout naturel que nous nous préoccupions davantage de son destin. Au niveau de l'évolution des espèces et de la vie dans le cosmos, bipède pensant ou pas, elle n'a strictement pas plus d'importance que la moindre bactérie, sans laquelle nous ne saurions d'ailleurs survivre. Ne versons pourtant pas dans l'angélisme : la compétitivité fait partie de l'expression de la vie humaine, au même titre que la pulsion empathique et le désir de s'entraider. Il n'est pas question de le nier. Tenter de museler cette fonction ajoute un refoulement qui rend la vie en société insoutenable et engendre des comportements déviants et sociopathologiques. Nonobstant, l'application de l'évolutionnisme naturel au devenir sociétal a été combattue de son vivant par Darwin lui-même, qui a longuement débattu contre Spencer à ce sujet. Le spencerisme est, de manière flagrante, le reflet d'un individualisme outrancier, et on comprend par là pourquoi il remporte encore un certain succès de nos jours, et auprès de quel public. Tout le débat se situe aujourd'hui sur la définition d'un point d'équilibre entre les libertés individuelles et l'action de l'État. C'est un débat politique extrêmement pertinent qui bénéficie de plus d'un siècle d'expérimentation d'une variété de systèmes sur une variété de terrains. On confond malheureusement encore trop souvent ce qui s'applique à l'individu — une évolution personnelle qui entre dans le champ de l'éducation et s'achève immanquablement par la mort du sujet — et ce qui peut s'appliquer à une société qui assure autant que possible sa perpétuité, gérée par un système politique garant de cet équilibre précaire entre droits de l'individu et lien social. On sait par expérience que, quelles que soient sa motivation et sa couleur politique, tout gouvernement fondé sur une élite finit par devenir oppresseur en s'appuyant sur l'exploitation économique de la population. Cela souligne que les questions politiques sont naturellement le théâtre de remaniements et d'ajustements absolument indispensables et salutaires.

« Celui qui croit en la magie ne fait que projeter sur le monde extérieur les lois de son fonctionnement psychique inconscient », résume Moreau[32]. Parlant de ces processus d'association magique, Freud suit Tylor qui définit la magie comme confondant les rapports idéaux avec des rapports réels et surestimant l'influence de la pensée sur la réalité ; mais a-t-il bien mesuré, à l'époque, l'influence de l'observateur sur ce qu'il observe, qu'Einstein venait précisément de formuler dans sa théorie de la relativité ? En vérité, un bon magicien est surtout un bon observateur et non pas un puissant volontaire, comme tend à le prouver l'ethnologie. Le puissant volontaire s'inscrit, lui, dans le personnage du sorcier, et il est effectivement considéré dans les sociétés animistes comme un cas d'atteinte psychopathologique… Considérant, pour

---

[32] Christian Moreau, *Freud et l'occultisme*, Privat, 1976, p.158.

notre part, les sociétés pratiquant la magie et la sorcellerie comme ayant simplement opté pour des modalités différentes, mais tout aussi matures et éprouvées que nos sciences modernes, quoique très différentes, on peut se poser la question si ces correspondances magiques sont véritablement toutes erronées et si le symbolisme n'est bien qu'une question d'idées sans lien avec les faits – bref, si certain de ces processus inconscients ne dépassent pas la perspective freudienne et ne pourraient pas, d'une manière ou d'une autre, agir sur la réalité. Voilà une question que ne peut évidemment pas se poser un scientifique positiviste, mais qui étaye la pensée des occultistes occidentaux et celle des peuples pratiquant la magie.

On en arrive finalement à la question de la parole magique. La magie se base sur la croyance que les éléments en correspondance interagissent ; intervient rapidement par conséquent la notion de correspondance entre l'objet et le mot qui le désigne, son nom, ou éventuellement son nom secret, ou nom véritable. Dans le cadre de la magie, comme l'explique Amadou, le rapport entre le langage et les objets, entre le signifiant, le signifié et le référent, n'est pas celui communément accepté[33], il est d'ordre ontologique. Ce n'est pas le concept qui définit un objet dans cette relation de correspondance magique, mais la vibration du nom mobilisée lors de sa prononciation — et même éventuellement lors de son évocation intérieure et muette, à un niveau plus subtil qui exige une éducation initiatique particulière et très longue. Cette approche remet en question le structuralisme de Ferdinand de Saussure, mais uniquement en ce qui concerne les langages dits sacrés ou magiques ! Il n'est pas question de revenir sur l'analyse linguistique des langues modernes, soyons bien clairs à ce sujet. D'autre part, la validité de langages magiques adoptés ou élaborés, comme c'est typiquement le cas de l'énochien, aujourd'hui très utilisé dans la magie thélémite et qui provient du cas de médiumnité très particulier que constitue la relation entre l'occultiste John Dee et son médium Edward Kelley, au tournant du XVIe et XVIIe siècles, se pose précisément en termes de pertinence

---

[33] En linguistique, le signifié et le signifiant sont les deux faces complémentaires du concept de signe linguistique développé par Ferdinand de Saussure et le structuralisme. Le signifié désigne la représentation mentale du concept associé au signe, tandis que le signifiant désigne la représentation mentale de la forme et de l'aspect matériel du signe. On distingue le signifié d'un signe de son référent, l'objet désigné par le signe.

vibratoire. Dans le cas des langages sacrés, le signe n'est donc pas arbitraire et gratuit, ni sa prononciation. Cela n'implique pas qu'il ne puisse exister qu'une seule manière de désigner un objet — argument structuraliste pour invalider l'hypothèse du langage magique —, car différents sons peuvent décrire différents aspects d'un même objet, différemment mis en évidence par la sensibilité et la culture de ceux qui l'utilisent. Ainsi, on connaît même, dans le chamanisme traditionnel, des langages purement improvisés qui traduisent l'expérience d'un chamane particulier dans des circonstances particulières. Dans le contexte de la psychologie, il serait intéressant d'ajouter cet aspect au travail sur l'interprétation des lapsus ; je ne crois pas que cela n'a jamais été tenté.

En résumé, Freud considère l'occultisme comme une stratégie inconsciente de projection sur autrui, ou d'autres objets ou événements, de qualités, de sentiments ou de désirs qu'il ressent en lui-même, mais ne parvient pas à assumer et refoule. C'est le type de mécanismes qui, dans les cas pathologiques, mène à la paranoïa. Freud assimile ensemble les mythologies religieuses et occultes à ce fonctionnement auquel, en bon scientiste, il dénie toute pertinence ; pour lui, ce ne sont pas le résultat de « *l'expérience ou le résultat final de la réflexion ; ils sont des illusions, la réalisation de désirs les plus anciens, les plus forts, les plus pressants de l'humanité ; le secret de leur force est la force de ces désirs*[34] » ou de ces pulsions. Or, nous avons vu que la pensée magique, tout comme la religion, ne doit pas être rejetée comme un simple stade « primitif » de la pensée humaine qui tendrait ultimement vers l'application systématique de la métapsychologie, mais comme des modes différents d'appréhension du monde dont il convient de mesurer la pertinence par l'efficacité de leurs pratiques pour assurer une cohérence sociale satisfaisante. La psychanalyse se nourrit néanmoins de ces mythologies, individuelles ou culturelles, qu'elle décrypte en tant que projections qui lui servent à mieux comprendre le fonctionnement de l'inconscient. Là où Freud et le scientisme du XXᵉ siècle voient une occultation de type obscurantiste, il y a certainement aussi, dans certains cas, une forme de clairvoyance et de connaissance alternative du cosmos qui est à l'œuvre. C'est pourquoi l'étude de ces différents modes de relation au monde se révèle aussi passionnante, tant pour l'anthropologue que pour l'occultiste. À travers ses théories

---

[34] Sigmund Freud, *L'avenir d'une illusion*, PUF, 1971 (1927), p. 44.

projectives, Freud reproche à l'occultisme de masquer les conflits qui couvent chez ses adeptes, lesquels devraient, selon lui, bénéficier plutôt de cures psychanalytiques pour parvenir à guérir. Mais les traitements magiques de ces cultures prétendument primitives parviennent eux aussi à résoudre de tels conflits — certes de manière différente, par exemple dans le contexte de la possession, l'intégration dans des pratiques de cultes adorcistes — et ils permettent aux individus de gérer leur angoisse. Ils constituent donc bien des stratégies alternatives et tout aussi respectables en termes de psychothérapie que le choix d'une analyse freudienne.

Freud applique à ce qu'il désigne comme une « occultation du problème inconscient par la pensée magique » sa propre mythologie qui inclut le refoulement des problématiques sexuelles. En effet, la notion freudienne de castration est fréquemment évoquée en magie. C'est qu'il s'agit d'un point important qui n'est pas considéré uniquement sous l'angle psychanalytique, mais surtout en ce qu'il symbolise la gestion de l'énergie sexuelle dans les processus magiques. Il existe, on le sait, différentes voies de « magie sexuelle » qui illustrent parfaitement l'importance déterminante de ce sujet dans l'occultisme. Freud cerne assez mal l'axe de cette problématique dans le cadre magique, car il en ignore les tenants et aboutissants. À un moment ou à un autre de son parcours initiatique, le magicien est tenu d'apprendre à gérer l'énergie vitale et à utiliser l'énergie naturellement consacrée à la sexualité en la redirigeant vers d'autres usages ; c'est le coût de son « pouvoir », qui n'en est est finalement pas vraiment un puisqu'il se résume à l'apprentissage de tels procédés. On comprend mieux, dans ce cadre, les innombrables tabous sexuels qui accompagnent l'acte magique, et la fascination de certaines voies qui se consacrent presque exclusivement à ce sujet. La question de la mort symbolique, plus ou moins liée à la précédente, implique une pédagogie visant à surmonter l'angoisse de la mort chez le magicien. C'est en cas d'échec dans ce domaine que le magicien devient un sorcier et qu'il s'abîme dans un usage sociopathologique de son art. Comme nous l'avons dit, la façon dont le père de la psychanalyse a traité ce thème en introduisant la notion de pulsion de mort par opposition à la pulsion de vie — une proposition qui a fait couler beaucoup d'encre chez ses successeurs — ne favorise pas une bonne compréhension de ce principe dans le cadre de l'initiation traditionnelle, mais ajoute de la confusion sur un terrain fondamental.

Finalement, la question de la volonté est, elle aussi, essentielle dans la pratique de la magie. Si l'on reprend ce qu'en dit Freud — bien que celui-ci nie la pertinence du recours à cette magie — « *le secret de leur force* [celle des mythes et dogmes religieux, magiques et occultistes] *est la force de ces désirs* » inconscients que l'on projette sur le monde. La psychanalyse recentre ainsi la question sur le désir, sur sa puissance et éventuellement sur le narcissisme qui anime le magicien. Cela permet d'éclairer l'usage somme toute assez peu approprié du terme de « volonté » à ce propos, un terme très fréquent dans le vocabulaire occulte et pourtant toujours ambigu. Comme nous l'avons dit plus haut à propos de l'articulation entre magie et sorcellerie[35], davantage que sur la volonté, la question se concentre sur la qualité d'attention dont sait faire preuve l'initié lorsqu'il se relie à son environnement. Soit il a appris à observer *sans faire intervenir de projections inconscientes* et il obtient ainsi du cosmos une perception meilleure et plus subtile que celle de ses congénères, il perçoit ce qui échappe à leur attention plus vague — et c'est là ce qui exige un long apprentissage, car il s'agit d'art plus que d'une transmission de techniques spécifiques. C'est la « sagesse » qui permet aux initiés d'agir dans le sens des processus naturels et de bénéficier de l'appui de la vitalité cosmique. Soit, au contraire, il a tant entraîné sa capacité à projeter ses pulsions inconscientes que c'est devenu son mode d'expression privilégié, au point qu'il soit devenu un maître de la suggestion, de l'hypnose, de l'invocation de forces occultes qu'il sait plier à ses projets. Nous avons là clairement illustrées deux voies opposées — celles de l'initiation et de la contre-initiation, selon certains critères — qu'incarnent les figures du mage et du sorcier. Nous attirons par conséquent le regard du lecteur sur l'usage du terme « volonté » dans les différents contextes relatifs à la pensée magique, car pour certains il s'agit d'apprendre à focaliser et concentrer l'attention et, ultimement, à abolir les projections de leurs désirs individuels inconscients, tandis que pour les autres, il s'agit au contraire d'utiliser cette force de projection mentale en apprenant à la maîtriser. Les discours plus spirituels parlent volontiers de soumission à la volonté divine par opposition à l'usage de la volonté personnelle, mais la persistance du terme de « volonté » dans ce discours entretient la confusion. D'autres voies, généralement

---

[35] j'éviterai ici les termes usuels de magie blanche et magie noire, tout comme je me suis distancié de l'idée de l'existence de cultures primitives.

d'origine orientale, insistent sur le « non-faire » et l'absence de désirs, mais, précisément, sans l'éclairage de la notion freudienne de projection des pulsions inconscientes, on peine à bien comprendre de quoi il s'agit. J'espère avoir réussi à me montrer un peu plus explicite.

En conclusion, Freud s'était intéressé à divers aspects de l'occultisme pour mieux assimiler celui-ci à une croyance religieuse et le classer, avec la religion, parmi les illusions produites par l'esprit humain. Sa démarche visait à rapporter l'ensemble des phénomènes psychiques dans l'intériorité de l'individu pour en étudier le fonctionnement et finalement proposer une théorie générale de la psychologie, ce qu'il a fait, parmi les pionniers du domaine. Dans cette perspective, les phénomènes extraordinaires du psychisme devaient trouver une explication ou bien être éliminés, car ils s'apparentaient à des troubles psychologiques susceptibles d'être traités et réduits par la psychanalyse. Freud n'a fait preuve d'ouverture d'esprit qu'à l'égard de la télépathie, évidemment après élimination préalable de toute hypothèse psychanalytique, et il s'est intéressé de près à quelques cas à propos desquels il a officiellement osé prendre position. C'est principalement le rêve qui s'est attiré ses grâces, en tant qu'interface accessible d'expression des désirs inconscients. Pour Freud, tous les phénomènes psychiques impliquant des entités non humaines ne sont que des projections de pulsions inconscientes. Le contexte freudien de la névrose obsessionnelle nous permet de mieux comprendre les réticences du père de la psychanalyse vis-à-vis de la pensée magique, quoique ses considérations à ce sujet s'inscrivent dans un cadre théorique et historique aujourd'hui aboli. C'est l'occasion de souligner qu'il ne faut jamais assimiler les processus intérieurs individuels et le devenir des sociétés, car cela génère une grande confusion. En évoquant la question de la parole, qui est centrale dans la magie comme dans la psychanalyse, mais de manière totalement différente, on est en droit de se demander combien certains atavismes culturels ont pu agir chez Freud et le pousser à attribuer tant de pouvoir à la verbalisation des processus inconscients. Il est difficile de ne pas songer que la puissance du verbe dans la tradition kabbaliste n'a joué aucun rôle dans ce phénomène. Il faut également souligner la parenté des symboles et principes actifs fondamentaux de la psychanalyse avec ceux utilisés dans l'initiation traditionnelle (sexualité, mort, volonté). Freud a su élaborer une théorie qui dépasse le contexte de la psychopathologie et se veut une théorie générale de la psyché humaine ; pour cela, il a substitué aux mythes anciens de nouveaux mythes qu'il jugeait plus pertinents et qui jouent en effet un rôle important dans la société contemporaine, surtout sur un plan culturel. Cependant, comparées aux archétypes jungiens, ces « forces pulsionnelles » peinent à assumer un rôle symbolique suffisamment fort pour faire naître une nouvelle tradition spirituelle, ce que ne déplorerait certainement l'athéiste convaincu qu'était Freud.

VOUS AVEZ DIT CONTRE-CULTURE ?

par Philippe Marlin, 2018

La contre-culture, selon Wikipédia, est un terme utilisé pour caractériser l'explosion des mouvements contestataires de la jeunesse du monde libre envers la domination culturelle de la bourgeoisie. Il s'agit de courants nés dans les années 1960 aux États-Unis (culture hippie notamment) et qui éclosent après Mai 68 en France. La contre-culture fut représentée par des organes de presse comme le magazine *Actuel* (première et deuxième époque), le quotidien Libération (première époque), la librairie Parallèles, le Novamag et les Éditions Alternatives, les premières radios libres, les labels de musique indépendants, etc.

Une première étude française sur le sujet m'avait beaucoup marquée, *Le Jeune Lion Dort avec ses Dents* du regretté Michel Lancelot[36] (Albin Michel, 1974). Pour Michel Lancelot, selon la présentation « éditeur », la culture officielle du vieux monde est devenue quelque chose de pourri, de mort. À l'Est comme à l'Ouest, c'est la chasse aux créateurs, aux novateurs et aux chercheurs. Or, ce qu'on appelle la contre-culture (pas américaine comme on l'a dit), ce n'est pas seulement une critique radicale de la vieille culture, c'est aussi une tentative de salut. Voilà ce qu'affirme ce livre, violent et passionné.

Michel Lancelot nous rappelle de façon pertinente l'importance de la première contre-culture moderne, née en Europe entre 1910 et 1930, et dont le mouvement actuel est issu : tant dans le domaine artistique — dadaïsme, surréalisme, le Grand Jeu — que sur le plan scientifique et métaphysique, avec Einstein et Freud. Et il y aurait beaucoup à dire aujourd'hui sur le rôle des savants dans l'éternel mouvement de « déplacement des frontières ».

---

[36] Décédé en 1984 à l'âge de 49 ans.

Hélas poursuit-il, depuis la double riposte nazie et stalinienne, rien n'a vraiment changé. Les idéologies politiques et religieuses continuent à pourchasser les tenants de la contre-culture, quand elles ne « récupèrent » pas. C'est pourquoi, après avoir décortiqué le fameux parallèle, cher aux journaux *underground*, entre la décadence de Rome et notre crise de civilisation, Michel Lancelot oppose, à la culture sclérosée et oppressante, l'importance tantôt méconnue, tantôt exagérée, d'éléments divers comme : les suicidés de la société (les peintres et l'anti-art), le messianisme électronique (pop music, musique contemporaine), la lutte mortelle engagée entre l'église freudienne et le double déterminisme américain (béhaviorisme de Watson et doctrines pavloviennes) ; également deux courants nouveaux de pensée, lettrisme et situationnisme, le néo-fouriérisme des communautés rurales, les mouvements écologiques authentiques ou manipulés, la révolution de Jésus, la renaissance de ce qu'il qualifie — à tort à mon avis — être une extrême-droite ésotérique (mouvement *Planète*), etc...

Ce livre foisonnant, qui établit le Premier manifeste de la contre-culture globale, est l'œuvre la plus personnelle et la plus percutante de l'auteur de *Je veux regarder Dieu en face*. Michel Lancelot a illustré sa philosophie dans une émission culte à l'époque, *Campus,* sur Europe 1 de 1968 à 1972[37]. Il touchera plus d'un million d'auditeurs dans une tribune anticonformiste, adaptée au parfum révolutionnaire de l'époque. À la fois musicale et documentaire, elle deviendra le repère de poètes et d'intellectuels pour des débats sans fin. Elle traitera dans des numéros « spéciaux » des sujets alors tabous comme le suicide, la peine de mort ou l'homosexualité[38]...

> *Ce qu'il ne faut pas dire en fait toi tu le dis Michel*
> *Ce qu'il ne faut pas faire en fait toi tu le fais Michel*
> *Chaque soir à Campus*
> *Avec dans l'œil et dans l'oreille*
> *Les chants perdus du bout de la terre*
> *Et de Nanterre...*

Léo Ferré, à Michel Lancelot.

---

[37] Lire *Campus, Violence ou non-violence,* chez Albin Michel en 1971

[38] L'audience de ces « Campus Spéciaux » pourra monter jusqu'à 7 millions d'auditeurs.

J'ai baigné, dès le début de mon aventure intellectuelle, dans la contre-culture, même si je n'aime pas cette expression. Certes ce mouvement est né contre la culture dominante, qualifiée de bourgeoise et de capitaliste. Mais ce « contre » a été rapidement dépassé pour laisser place à « de marge », « différente », « de l'autre côté ». Et du reste, plusieurs des « vedettes » de la contre-culture on rejoint les rangs de la « culture tout court », leurs talents leur ayant donné droit de cité aux côtés des plus grands. Il suffit de se promener au Mo'Ma à New York pour voir la place qui est réservée à Andy Wharhol. Je ne parle pas de Bob Dylan qui a reçu un prix Nobel.

De nombreuses zones restent à explorer dans l'histoire du développement de cet « à côté ». Le mouvement *New Age* a été largement étudié, mais il est intéressant de rappeler comment après avoir tenté d'ouvrir les portes (il faut sauver le groupe dans une œuvre collective) il les a refermées, en signe d'échec (c'est à chaque individu de se sauver, et peut-être qu'en donnant l'exemple…).

Je voudrais évoquer par contre le mouvement moins connu des *angry young men* anglais qui a précédé celui de la *beat génération*. Il s'agissait de faire circuler l'air frais et de laisser les jeunes artistes respirer pour s'épanouir. Cette période a été romancée avec talent par Colin Wilson dans *Soho à la dérive* (1961, Gallimard 1964[39]) et théorisée dans *The Outsider. L'Homme en dehors*[40] (Gallimard, 1956[41]) est le premier essai de Colin Wilson, écrit à l'âge de 24 ans à partir de son journal alors qu'il menait une vie de quasi-SDF.

« Le jugement émis par l'Étranger contre la société est clair. Ils ont tous, hommes ou femmes, des impulsions dangereuses et innommables, mais ils cultivent le mensonge, pour eux-mêmes et pour les autres : leur respectabilité, leur philosophie, leur religion, sont autant de moyens de masquer, de revêtir de raison et de civilisation quelque chose de sauvage, d'inorganisé, d'irrationnel. Il est Étranger parce qu'il exige la vérité. »

Le succès sera immédiat et lui conférera une grande notoriété. La thèse centrale est assez simple : les « visionnaires » (il cite notamment Kafka, Dostoïevski, Nietzsche, H.G. Wells, G.B. Shaw, Hemingway,

---

[39] A donné lieu à un film, *Adrift in Soho*, sorti à Londres en novembre 2018)

[40] Curieuse traduction de « The Outsider ». Je préfère pour ma part « L'Étranger ».

[41] A été réédité 20 ans après par Penguin Random House (2016).

Ramakrishna…) formaient une caste marginale, oppressés par une société dont la banalité est une entrave à la création. Mais même s'il s'appuie beaucoup sur Sartre, sa critique ne débouche pas sur le nihilisme, mais sur un existentialisme optimiste La réponse à l'angoisse de « l'Outsider » c'est, pense Colin Wilson, dans la religion qu'elle peut être trouvée. La notion fondamentale de la religion est la liberté, et « l'Étranger » veut être libre. L'homme « sain d'esprit », lui, n'est pas libre. Il considérait son œuvre comme ne relevant pas de la philosophie, mais de la métaphysique. « Mon sentiment fondamental est que l'humanité est sur le point de faire un important saut qualitatif ». Cette démarche vers la transcendance suppose de s'affranchir de la médiocrité du quotidien qu'il appelle aliénation et de s'appuyer, par exemple, sur les grandes œuvres d'art.

« Ces hommes sont en prison, dit l'Étranger. Ils sont contents dans leur prison, tels des animaux en cage n'ayant jamais connu la liberté : leur cage n'en est pas moins une prison. Et l'Étranger ? Il est, lui aussi, en prison : chacun d'eux nous l'a dit d'une façon ou d'une autre. Mais il le sait. Il désire s'échapper, mais l'évasion n'est pas facile. Il faut pour cela bien connaître sa prison, autrement on risque de creuser éternellement une galerie comme l'Abbé dans le Comte de Monte-Cristo, et de se retrouver un jour simplement dans la cellule voisine. »

Malgré son approche résolument positive, *The Outsider* sera récupéré par le mouvement des *angry young men* [42]. Colin Wilson participera, en 1958, à un ouvrage collectif sur le mouvement, *Les Jeunes Gens en colère vous parlent* (Pierre Horay). Il consacrera encore en 2007 une étude aux *Angry Years* :

---

[42] D'après Wikipédia : *Reprenant le titre d'une autobiographie (1951) de Leslie Allen Paul, l'expression* angry young men *est utilisée pour la première fois dans des journaux britanniques à la suite du succès de la* pièce La Paix du dimanche *(Look Back in Anger) de John Osborne (1956), dont le réalisme sans concession bouleverse la scène britannique. De même que la critique avait parlé de* kitchen sink painters *(« peintres d'évier de cuisine ») à propos du « réalisme antiartistique » des peintres britanniques des années 1940-1950, notamment John Bratby, elle parle désormais de « kitchen sink dramatists ». En rupture avec une certaine forme d'intellectualisme et avec ses diktats, extérieure aux idéologies aussi bien communiste que libérale, cette génération est constituée d'une nouvelle élite issue des Grammar Schools, qui se heurte à un système social où les préjugés favorisent toujours l'élite traditionnelle. Les héros de leurs romans ou de leurs pièces sont généralement issus de milieux modestes et portent sur la société, notamment sur l'establishment, un regard cynique et désabusé. Relayées par le cinéma, les œuvres de John Osborne, de John Braine (1922-1986), de Kingsley Amis, d'Alan Sillitoe, ou de Keith Waterhouse touchent un large public et accompagnent la Nouvelle Vague du cinéma britannique (le Free Cinema). Leurs héros sont des anti-héros, des rebelles mais des rebelles sans cause, mus par leur rejet des barrières sociales ou des conventions qui les entravent, ils sont les* working class heroes.

« Tous les mouvements littéraires suscitent des ennemis, mais les jeunes hommes en colère des années 1950 en ont accumulé plus que de raison. Pourquoi ? Parce que, je suppose que l'idée d'écrivains cherchant à attirer l'attention sur le fait qu'ils sont "en colère" éveille l'irritation que l'on réserve en général aux cris d'un enfant gâté. »

Restons encore avec Colin Wilson, car il a exploré en profondeur les acteurs de la première période de la contre-culture, telle que pointée par Michel Lancelot. Ses référents « ouvreurs de porte » sont légion comme C.G Jung, Crowley, Raspoutine, Steiner, Reich, Gurdjeiff, Openski, Borgès ou G.B. Shaw, personnages auxquels il a consacré de passionnantes études. Il n'est pas question, dans le cadre de cette courte contribution, de voir en détail comment tous ces acteurs ont contribué à percer « l'autre côté de la culture », mais arrêtons-nous quelques instants sur deux cas emblématiques.

Wilhelm Reich (1897-1957), apôtre freudo-marxiste de la révolution sexuelle, capteur de « bioénergie » et inventeur de « machines désirantes ». Il fut l'étendard érigé de la pensée 68. Était-ce un génie ou un fou ? Certainement les deux à la fois. Son fils, Peter, nous livre dans *À la recherche de mon père* (Albin Michel, 1977[43]) un magnifique témoignage sur les dernières années du psychanalyste alors qu'il n'était que petit garçon. Son père décédera en effet en prison alors qu'il n'avait que treize ans. Un récit plein d'amour et d'admiration pour un personnage qui le fera rêver et transformera son enfance en un véritable roman de science-fiction. Il lui fallait manipuler les brise-nuages pour faire pleuvoir sur leur domaine d'Orgonon dans le Maine tout en luttant contre les envahisseurs en soucoupes volantes. Mi cowboy, mi soldat spatial, Peter réunira autour de lui une bande de copains auxquels il conférera des titres ronflants, son père étant bien sûr le Général de cette petite armée. Mais le petit garçon a du mal à comprendre pourquoi on veut tant de mal au grand savant. Certainement suppose-t-il parce qu'il avait mis au point un outil redoutable pour soigner les maux d'une humanité qui n'était pas prête. On assistera avec lui à une descente de la police, venue détruire les caissons d'énergie créés par Reich. Et on partagera son émotion lorsque les « hommes en noir » viendront chercher ce dernier pour le conduire dans une prison qui sera sa dernière demeure.

---

[43] Merci à Emmanuel Thibault pour m'avoir fait découvrir ce livre important.

Colin Wilson était également fasciné par Aleister Crowley (1875-1947), ainsi que l'atteste sa longue entrée dans *L'Occulte* (1971), dans laquelle il cherchait à répondre à la question : « est-ce que sa magie fonctionne ? » Et avec la forte intuition qu'il devait y avoir du vrai dans les travaux de la « Bête ».

> *Un seul homme, à notre connaissance, osa présenter sous une forme conceptuelle et revendiquer l'attitude magique fondamentale. Cet homme est sans doute le plus grand et les plus inquiétant, peut-être le seul magicien du XXe siècle occidental : Aleister Crowley.*
> Robert Amadou dans *Planète* n° 19

Il revient longuement sur ce personnage sulfureux dans une biographie bien documentée qui n'est — contrairement à beaucoup d'autres traitant de Crowley — ni une hagiographie ni une critique destructive : *Aleister Crowley : The Nature of the Beast,* Colin Wilson (1987, Aquarian Press; 2005, Aeon Books). Il ouvre son étude par un premier chapitre fort intéressant, dans la mesure où il fait le lien avec ses premières théories sur l'Occulte. Pour Wilson, en 1971, les phénomènes paranormaux étaient occasionnés par la Faculté X, elle-même produit d'une conscience « élargie ». Il ne s'agissait rien d'autre que d'une utilisation adéquate des « pouvoirs inconnus de l'homme », toute autre explication faisant appel aux « esprits » étant de l'ordre de l'affabulation. Wilson revoit en 1987 considérablement sa copie, et, après examen approfondi d'un certain nombre de cas parapsychologiques, notamment africains, arrive à la conclusion que ces entités peuvent réellement exister. Il les qualifie « d'esprits décorporés », tout en précisant qu'il ne s'agit pas uniquement de ceux de défunts, mais aussi d'esprits de la nature ou élémentaux.

Écrire une biographie de Crowley est un art difficile, les excès de tous ordres du Magicien brouillant en permanence les cartes au point de lui enlever souvent toute crédibilité. Ce dont souffrira toute sa vie le Maître Thérion dont l'immense besoin de reconnaissance ne sera jamais satisfait. Il faudra attendre que l'occultiste Kenneth Grant, responsable de l'OTO en Angleterre, reprenne à son compte les travaux de Crowley après sa mort pour en faire une brillante synthèse. Colin Wilson insiste notamment sur son *Magick Revival,* « la meilleure histoire de la magie moderne jamais écrite » et précise que les travaux de Grant sont du « Crowley bien meilleur que l'original. » Et de montrer qu'au-delà de ses outrances, notamment sexuelles, Crowley avait fondé un système magique tout à fait remarquable, basé sur la *volonté* :

- Fais ce que tu veux est toute la loi,
- L'amour est la Loi, l'amour soumis à la volonté
- Chaque homme et chaque femme est une étoile
- La Magie est la science et l'art d'opérer des changements en accord avec la volonté.

La conclusion de cet ouvrage sera très « wilsonienne ». « La philosophie thélèmite de la libre volonté humaine permet à l'homme de se hisser à un niveau de conscience supérieur. Si on oublie le personnage pour ne se concentrer que sur sa philosophie, il est fort probable que Crowley avait raison ».

Ce besoin d'ouvrir les portes est fondamental et il a été magnifiquement illustré par *Le Matin des Magiciens* de Pauwels et Bergier et l'aventure de la revue *Planète*. On n'a pas fini de mesurer l'impact de ce mouvement sur la pensée et la littérature contemporaine. Pour bien comprendre le phénomène, il faut certainement évoquer un étonnant « franchisseur de frontières », Charles H. Fort (1874-1932), qui fut un écrivain américain dont l'œuvre est à l'origine du « mouvement fortéen », relativement important dans le monde anglo-saxon[44]. Ch. Fort s'est attaché à recenser et documenter des phénomènes non expliqués ou extra ordinaires. « Une procession de damnés. Parmi les damnés j'entends bien les exclus. Nous tiendrons une procession de toutes les données que la science a jugé bon d'exclure. » Ainsi débute *The Book of Damned*, qui parut en 1919 (*Le Livre des Damnés*, Le Terrain Vague, 1989). Quant à l'introduction de *New Lands* (paru en 1923), elle précise : « J'en suis arrivé à la conclusion qu'une Introduction doit être capable d'informer le lecteur au premier coup d'œil et faire en sorte qu'il ne se sente pas coupable s'il ne lit pas la suite du livre. [...] Le lecteur pourrait être mal à l'aise si l'Introduction de *New Lands* était celle d'un livre conformiste auquel on pourrait s'attendre d'un écrivain scientifique professionnel — de préférence à celui d'un astronome en exercice et outré. [45] »

---

[44] « Le Fortéanisme » est développé aux Éditions de l'Œil du Sphinx par *La Gazette Fortéenne* (5 tomes publiés). NDE

[45] http://www.resologist.net/landsei.htm

Le Matin des Magiciens (1960) se veut le manifeste du « réalisme fantastique ». Il se présente comme un courant de pensée et de recherche à vocation scientifique, ayant pour objet l'étude de domaines considérés comme exclus à tort par la science officielle : phénomènes paranormaux, alchimie, civilisations disparues, extraterrestres etc. Ce mouvement de contre-culture est donc très proche du fortéanisme de Charles Fort auquel Bergier vouait une grande admiration[46].

Ce livre de cinq cent pages a été écrit par Louis Pauwels sur la base d'une abondante documentation fournie par Bergier. On peut s'en faire une idée en consultant le fonds Louis Pauwels à la BNF. On trouvera notamment « l'embryon » de l'essai, préparé par Jacques Bergier, et traitant essentiellement des « Mystères du IIIe Reich ». L'ouvrage comporte trois parties :

Le futur antérieur : introduit le lecteur dans le côté caché de l'Histoire et évoque l'existence de civilisations, ayant précédé la nôtre, extrêmement avancées sur le plan scientifique.

Quelques années dans l'ailleurs absolu : où l'on parle des secrètes, et d'autres mystérieux « Supérieurs Inconnus », responsables de la destinée du monde. Cette section accorde une large place à « l'ésotérisme nazi » ainsi qu'à la *Golden Dawn.*

Enfin la dernière partie intitulée *L'homme cet infini* aborde l'univers de la parapsychologie et annonce l'avènement, dans un avenir proche, d'un homme nouveau exploitant à fond ses facultés extrasensorielles.

Les sources utilisées sont souvent fantaisistes. Jacques Bergier, dans un entretien avec Jean Dumur, lui avouera : « … après la guerre, entre autres avantages, tous les gouvernements qui ont combattu contre Hitler m'ont laissé consulter leurs dossiers "F.F.". "F.F." est une abréviation anglaise de l'expression *"File and Forget"*, c'est-à-dire rangez ça dans un dossier et oubliez-le. Ce sont les dossiers sur les choses qu'on ne comprend pas. Tous les gouvernements en ont et je suis un des rares à avoir pu tous les consulter. Alors cela fait réellement beaucoup de renseignements.[47] »

---

[46] Une première édition française de ce livre a été réalisée en 1955 par Louis Pauwels (Les Deux Rives).

[47] Jean Dumur, EJBDM, Éditions Pierre-Marcel Favre, Lausanne, 1979, p. 54.

Quoi qu'il en soit, l'ouvrage aura un succès considérable et incitera les auteurs à lancer en octobre 1961 la revue *Planète* qui fera sensation et tirera à 100 000 exemplaires. Ce mouvement arrivait à point nommé pour aérer une France où les intellectuels souffraient d'une névrose sartrienne. Diverses collections suivront comme *Présence Planète* (essais), *L'Encyclopédie Planète*, ou diverses anthologies de « littérature différente ». Le « réalisme fantastique » cherchera de surcroît à s'organiser en cercles de réflexions, *Les Ateliers Planète*. Les critiques seront nombreuses, dénonçant les approximations et les invraisemblances des travaux de nos deux compères. Une série de suites au *Matin* étaient prévues, dont seul sortira le premier tome, *L'Homme Éternel* (1970).[48]

Il ne faut pas non plus négliger l'aventure du *fandom* comme véhicule extraordinaire d'exploration des marges. Ces publications d'amateurs, souvent mal ficelées, ont permis de regrouper des passionnés solitaires autour de leurs thèmes de prédilection. Les fanzines de l'imaginaire des années 70/80 ont notamment contribué à faire « péter les barrières » et à révéler de nouveaux talents qui se retrouveront plus tard dans des collections grand public. Sans faire ici l'histoire de notre association, l'ODS, qui a été particulièrement active dans le fandom, soulignons que ce phénomène a existé de tout temps. Il suffit de retracer la carrière de Lovecraft pour voir comment la presse amateur a forgé sa personnalité en lui donnant de premiers débouchés [49]. Il écrit ainsi dans sa biographie *Quelques notes sur une non-entité* (1933, traduction de François Bon) : « En 1914 je découvris l'Association pour la presse amateur (*United Amateur Press Association*) et m'y joignis, une parmi plusieurs organisations de correspondants à l'échelle du pays, d'amateurs en littérature qui publient des articles selon leurs propres choix de contenu et de forme, un monde en miniature, fait d'aide mutuelle, de critique comme d'encouragement. Impossible de surestimer le bénéfice reçu de cette affiliation ; tant le contact avec la diversité des membres et des critiques m'a infiniment aidé à pondérer les pires archaïsmes et la complaisance à la digression de ma langue. Ce terme de "journaliste amateur" est maintenant légitimé par la "National Press Amateur Journalism", une organisation que je recommande consciemment

---

[48] L'esprit « Planète » survit encore aujourd'hui avec la belle revue *ORBS, l'Autre Planète*, de Maxence Layet (7 numéros à ce jour).

[49] Une étude très complète sur Lovecraft et la Presse Amateur figure sur : https://journals.openedition.org/contextes/6031

et fortement à tout débutant dans le métier d'écrire. J'étais dans les rangs des amateurs associés quand on me conseilla de me lancer dans l'écriture fantastique (*weird writing*), un pas que je franchis en juillet 1917 avec l'écriture successive de *The tomb* et *Dagon* (les deux ont depuis été publiées dans *Weird Tales*). C'est aussi dans cette association d'amateurs que j'obtins mes premiers contacts pour m'amener à une première publication professionnelle de ma fiction — en 1922, quand *Home Brew* imprima une horrible série intitulée *Herbet West, reanimator*. Le même cercle, plus ou moins, m'amena à fréquenter Clark Ashton Smith, Frank Belknap Long, Jun., Wilfred B. Talman et quelques autres de réputation dans le champ des histoires singulières (*unusual stories*). »

Le fandom est mort aujourd'hui, tué pour l'essentiel par Internet, qui est devenu un moyen commode d'expression contre-culturelle. Ce serait enfoncer une porte ouverte pour dire qu'il y a le meilleur et le pire sur internet. Mais j'en retiens surtout la formidable démultiplication qu'il offre aux artistes et écrivains pour promouvoir leurs œuvres et peut-être un jour trouver « le débouché ». Je suis assez fasciné de découvrir tous les jours l'annonce de manifestations dont je n'aurai certainement jamais entendu parler sans les réseaux sociaux. Et nous sommes totalement dans le sujet : séminaire de réflexion sur la magie contemporaine, colloques multiples sur l'élargissement de la conscience, le chamanisme, la parapsychologie, initiation au Street Art, improvisations théâtrales, expositions de peintures fantastiques, Salons de l'Imaginaire… Je m'arrête ici. Il est évident qu'il faut savoir trier dans ce foisonnement et surtout garder en perspective les fondamentaux de sa recherche pour ne pas sombrer dans ce qui menace tous les internautes : la culture de l'instant et la dissolution de sa personnalité dans un goubiboulga virtuel qui ramollit le cerveau !

***

Signalons encore une belle contribution à la réflexion proposée par Jean Rouzaud avec *Contre-culture* (Nova, 2018), un document jubilatoire, qui se lit à petites gorgées. Auteur phare du mouvement punk avec *Ze Craignos*, il nous propose un dictionnaire qui plongera le lecteur dans un univers halluciné à la rencontre d'écrivains, de peintres, de cinéastes, de musiciens et de groupes qui ont tous franchi un jour la « frontière ». Jean Rouzaud reste fidèle aux figures historiques du mouvement, évoquant la Beat Generation, le sulfureux Kenneth Anger, Bob Dylan, William Burroughs, Bunuel, Led Zeppelin, Nico, Andy Wharhol et bien d'autres icônes des années 60 et 70. Mais il brasse beaucoup plus large, faisant entrer dans sa galaxie déjantée Baudelaire, Alain Bashung, Michel Houellelbeck ou Marcel Duchamp. Et j'ai la modestie d'avouer avoir découvert dans cette mine nombre d'artistes qui m'étaient jusqu'alors inconnus. Je regretterai cependant que le livre ne s'ouvre pas sur une préface dans laquelle l'auteur donnerait sa vision de la contre-culture. Il est vrai que le matériau brut qu'il nous propose parle de lui-même : nous sommes dans les terres enivrantes de « l'hors-normes ». Vient également de paraître chez Pygmalion un ouvrage collectif que l'éditeur annonce comme un « retour vers le Réalisme Fantastique », ambitieux programme que nous pourrons commenter après l'avoir lu[50].

***

Arrivé au terme de cette réflexion, demandons-nous ce qu'il en est aujourd'hui de la contre-culture. Un article du *Point* du 24/05/2017 signé Christophe Abensour sous-titrait, sous forme d'appel, à *la renaissance des contre-cultures en France* : « Les contre-cultures en France auraient connu leur âge d'or dans les années 70-80, où sont-elles aujourd'hui ? Leur permettre d'émerger davantage offrirait à la France un rayonnement plus important. » L'article pointe de façon intéressante le fait que culture et contre-culture sont, en France du moins, les victimes d'un consensus académique mou. Et de souligner, par exemple, la disparition de philosophes d'envergure dans notre pays : « Il y a bien quelques commentateurs de la philosophie qui ont acquis quelque notoriété, mais ils n'ont pas fait œuvre de philosophie eux-mêmes. » Et d'ajouter : « Tandis que d'autres pays que la France ont pu construire une puissante culture en dehors de la culture intellectuelle, par exemple l'Angleterre et les États-Unis, et donc des contre-cultures spécifiques à ces cultures non-intellectuelles, la France n'a pas fait émerger sa culture populaire sur la scène médiatique. Et c'est sans doute parce que, pour les Français, et en particulier les élites médiatiques, la culture intellectuelle est la seule qui soit réellement légitime. En Angleterre et aux États-Unis, lorsque dans le cadre de mon activité de conseil en communication, je parle de "contexte culturel", mes interlocuteurs

---

[50] ouvrage collectif *Les Magiciens du Nouveau siècle, retour vers le réalisme fantastique* (Pygmalion 2018)

comprennent que je fais référence, suivant le cadre de notre discussion, aux pratiques civilisationnelles, les us et coutumes, aux différences régionales, à la culture populaire dominante, par exemple les mouvements musicaux. Anglais et Américains n'ont rien à objecter par exemple à ce qu'on décrive les téléréalités comme une manifestation de la culture contemporaine, pour eux, les réseaux sociaux sont un phénomène culturel ».

Cela dit, le problème est certainement plus complexe. En effet, au-delà de ces caractéristiques sémantiques de la contre-culture[51], il y a des formes plus élaborées d'interaction sociale, de communication et de mise en réseau translocal qui commencent tout juste à faire sens. À partir de cette perspective, le concept de contre-culture est perçu comme incluant un arsenal hautement complexe et étendu de modes de vie, de sensibilités et de croyances qui, bien qu'ils se rejoignent nettement à un certain niveau, prennent des chemins et des trajectoires biographiques variés, chacun ayant ses propres connexions à d'autres milieux et mondes culturels spécifiques. En tant que telle, à un niveau théorique, la contre-culture, ne peut pas fonctionner effectivement comme catégorie culturelle permettant de définir des groupes sociaux distincts les uns des autres, selon une grille binaire contre/dominant. Le terme agit plutôt comme un mécanisme servant à décrire des points particuliers de convergence, grâce auxquels les individus peuvent temporairement s'entendre en vue de l'accomplissement d'objectifs spécifiques. Les contre-cultures sont, en effet, des expressions fluides et mutables de sociabilité qui se manifestent lorsque les individus s'associent temporairement pour exprimer leur soutien et/ou pour participer à une cause commune, mais dont les vies quotidiennes se déroulent de fait simultanément sur toute une gamme de terrains culturels des plus divers.

La contre-culture n'est rien d'autre que la liberté de l'Outsider, cherchant en permanence de nouveaux horizons en repoussant sans cesse les limites. En ce sens, elle est éternelle !

---

[51] Andy Bennett, pour une réévaluation du concept de contre-culture, 2012. https://journals.openedition.org/volume/2941

LE VOILE D'ISIS

par Georges Bertin, 2018

*«Le voile impénétrable du secret absolu était jeté
Sur les sciences enseignées dans le sanctuaire ».*

Helena Petrovna Blavatsky

Étymologie et légendes

Isis représentée par Auguste Puttemans au Herbert Hoover National Park (Iowa, USA)

Issa en égyptien, *Uasi* en copte, (la femme vêtue de soleil), le nom *Isis* viendrait d'*Is* (légère) ou *Idis,* soit, en grec *Isis, Isidos, Isin.* Du verbe *ejido/oida :* paraître en la forme, et la forme en esprit. À donné *Isidoros,* nom propre grec signifiant *don de la déesse Isis, en français Isidore[52]… O Isiakos,* prêtre de la déesse Isis. Chez Pline. « *Isidis crirnis* » désigne le corail noir et « *Isidus sidus* » est un astre, l'étoile de Vénus, c'est encore le nom d'un fleuve de Colchide. Elle sera *Isis Latone,* la déesse romaine. C'est encore *Asèt* (La Grande de magie[53]), dont le nom signifie « trône » en égyptien. À l'origine, mère de la fécondité, grande et bienfaisante déesse mère, elle personnifie le grand pouvoir créateur féminin, répondant aux grandes déesses mères de l'Asie. Elle est devenue le type le plus élevé de l'épouse de la mère.

---

[52] Premier prénom d'Isidore Marie Auguste Comte !

[53] Quentin Florence, *Isis l'éternelle, biographie d'un mythe féminin,* Paris, Albin Michel, 2012.

La légende la plus connue est rapportée par Plutarque. Isis est fille du dieu de la terre Keb et de la déesse du ciel Nout[54], elle est amoureuse, depuis le sein de leur mère, de son frère Osiris. Ils seront époux incestueux. Osiris règne et arrache les Égyptiens à la sauvagerie, leur apporte faste et abondance, respect des lois. Dans cette version Isis est la déesse du foyer, fidèle et dévouée à son frère époux. Elle a une sœur, Nephtys, qui constitue son double féminin et sera la mère d'Anubis également engendré par Osiris.

Leur autre frère, Seth ou Typhon, jaloux d'Osiris, aidé de 72[55] comparses, lui tend un piège au cours d'un banquet et l'enferme dans un sarcophage livré aux flots du Nil, lequel échouera à Byblos. Isis, partie à sa recherche, le ramène à la cour, mais Seth découpe le corps en 14[56] morceaux qu'Isis retrouvera, reconstituant le corps d'Osiris sauf son sexe dont elle fera une imitation. Elle sera alors enceinte et accouchera du roi Horus (et donc un *fils de la Veuve)* qui combattra Seth.

Pour James George Frazer[57], ce mythe est proche de celui de Dionysos, il dit le déclin de la végétation dans lequel une déesse pleure la mort d'un être cher qui personnifie la végétation, le blé qui meurt en hiver pour renaître au printemps. Isis incarnerait donc l'ancien esprit du blé et Osiris le nouvel esprit du blé. Mère du blé, Isis était de fait célébrée par des processions avec tiges et céréales.

Quand les grands dieux d'Égypte vieillissaient, leur âme étincelait au firmament, Isis dans Sirius, Horus dans Orion, Seth ou Typhon dans la Grande Ourse. Plutarque indique que Sirius ou Sothys (de Sodpet), l'étoile du Chien, astre consacré à Isis, protège et guide le mort vers le Sud. Horus ressuscitera son père Osiris le roi « assassiné et castré ». Le sexe de celui-ci sera utilisé dans les rites de fécondité. Et ceci nous amène à une autre version de la légende, plus ancienne : à l'époque prédynastique, en effet, tous les amants de la Déesse étaient sacrifiés et castrés après s'être unis à elle.

---

[54] Cette fécondation s'étant faire par surprise, Ra, le dieu soleil courroucé maudit la déesse et décrète qu'elle ne mettrait au monde aucun enfant dans aucun mois d'aucune année, d'où les 72 parties de chaque jour pour former les 5 nouveaux jours.

[55] 72 parties de chaque jour de l'année lunaire font 5 jours nouveaux ajoutés à la vieille année, Nut accouche d'Osiris le premier jour, d'Horus le second jour, de Seth le 3e jour, d'Isis le 4e jour et de Nephtys le 5e jour. Il s'agit d'une opération intercalaire.

[56] 1 4jours sont es divisions de la phase du mois lunaire.

[57] Frazer James-George, *Le Rameau d'Or*, Paris, Robert Laffont, Bouquins, 1981.

Isis voilée

Nous avons donc une ancienne version de la légende qui fut voilée par la nouvelle comme le fut la figure d'Isis. Si, dans la version plus récente, Isis, la déesse aux cent noms[58], est épouse fidèle d'Osiris, il fut un temps où la même déesse (Neith ou Isis) était maîtresse du ciel et de la terre, auto-engendrée, mâle et femelle, incréée. Jalousée par les dieux, elle occupait la partie supérieure du ciel. À Saïs, une inscription « Je suis tout ce qui a été, tout ce qui est et tout ce qui sera ; nul n'a soulevé le voile qui me couvre : le fruit que j'ai enfanté est le Soleil. » Et nous savons qu'après avoir enfanté le Soleil, Isis porte le soleil attaché à croix ansée dans ses attributs, signe du divin féminin et d'immortalité.

Isis, la déesse aux cornes de vache (attributs mâles), fécondée par son frère Osiris (dans le sein de sa mère, elle est mâle et femelle), mettra au monde le roi Horus[59]. Par inceste interposé, le mythe raconte donc le caractère fusionnel des normes végétales et à l'inceste d'Isis

Isis aux cornes de vache

correspondra le caractère virginal fantasmatique de Marie. Dans cette première version du mythe, la société est structurée autour d'Isis, qui incarne le pouvoir stable et permanent, Osiris n'étant pas sacralisé.

---

[58] Les litanies de la Vierge des catholiques reprennent presque mot pour mot celles d'Isis .
[59] Bril Jacques…

La revanche des dieux mâles

Mais un héros se révolte, Horus, qui inverse les polarités et s'empare des pouvoirs : le temporel et le sacré. On assiste alors dans le mythe[60] au combat de deux principes antagonistes celui du fils de la Mère incarné par Seth et celui du fils du père par Horus. Soit, le fils guerrier venge son père en le promouvant Grand Dieu à la place de la Déesse transformée en épouse inoffensive. Son combat contre Seth n'est pas contre un usurpateur, mais contre le chef des partisans de l'ancienne Déesse Mère. On retrouve aussi ce thème à Sumer.

Ceci se produit à l'époque où émerge l'ordre patriarcal avec Horus le fils guerrier. Osiris, encore roi temporaire, amant d'Isis la mère divine, devient un martyr assassiné que son fils Horus va venger, renversant du même coup le règne de la Mère et instituant la royauté permanente des mâles, l'ordre des pères divins.

Et nous sommes bien dans une mutation historique, en effet, c'est entre -6000 et -2500 que les premiers paysans du néolithique introduisent l'agri culture et l'élevage[61]. Si les cultes d'Osiris et d'Horus apparaissent en Égypte vers -4000, les mystères isiaques désormais cachés, donc voilés, seront célébrés dans des centres initiatiques, dans le delta du Nil vers -2800.

La transformation du mythe, nous indique Merlin Stone, se produit entre -3000 et -1700. Elle indique le déclin du rôle de la déesse donc de la femme. Ainsi si en -3000 la déesse n'est servie que par des prêtresses, à la 18e dynastie (-1550-1292), elles ne feront plus partie du cortège.

Osiris, quant à lui, sera célébré comme dieu de la fécondité à Abydos vers -2500 dates où apparaît la triade Isis, Osiris, Horus, Osiris. Le mythe ne fonde-t-il pas en quelque sorte, alors, la famille autoritaire qui sera décrite 4800 ans plus tard par un Wilhelm Reich ?

Dans le calendrier égyptien, Horus présidait aux inondations, Isis aux semailles, et Horus aux récoltes. En témoignaient les Tétraménies publiques. Les mystères d'Isis appartiendront désormais au secret initiatique, ils seront

---

[60] Gange Françoise, *Avant Les Dieux, La Mère Universelle,* Editions Alphée, 2006.

[61] qui coexisteront avec les chasseurs cueilleurs encore 200 ans, la rupture n'étant pas brutale.

introduits en Grèce en -570 et à Rome en -317. Caligula lui élèvera un temple au Capitole en 69. À partir de son règne, ce culte sera officiellement autorisé à Rome, avant de se répandre dans tout l'empire syncrétique avec nombre de figures de mères ou d'amantes divines. Ce décrit bien *L'Âne d'Or* d'Apulée. La conversion de l'Empire au christianisme mettra un terme à ce culte qui survit peut-être… La *filia vocis* nous parle désormais par son oracle, elle n'est peut-être cachée qu'à ceux qui la dédaignent ?

Isis dévoilée : H. P. Blavatsky et Pierre Hadot

Helena Petrovna Blavatsky (1831-1891), la fondatrice de la Société Théosophique, avait entrepris de rapprocher les cultes orientaux des la science et de la théologie occidentales. S'appuyant sur les travaux de l'égyptologue Maurice Bonwick, elle évoque les Mystères de Philae où, « *dans des cavernes ténébreuses, les sublimes et mystiques secrets de la déesse Isis « étaient expliqués à l'aspirant en adoration tandis que l'hymne solennel d'initiation résonnait de toute part sur toute la longe étendue de ces solitudes de pierre* ». Nous sommes ici proches de ce que nous nommons l'épreuve de la Terre, souvent mal comprise.

Son Isis dévoilée[62], (1877) est, pour elle, « *fruit de rapports étroits avec des adeptes de l'Orient* ». … *Elle réfute l'approche ésotérique :* « *Dans nos études, nous avons appris que ce que l'on nomme mystères ne sont pas des mystères. Les noms et les lieux, qui pour les esprits de l'Occident, n'ont d'autre signification que celle tirée des fables de l'Orient nous ont été montrées comme des réalités, nous sommes entrés en esprit avec révérence, dans le temple d'Isis ; il nous a été permis de soulever, à Saïs, le voile de "Celle qui est, qui a été et qui sera" ; nous avons regardé par la déchirure du rideau du Saint des Saints à Jérusalem, et même interrogé la mystérieuse Bath — Kol dans les cryptes qui existaient jadis sous l'édifice sacré.* »

Son ouvrage est un plaidoyer pour la reconnaissance de la philosophie hermétique, de la Religion-Sagesse, autrefois universelle, comme seule clé possible de l'Absolu en science et en théologie. Pour en

---

[62] Blavatsky Hélena Petrovna, *Isis dévoilée, clef des mystères de la science et de la théologie anciennes et modernes*, éditions théosophiques, 1913.

résumer le propos défendu sur des milliers de pages, la Science moderne ne fait que déchirer peu à peu le voile qui cache des connaissances immémoriales détenues par les sagesses orientales. Mais elle est limitée, comme la Théologie par son dogmatisme.

Pierre Hadot (1922-2010), dans son ouvrage *Le Voile d'Isis*[63] (2004), s'intéresse à une autre forme du voile d'Isis, la personnification de la Nature. La Mère-Nature, en effet, « aime à se voiler ». Dévoiler Isis, c'est constater que notre ignorance nous tient hors de portée des choses divines et que les secrets de la Nature sont des portes invisibles échappant à l'observation. Ils influent sur les phénomènes certes visibles, mais dont les causes restent cachées. Le Voile d'Isis c'est pour lui, le voile de la Nature, le symbole de ses secrets. Et Hadot note que le thème du dévoilement de la statue d'Isis a souvent été repris dans l'art des XVIIe et XVIIIe siècles.

Réceptions

XVIIIe siècle — Court de Gébelin et les Tarots

Nous voyons Isis reparaître à la période révolutionnaire. Le citoyen Dupuis a un projet : « *écarter le voile mystérieux sous lequel nos pères ont voilé la science religieuse* », et : « *fermons les sanctuaires, que la Nature soit notre seul temple* » et il va décrypter, à leur lumière, le portail de Notre-Dame de Paris[64].

Antoine Court, dit Court de Gébelin, né à Genève en 1719 (ou 1725) et décédé à Paris le 12 mai 1784, et par ailleurs secrétaire de la loge des Neuf Sœurs, décrit en 1781 le jeu de Tarot comme porteur des secrets isiaques[65]. Dans son ouvrage *Le Monde primitif*[66], lecture syncrétique des mythes qui lui est argument pour le postulat de l'harmonie

---

[63] Hadot Pierre, *Le Voile d'Isis, essai sur l'histoire de l'idée de Nature*, Paris, Gallimard, 2004.

[64] Dupuis Charles-François, *Origines de tous les cultes, théogonies égyptiennes de la Révolution*, 1795.

[65] Court de Gibelin de, *Le Monde primitif*, tome 8, p 374-75

[66] Streiff Moretti, Monique in *Isis Narcisse et Psyché entre Lumières et romantisme*, Clermont Ferrand, PU Blaise Pascal, 2000.

universelle, Court professe que le mythe des tarots restera d'inspiration essentiellement maçonnique et d'argumenter sur la forme, la disposition, l'arrangement du jeu, ses figures allégoriques, lesquels confinent dans la direction d'une inspiration des mystères des anciens égyptiens dont les francs-maçons seraient les relais.

Ainsi la lame 2, La Papesse, serait la figure christianisée de la Grande prêtresse d'Isis, la lame 5 le Pape serait en fait le Chef des hiérophantes, la lame 7 le Chariot serait la figure d'Osiris triomphant[67], la lame 17, l'Etoile Isis elle-même et la femme penchée, qui verse le contenu de deux vases dans un fleuve quand le soleil se lève en signe de Sirius, la déesse de l'inondation bienfaisante, symbole de canicule et ouverture de l'année ce qui est la traduction du nom Sothis (Soth-Isis), l'âme d'Isis étant nommée chien par les anciens Grecs. Quant à la lame 14, Le monde, il représenterait Isis hiéroglyphe de l'Univers entourée des quatre Vivants (comme dans l'Apocalypse), figures des quatre saisons.

Interprétation consolidée, au siècle suivant, par un autre auteur, Paul Christian (Jean-Baptiste Pitois). Dans « *L'Homme rouge des Tuileries* » (Paris 1863), il reconnaît, dans les tarots et arcanes de la Grande Déesse, Isis Uranie, et déclinera chaque lame du jeu à la lumière des figures isiaques. C'est à eux que nous devons les termes lames et arcanes couramment usités depuis. Le mouvement culminera, dans les dernières années du 19ᵉ siècle, avec les figures de Stanislas de Guaïta, (1861-1897), d'Oswald Wirth (1860-1943) et surtout de Gérard Encausse, (1865-1916), auteur du « *Tarot des bohémiens* » (1889).[68]

Écrivains et philosophes

Au 19ᵉ siècle, après la campagne d'Égypte, nous sommes en pleine vague orientaliste. Ainsi, en 1865, sera construite une grotte isiaque en l'honneur d'Isis-Sequana (sculpture d'Auban), aux sources de la Seine, et Paris dotée d'une étymologie fantaisiste : *Par Isis*. D'un bout à l'autre du siècle, les écrivains semblent fascinés par la déesse, entre

---

[67] Que nous rapportons également à Arhur, la constellation du Grand Chariot étant la Grande Ourse, et Artos c'est bien l'Ours des légendes celtiques.

[68] Bibliothèque Nationale de France (exposition) *Tarot, jeu et magie,* 1984.

représentation allégorique et symbolisme hermétique. Alphonse de Lamartine (1790-1869), campe plusieurs de ses héroïnes en les dotant d'une typologie isiaque, telle la Reine Garde dans son roman Geneviève, paru en 1850[69].

Alfred de Vigny[70] dans son poème, *Le Bain d'une dame romaine*, (1817) fait une allusion mystérieuse à Isis :

> *« Une esclave d'Égypte, au teint luisant et noir,*
> *Lui présente, à genoux, l'acier pur du miroir ;*
> *Pour nouer ses cheveux, une Vierge de Grèce*
> *Dans le compas d'Isis unit leur double tresse. »*

Dans ses œuvres complètes, en 1835, René de Châteaubriand[71] mentionne un temple dédié à Isis qui est, écrit-il, « devenu l'abbaye de Saint Germain des Prés », il situe le collège des prêtres d'Isis à Issy.

Gérard de Nerval se disait fils de la Grèce, se savant fils d'une dame noire sicilienne. Il décrit[72], en s'appuyant sur le récit d'Apulée, *L'Âne d'Or,* une cérémonie isiaque dans le temple d'Isis, à Pompéi, au coucher du soleil[73].

> *« La déesse avait fui sur sa conque dorée,*
> *La mer nous renvoyait son image adorée,*
> *Et les cieux rayonnaient sous l'écharpe d'Isis.* [74]*»*

Auguste Villiers de l'Isle Adam[75] publie, en 1862, son premier roman, *Isis,* œuvre philosophique, méditation sur l'éternel féminin. héroïne, Tullia Fabriana décrit le voile d'Isis, laquelle lui apparaît une nuit sans sommeil : « *Sous la transparence du voile, dont les couleurs éclatantes*

---

[69] Steilh Moretti, in *Isis, Narcisse et Psyché, entre Lumières et Romantisme*, sous la direction de Auraix Jonchière Pascale, et Volpilhac Auger Catherine, PU Blaise Pascal, Clermont Ferrand, 2000.

[70] Alfred de Vigny, *Poèmes antiques et modernes,* 1817.

[71] Châteaubriand René de, Œuvres complètes, tome 13, *Les Martyrs,* L'Advocat éditeur, 1835.

[72] .Nerval, Gérard de – *Le temple d'Isis, souvenir de Pompéi,* Les Ed. Bertrand Marchal. Paris: Folio-Gallimard, 2005

[73] Auraix Jonchière Pascale op.cit.

[74] Ibidem extrait *de Les chimères* 1854.

[75] Dentu, libraire-éditeur, 1862 (p. 105-125.

suffisaient aux yeux de la foule, les initiés pouvaient seuls pressentir la forme de l'énigme de pierre, et, par intervalles, ils le surchargeaient encore de plis diaprés et mystérieux pour mettre de plus en plus le regard des hommes dans l'impuissance de la profaner. Mais les siècles ont passé sur le voile tombé en poussière ; je franchirai l'enceinte sacrée et j'essaierai de regarder le problème fixement ». Cette apparition (on se souvient de l'étymologie d'Isis, ce qui apparaît) va profondément modifier le cours de son existence.

Baudelaire dans ses curiosités esthétiques, parues en 1868, ne semble guère séduit par la figure de la déesse : « *Morne Isis, couverte d'un voile ! / Araignée à l'immense toile,/Où se prennent les nations,/ Fontaine d'urnes obsédée,/Mamelle sans cesse inondée,/Où, pour se nourrir de l'idée,/ Viennent les générations !* »

Victor Hugo publie en 1886, un poème, *Lilith Isis*[76], où la déesse, apparentée à Satan, est décrite comme « *un être effrayant, vague, seul, debout dans le frisson livide d'un linceul. C'était de l'ombre ayant la forme d'une femme* ». Et encore : « La goule Isis-Lilith cria dans cette fosse : « sois content. Tout périt. » Elle-même se décrit : « *Je suis Lilith-Isis, l'âme noire du monde. /« Tremble ! L'être inconnu, funeste, illimité,/"Que l'homme en frémissant nomme Fatalité, C'est moi. Tremble ! Anankè, c'est moi. Tremble ! Le voile,/'C'est moi. Je suis la brume et tu n'es que l'étoile* ».

« *L'Isis hugolienne*, écrit Agnès Spiquel[77], spécialiste du romantisme, *est une étoile rayonnant derrière le voile ; l'image du rayonnement concrétise la notion d'immanence qui désigne le mode de présence de l'autre dans le même, de l'infini dans le fini'. C'est un des mythes selon lesquels Hugo pense la femme, ce n'est pas par sa fonction (mère, fille ou amante) que celle-ci apporte le salut, mais par sa simple présence et, plus encore, par l'articulation spécifique de la chair et de l'âme qu'elle réalise en sa nature, et qui est aussi de l'ordre de l'immanence. Mythe de la présence-absence de l'altérité, Isis devient figure de l'âme, à travers les nombreuses voilées hugoliennes, — âme affirmée, souvent âme éclipsée.*"

---

[76] *La fin de Satan*, 1886.

[77] Spiquet Agnés, *La déesse cachée, Isis dans l'œuvre de Victor Hugo*, Honoré Champion, 1997,

On trouve encore La "grande Isis noire d'Égypte" dans *"Les Diaboliques"* de Jules Barbey d'Aurevilly (1808-1889) et chez Théophile Gautier (1811-1872) dans son *"Roman de la momie"* : *"Je suis Isis la reine de toute matière,/J'ai été élevée par Hermès,/Et j'ai inventé l'écriture ensemble avec.* ermès ».

André Breton un siècle plus tard en 1944, dans son Arcane 17, écrit après le fracas atomique, se prononce pour le « retour de la Femme Enfant », il cite la légende d'Isis et Osiris et l'on sait que, dans ce texte, il fait appel à la fée Mélusine pour promouvoir l'éternel féminin et 'rédimer cette époque sauvage'. Derrière la figure de la fée serpente se profile aussi celle d'Isis. La lame 17, on s'en souvient, c'est celle de l'Étoile, la *Stella Maris*, invocation d'Isis, elle apparaît sur la lame entourée de sept étoiles comme dans la constellation. On le voit Breton ne l'a pas choisie au hasard.
C'est l'achèvement d'une Quête que nous décrit le poète dans l'évocation, à pleines pages d'Arcane 17, des images de la Mère, de la Nuit et du Gouffre, mais aussi de la Femme enfant, de la Femme fleur, de la Coupe de la Jeunesse Éternelle. C'est bien à une reconquête du désir vu comme processus d'initiation dans la redécouverte de l'Étoile retrouvée, de l'Amour dans la liberté que s'engage André Breton. Dans cette période troublée de l'histoire de l'humanité, le poète imagine que le salut terrestre ne peut venir que par la femme, « de la vocation transcendante de la femme » ([78]AR149). « Car est venu le temps » (AR 62) Il s'agit bien de débouter l'homme, par une véritable révolution, un retournement pour faire valoir les idées de la femme aux dépens de celles de l'homme dont la faillite se consomme assez tumultueusement aujourd'hui désir, "de toutes ses instances tant que la femme ne sera pas parvenue à reprendre de ce pouvoir sa part équitable et cela non plus dans l'art, mais dans la vie" (AR 64).

Dès lors, l'objet de son désir s'en trouve identifié : " Oui, c'est toujours la femme perdue, celle qui chante dans l'imagination de l'homme, mais au bout de quelles épreuves pour elle, pour lui, ce doit être aussi la femme retrouvée" (AR p.60). Il s'incarne dans un nom, celui d'une de nos plus grandes fées nationales, Mélusine, élément incontournable du folklore français, mythe dont Breton a parfaitement intégré les figures qu'il décline dans Arcane 17 projection du mythe d'Isis.

---

[78] Références à ARCANE 17 in 10/18

"L'Étoile ici retrouvée est celle du grand matin... Elle est faite de l'unité de ces deux mystères : l'amour appelé à renaître de la perte de l'objet de l'amour et ne s'élevant qu'alors à sa pleine conscience, à sa totale dignité ; la liberté vouée à ne se bien connaître et à ne s'exalter qu'au prix de sa privation même." Soit une vision cosmique de la femme, féminisation de l'univers, médiatrice par ses vertus occultes, par le fait que derrière toute femme se cache la figure de la magicienne, de l'initiatrice, figure de l'espérance, de l'Immortalité. Dans Arcane 17, le désir trouve ainsi son objet d'une façon quasi magique, comme par la vertu d'une initiation sacrée. La figure de la femme/déesse qui suit la quête des héros, représente en fait celle du destin, altère notre humanité dans la mesure où mère, amante et initiatrice, elle lie également les figures du destin.

Le célèbre opéra *La Flûte enchantée* que l'on doit au divin Mozart et à son frère de loge et librettiste Emmanuel Shikaneder (1791) inspiré du Sethos de l'abbé Terrasson, est qualifié, à juste titre, d'œuvre maçonnique. C'est le récit d'une initiation, du combat de la Lumière contre les ténèbres, les deux protagonistes Tamino et Pamina subissant les mêmes épreuves que celles qui étaient imposées dans les mystères isiaques. Après s'être vus imposer le silence ils sont purifiés par les quatre éléments et triompheront de la peur de la mort non sans s'être attiré les foudres de la reine de la nuit, Tamina, sorte de double maléfique de la Déesse, vêtue et décrite comme l'Isis d'Apulée. Après leur triomphe, la porte du Temple leur sera ouverte[79].

> *"Dieu quel doux ravissement,*
> *Isis nous rend le bonheur".*

On le voit les deux initiations sont encore ici très liées nouant franc-maçonnerie et mystères égyptiens. Et l'on sait que le franc-maçon Goethe voulut reprendre le livret de Shikaneder. Ceci sera encore le cas de Richard Strauss (*La Femme sans ombre*, 1919).

---

[79] Quantin Florence , op.cit.

Isis et les mystères de la Franc-Maçonnerie

Les traditions nous disent que le secret le plus absolu était jeté sur les sciences enseignées dans le sanctuaire. Dans les cercles ésotériques, elle était l'Initiatrice, celle qui détenait les secrets de la Vie, de la Mort et de la Résurrection ? Ceci va faire le profit de deux approches très éloignées l'une de l'autre, en leur sens. Le voile d'Isis est métaphorique du mystère attaché à la déesse et du rituel de l'initiation/révélation. Il représente aussi le mystère de l'existence.

La franc-maçonnerie va lui donner un nouveau sens, et ce sous deux influences également décrites par Pierre Hadot :

– L'idéal de la philosophie des Lumières quand elle se proclame en même temps héritière des traditions des Mystères de l'Antiquité, via les philosophes, Pythagore, etc. En la fin du XVIIIe siècle, Isis représente la Nature, objet de science, mère de tous les êtres, et finalement la Nature divinisée. À la Révolution, l'Isis Nature sera même l'objet d'un culte.

– L'égyptomanie, on l'a vu, qui suggère que le dieu des philosophes et des francs-maçons était déjà bien connu des Égyptiens, Moïse ayant emprunté à la religion égyptienne le contenu de sa révélation dissimulée par lui dans les rites hébraïques. Sous l'influence maçonnique, l'Isis Nature devient une divinité suprême et comme Yahvé une divinité anonyme, elle refuse en effet de dire son nom et d'être dévoilée, elle se cache, devient le mystère et l'énigme absolue. Celui de l'existence.

Et l'on connaît sans qu'il soit besoin de s'y attarder les initiatives, fondatrices de la franc-maçonnerie égyptienne, de Von Köppen, fondateur d'un rite des architectes africains et auteur d'un roman d'initiation dans la Grande Pyramide *Crata Repoae* (1767-1770) et bien sûr de Cagliostra (Joseph Balsamo) qui inaugure, en 1784, le Rite de la Haute maçonnerie égyptienne et va créer plusieurs loges en Europe. Il sera éliminé en 1975 dans une prison pontificale. Et la franc-maçonnerie égyptienne va se développer pendant tout le 19e siècle jusqu'à son absorption par le GODF. Elle survivra aux USA et en Italie avec Giuseppe Garibaldi qui réunifiera les deux branches de Memphis et Misraïm.

Au Royaume-Uni, la célèbre société initiatique *Golden Dawn* [80] était imprégnée de rites égyptiens, ses temples portant les noms de *Amon-Râ, d'Horus,* ou *d'Isis Urania,* loge dont fut membre, à ses débuts, le fameux Aleister Crowley qui écrira, dans *Tannhauser,* un long poème, *Le Chant d'Isis,* dédié à une syncrétique *Isis-Hathor-Venus.* [81]

En 2018, la Grande Loge Française de Memphis-Misraïm, fondée dans sa forme actuelle en 1960 par le S\G\M\I\Robert Ambelain, se proclame *"héritière des anciens secrets de l'Égypte des Grands Prêtres, respectueuse de la Grande Hiérophanie"* et ce dans un désir de *"créer une Franc-maçonnerie très axée sur la tradition des Anciens Mystères*[82]*",* Elle pratique les trois premiers degrés symboliques communs à toutes les obédiences et poursuit la progression de ses membres jusqu'au 90ᵉ degré : *Patriarche Sublime Maître du Grand Œuvre.*

Quelques obédiences maçonniques hostiles à la sécularisation des rituels ouvrent donc leurs travaux en évoquant Isis comme *"Divine Mère aux voiles innombrables du Monde"* en l'associant au *flambeau de la Beauté ».*

***

Sans évoquer plus avant les recherches, par ailleurs très légitimes, des arcanes les plus mystérieux et occultes de l'Antiquité égyptienne, il n'en reste pas moins que La Franc-maçonnerie symbolique repose sur trois degrés, premiers ou fondateurs. Le triple savoir d'un Franc-maçon est d'étudier *« d'où il vient, ce qu'il est et où il va »,* c'est-à-dire l'étude du divin (de *dis* la lumière) ou de la transcendance, c'est-à-dire de lui-même et de sa transformation future. *« L'Initiation Maçonnique,* indique Blavatsky, *était copiée sur celle des Mystères mineurs. Le troisième degré était employé de temps immémorial, tant en Égypte qu'en Inde, et son souvenir se retrouve jusqu'à présent dans toutes les loges sous le nom de mort et résurrection d'Hiram Abiff, le "Fils de la Veuve". En Égypte, ce dernier était appelé "Osiris" ; en Inde, "Lokachakshou" (Œil du Monde) et "Dinakara" (auteur du jour) ou*

---

[80] société secrète anglaise fondée à Londres par William Wynn Westcott en 1888, disloquée en 1905.

[81] Quentin Florence op. cit. p 222.

[82] http://www.grandelogefrancaisedememphismisraim.fr/ob.php

le Soleil — et le rite lui-même portait partout le nom de "portail de la mort". Le cercueil ou sarcophage d'Osiris, tué par Typhon, était apporté et placé au milieu du Hall des Morts, avec les Initiés rangés tout autour et le candidat placé à côté. On demandait à ce dernier s'il avait participé au meurtre et, en dépit de sa réponse négative, après diverses épreuves très pénibles, l'Initiateur feignait de frapper à la tête avec une hachette : il était renversé, enveloppé de bandages comme une momie et on pleurait sur lui. Puis venaient les éclairs et le tonnerre, le supposé cadavre était entouré de feu et, enfin, il était rappelé à la vie[83] ».

En tout état de cause, la déesse apparaît toujours en filigrane dans les rites de la Franc-maçonnerie, certains allant jusqu'à reconnaître en notre Maître Hiram, sous l'acacia, Osiris dans le tamaris de Byblos retrouvé par sa veuve dame et déesse !

Ainsi deux auteurs anglais, Jim Shaw et Tom McKenney[84], ont établi une comparaison terme à terme des récits légendaires d'Osiris et de Maître Hiram :

1   Tous deux viennent d'une terre étrangère pour apporter leurs sciences et savoirs,

2   Ils sont porteurs de secrets, Osiris de celui de la royauté, et Hiram des mots secrets des bâtisseurs du Temple,

3   Une conspiration est ourdie à leur encontre par des personnages maléfiques pou s'approprier ces secrets,

4   Ils sont agressés violemment et mis à mort,

5   Tous deux sont assassinés par leurs frères (Seth/Typhon pour Osiris et des frères maçons pour Hiram),

6   Leurs deux corps sont enterrés provisoirement avec intention d'une sépulture ultérieure,

7   L'emplacement de leurs cadavres est marqué par un rameau d'acacia disposé à leur tête,

8   Dans les eux cas un objet a été perdu, les mots secrets pour Hiram, le sexe d'Osiris,

9   Dans les deux cas, on a affaire à des objets de substitution, les mots substitués pour Hiram, le phallus recomposé par Isis pour Osiris.

---

[83] Blavatsky H.P., op cit.

[84] In *The Egyptian connection*, Paper Back, 1988.

De ce fait, la correspondance entre les secrets des mystères isiaques et ceux des rites francs-maçons est, pour ces auteurs, clairement établie, ces derniers étant une réception moderne des antiques rites isiaques. Hiram Abiff ne serait donc pas un personnage biblique, représenterait Osiris le dieu égyptien du Soleil. Soit la Franc-maçonnerie et ses enfants symbolisent la Veuve Isis et son enfant, Horus, le fils de la Lumière, né de la déesse lunaire et du dieu solaire. Il vengera son père de même que les francs-maçons se doivent de venger le meurtre d'Hiram.

Le retrait du voile d'Isis représente donc la révélation de la Lumière. Soulever le voile d'Isis », *celle qui a été qui est et qui sera, ce qu'aucun humain n'a pu faire,* c'est devenir immortel, accéder aux sphères par delà l'humain, celles de la sagesse ultime et du contact avec l'énergie primordiale. Le voile est donc celui qui recouvre, depuis toujours, le secret des initiations. En témoignera, par exemple, l'emploi réitéré du voile à divers degrés du rite écossais ancien et accepté établi en ses formes au XVIIIe siècle, voile clairement associé à la Lumière, synonyme de cette Vérité à laquelle les initiés n'ont pu encore accéder et qu'ils nomment la parole perdue. Le voile marque l'*incapacité passagère de l'initié,* mais lui est aussi invitation à ouvrir leurs yeux, regarder, à découvrir ce qui se dissimule sous le symbole. Fils de la Veuve, les francs-maçons sont fils d'Isis. Mère du Soleil et déesse lunaire, Déesse-Vérité, objet dernier de la Connaissance humaine, celle là-même, que les francs-maçons tentent d'atteindre quand le rituel leur indique : « *La Vérité est la Lumière placée à la portée de tout homme qui veut ouvrir les yeux* » et qu'ils comprennent : « *soulever le voile.... »*

Dans une perspective jungienne, nous expliquent Marie-Louise Von Franz et Emma Jung[85], la Veuve dame (Isis est veuve[86]), non seulement nous donne accès à la sphère maternelle de l'inconscient, mais encore est la mère *sub speciae aeternitate,* autrement dit l'image primordiale de la mère, le vase merveilleux, symbole évident de la féminité et de la maternité et ceci est à rapprocher du tombeau d'Osiris, comme de ce lui de maître Hiram, lequel « possède aussi une signification mater-

---

[85] Jung Emma et Von Franz Marie-Louise, *La légende du Graal,* réédition, La Fontaine de Pierre. 2018.

[86] comme le sera la mère de Perceval,

nelle, car la mère ne se limite pas à donner la vie, elle est aussi la Terre Mère qui accueille le nouveau défunt. Ce double aspect de vie et de mort correspond à l'image primordiale de la mère » comme le Graal qui dispense nourriture et boisson et peut être également tombeau, les mystères de la vie et de la mort étant liés à l'image de la mère. Et chaque loge n'est-elle pas, aussi, pour l'initié, une mère collective ? Travail que les initiés ont sans cesse à remettre sur le métier et qui sera toujours inachevé. En effet, comme disait Lacan[87], *si la Vérité sort du puits* (entendons-le comme l'abîme profond de nos préjugés, de nos illusions), *ce n'est jamais qu'à mi-corps...*

---

[87] Lacan Jacques , *Ecrits 1,* Points, Seuil, 1969

LE SENS ET LA FORME DU RITE
AU XXIᵉ SIÈCLE

Interview d'un franc-maçon du Rite Écossais Ancien et Accepté qui a mené son parcours initiatique complet dans ce rite et qui répond à quelques questions fondamentales pour Historia Occultae.

E.T. : Après avoir donné la parole à de jeunes pratiquants et chercheurs, il nous paraît judicieux de nous tourner vers quelqu'un qui a consacré une part importante de sa vie à la quête spirituelle au sein d'un Ordre précis, tout en conservant une ouverture d'esprit et de pratique à d'autres approches ésotériques occidentales. Dans le domaine de la spiritualité, il faut reconnaître que la persévérance, et donc le nombre des années, y fait pour beaucoup. Alors que d'autres en parlent librement, vous avez choisi de nous répondre sans que l'on mentionne votre nom ; pouvez-vous nous expliquer pourquoi ?

F-M : J'ai choisi de préserver une certaine discrétion, alors même que nous nous connaissons, car l'engagement dans un Ordre initiatique reste une démarche personnelle qui n'a pas sens à être rendue publique. J'ai toujours tenu à séparer ma vie professionnelle de mon parcours spirituel, d'autant plus que, dans certains groupements maçonniques, l'affairisme règne et que, par conséquent, l'image que le public se fait de la Franc-maçonnerie en général est entachée par ces dérives qui n'auraient pas lieu d'être. D'autre part ce n'est pas au nom d'une obédience que je réponds à vos questions, c'est seulement un témoignage individuel sur ma quête initiatique.

E.T. : Effectivement, c'est à ses actes et à sa manière d'être que l'on reconnaît un initié et son avancement sur la Voie. Mais pour cela, il faut soi-même avoir acquis la sensibilité nécessaire et évolué sur son propre parcours initiatique.

F-M : Précisément. Comprendre cet engagement n'est jamais chose simple. D'abord, il faut connaître les raisons pour lesquelles on fait l'expérience d'entrer dans une société de ce type parce que celle-ci semble pouvoir nous apporter une vision particulière. Il faut aussi reconnaître que le contexte familial exerce certainement une influence sur de tels choix dans un sens ou dans un autre. Pour ma part, je n'ai pas été éduqué dans un milieu maçonnique, mais, au contraire, dans un contexte spiritualiste catholique dans lequel la Franc-maçonnerie et son univers étaient rejetés. Entrer dans une telle société était franchement interdit ; c'est d'ailleurs peut-être aussi en partie par réaction que je m'y suis intéressé. Cependant, ma mère était fort intéressée par le domaine ésotérique et lisait beaucoup à ce propos. Pour ma part, j'étais plongé dans un univers plutôt littéraire classique, mais j'ai découvert assez jeune par la lecture, vers 14 ou 15 ans, ce monde de l'ésotérisme. À ma vingtaine d'années, j'ai rencontré quelqu'un qui m'a proposé d'entrer en Maçonnerie et j'ai refusé, car je ne voulais pas m'affilier à une société à laquelle je ne connaissais rien. Je pouvais envisager de le faire uniquement lorsque je serais en mesure de comprendre de quoi il s'agissait. Évidemment, il est complexe de percevoir ce contexte quand on est extérieur. Plus tard lorsque je me suis décidé, je ne pouvais entrer que dans une société qui accepte l'idée d'un Grand Architecte de l'univers. C'est-à-dire qu'au vu de mon éducation, la notion de divinité restait et reste une part importante de ma sensibilité. Je me suis donc renseigné à cette époque sur les différentes obédiences existantes. Préalablement, j'ai essayé de lire quelques rituels publiés à l'époque. Bien entendu, c'était fort pesant surtout lorsqu'on n'a pas les références, et puis cela n'apporte pas grand-chose, sinon une certaine confusion. C'est toujours une mauvaise démarche. J'ai finalement choisi d'entrer dans une société où la notion de Grand Architecte était présente. Celui qui m'avait contacté, lorsque j'avais 20 ans, travaillait dans une obédience qui ne reconnaît pas ce Grand Architecte ; j'ai donc été satisfait *a posteriori* de n'avoir pas accepté son invitation à ce moment-là, car, à mon sens, les problèmes sociaux appartiennent au domaine profane. J'ai été syndicaliste à une certaine période de ma vie et cela m'a permis d'en faire l'expérience. En fait, je recherchais autre chose en m'intéressant à l'initiation : une dimension spirituelle, un point de vue qui m'aide à mieux comprendre la vie. Il faut dire qu'ayant été assez jeune confronté au problème de la mort, la question du *post mortem* restait et reste encore une préoccupation importante.

Une chose m'a paru aussi importante, suite à mes lectures, c'est la différence entre religion et système initiatique. Le processus religieux est exotérique, alors que la voie initiatique est ésotérique, c'est-à-dire fermée aux profanes. Ne voyez aucune vulgarité lorsque j'emploie ce mot « profane » ; ce monde « hors du temple » par son étymologie est tout simplement celui de ceux qui n'appartiennent pas au monde initiatique. Lorsqu'on rentre en Maçonnerie et si l'on est motivé, l'ouverture se fait d'elle-même, c'est évidemment une belle découverte. Cette école de symboles permet par une formation progressive d'accéder à certains états de conscience. Vers quoi mènent-ils ? Ce parcours peut nous permettre de définir ce que l'on recherche et les raisons de ce que l'on doit découvrir en nous reconstituant en dehors de tout contexte psychanalytique, et surtout nous aide à nous dépasser. Je pense que la Maçonnerie ne cherche pas à révéler directement ce que sont les êtres, c'est-à-dire à leur faire accepter seulement ce qu'ils sont, mais, au contraire, à évoluer et donc à se dépasser continuellement, c'est-à-dire aller vers une forme progressive de « Réalisation de l'être ».

Ce processus, difficilement accessible, de réalisation de l'individu, est un thème central. Pour en parler un peu, intéressons-nous brièvement à ce qu'est l'alchimie. Elle n'est pas seulement la recherche de l'or, mais avant tout une approche de l'univers à travers un certain nombre d'expériences opératives pour une compréhension de la matière impliquant une transformation de l'opérateur lui-même et dans un même temps, un changement de nature — ce qui veut dire qu'il se dépasse et progresse vers cette réalisation qui va justement lui permettre de s'orienter vers la divinité. On a beaucoup dit que la Franc-maçonnerie est antireligieuse ; cela n'est pas juste. Il existe effectivement des obédiences dans lesquelles on termine les travaux par « à bas la calotte ! » Ce genre d'expressions dépassées, typiques du XIXe siècle, relève d'un jeu concurrentiel à une époque où l'Église s'opposait fortement à l'ésotérisme. Personnellement, je n'ai rien contre l'Église. Il m'arrive d'assister à des cérémonies catholiques, sans être adhérant absolu. Mais je connais certains Frères qui vont régulièrement à la messe tous les dimanches. Il s'agit d'une approche différente, ou complémentaire, pour accéder à la divinité. Simplement l'initiation maçonnique, implique un dépassement continuel. Elle n'impose pas de dogme comme le fait l'Église, qui affirme que si l'on suit scrupuleusement le processus offert on obtiendra le Salut.

E.T. : Il s'agit donc de la différence entre l'enseignement à travers une morale à suivre et celui par une pratique réellement transformatrice de l'individu ?

F.-M. : Par la pratique, mais aussi par une réflexion attentive persistante, c'est une remise en question continuelle de son propre système de pensée. Le processus en différents grades, typique du système maçonnique est un moyen d'ouverture progressive, souvent mal compris du monde extérieur. Il s'agit de s'orienter vers un objectif général qui apparaît clairement au cours des différents rituels dans les Rites Écossais, et n'exclut absolument pas la notion de divinité ni celle de Principe Créateur.

E.T. : Faudrait-il donc considérer la Franc-maçonnerie comme une structure fondamentalement antidogmatique ? De l'extérieur, beaucoup de gens la considèrent, au contraire, comme un autre dogme concurrentiel à celui du catholicisme, par exemple. C'est une remarque qui me paraît très importante.

F-M : La Franc-maçonnerie est antidogmatique, en effet. Il est clairement dit qu'elle lutte contre les systèmes préétablis qui génèreraient des affirmations absolutistes, comme on peut le trouver dans l'Église. Par exemple, le fait que Jésus-Christ soit une entité matérialisée de Dieu ; éventuellement… rien n'est certain, mais pourquoi pas ? Il n'est peut-être aussi qu'un symbole appartenant au mythe. Il m'est arrivé de me trouver face à un interlocuteur passionné qui me disait que, si je n'acceptais pas l'état de fils de Dieu de Jésus, je devais être considéré comme un hérétique. Heureusement que nous ne sommes plus à la période de l'Inquisition !

E.T. : Si je posais cette question, c'est que les mouvements qui se réclament de l'antidogmatisme professent souvent en réalité des dogmes différents de ceux qu'ils critiquent. Ils sont surtout opposés aux dogmes des autres. Il me paraît donc vraiment important que vous posiez d'emblée cette ouverture sur une remise en question permanente – ce qui sous-entend de remettre aussi en question sa propre structure, sa propre pratique et ses propres dogmes.

F-M : C'est tout de même l'objectif premier de cette démarche ! Lorsqu'on entre en Maçonnerie, on a des conceptions qui se modifient progressivement, à mesure que l'on grimpe les échelons de cette société. C'est une méthode pédagogique, en réalité. Le mot « méthode » me paraît important. Cette progression amène à une évolution des concepts. Il ne s'agit pas de bouleverser ce que l'on est, mais d'évoluer dans une démarche culturelle et intuitive. Le problème est avant tout un problème intuitif. Lorsqu'on présente une planche, un travail de recherches maçonnique que l'on écrit, puis qu'on lit ou expose en Loge, il y a des moments au-delà de la simple réflexion logique où l'on touche quelque chose de spécial qu'il faut rapidement fixer, avant que cela nous échappe et disparaisse. Il ne s'agit pas d'intellectualisme, mais d'un processus intuitif. J'insiste beaucoup sur ce point, car faire un beau discours, c'est bien, mais une planche n'est pas un concours d'éloquence. Or, c'est bien souvent que les planches basculent dans ce travers. D'autre part, il ne s'agit pas non plus de philosophie, car le processus philosophique consiste à comparer ou s'étayer sur des théories philosophiques pour asséner une éventuelle vérité. Dans notre travail en Loge, tel n'est pas le propos. Il s'agit plutôt de développer une perception personnelle sur un thème proposé qui est en général lié soit au rite, soit aux symboles. C'est donc une ouverture basée sur la foi et la raison qui implique bien entendu de chercher, de lire, de se renseigner pour rentrer dans l'univers de « la Connaissance ». Certains disent qu'il ne faut pas lire, pour laisser exprimer ce qui se trouve déjà en soi. Oui et non, car la lecture mène malgré tout à une ouverture d'esprit, de la même façon que le travail en Loge permet de se trouver confronté à d'autres points de vue auxquels on n'avait pas encore pensé.

E.T. : Lorsqu'on lit des planches maçonniques, on retrouve fréquemment ces deux aspects : soit on a l'impression que la présentation manque de culture générale sur le sujet choisi, soit qu'il s'agit d'un assemblage de citations empruntées ici et là dans la littérature disponible, voire, plus récemment, sur Internet, sans bien avoir vérifié ses sources. Du coup, de telles planches deviennent effectivement de simples travaux intellectuels dont l'objectif, quelque peu scolaire, serait de briller aux yeux de ses Frères.

F-M : Il est très difficile d'empêcher quelqu'un de vouloir se distinguer. Quand il a bien élaboré son sujet, il en est heureux, et il essaie de le communiquer aux autres en se valorisant dans le groupe. C'est humain ! L'idéal serait une humilité absolue, mais ce n'est pas si simple. Nous avons tous nos faiblesses... Il faut bien le reconnaître. Cependant, ces travaux ne se passent que dans un contexte de groupes réduits. Mieux encore, être Vénérable d'une Loge, c'est diriger, organiser un regroupement d'une quarantaine de personnes environ. De plus, cette fonction est limitée dans le temps. En réalité, le Vénérable n'a pas à se positionner comme un gourou. Il a été élu, il a pour fonction de mettre les autres en évidence et de les faire s'exprimer. Il doit, en quelque sorte, les pousser fermement à progresser dans leur propre démarche pour que l'ensemble en bénéficie. Et lui, qui n'est qu'un canal, reçoit en retour tout l'avantage de cette énergie, qui consiste à progresser lui-même par le fait même de contribuer à l'évolution d'autrui.

E.T. : Comme tout enseignant, au fond.

F-M : Tout à fait. L'expérience de ce type de présidence est toujours positive parce qu'on ne voit plus le monde sous le même angle qu'auparavant.

E.T. : Pour cadrer un peu mieux les questions que je voulais vous poser concernant plus directement la pratique et le sens du rituel aujourd'hui, je voudrais faire quelques remarques.

Lorsque l'on abandonne ou qu'on réduit considérablement la part de rituel dans une pratique religieuse, on observe une baisse de la fréquentation des offices, quelle qu'en soit la tendance. Comme exemples, on peut citer le protestantisme sur le long terme — une fois retombé l'élan initial de son opposition au catholicisme —, mais aussi le catholicisme après la réforme de Vatican II. En contre-exemple, l'essor des évangélismes et des mouvements charismatiques suit, lui, un renouveau de l'expression rituelle. On note également que la laïcisation de notre société a été immédiatement accompagnée par l'émergence de nouvelles pratiques spirituelles. J'aime décrire ce phénomène comme une forme d'expression contre-culturelle, parmi d'autres. Ce bouillonnement, que l'on a appelé le new age, *a ainsi contribué à mettre en place les nouveaux rituels que nous connaissons aujourd'hui.*

D'autre part, les Ordres ésotériques se sont donné pour fonction de préserver la transmission traditionnelle — souvent initiatique — de corpus rituels, ainsi que des environnements où ces rituels peuvent être pratiqués discrètement. Ils revendiquent également assurer une base de sens à la compréhension de ces rites et au symbolisme qu'ils mobilisent. Quelles leçons tirez-vous de ce constat historique ?

F-M : Loin du *new age*, les sociétés traditionnelles perpétuent des rituels anciens qui sont encore pratiqués aujourd'hui. Au REAA, dont la trame remonte au moins au XVIIIe siècle, il y a eu parfois quelques reformulations qui ont pu être faites parce que les énoncés n'étaient plus adaptés à notre époque, mais le principe général reste le même. Sans oublier que beaucoup de degrés ont une origine fort ancienne. On constate que c'est au XVIIIe siècle que s'est produite une restructuration dans les milieux maçonniques, même si l'idéologie générale qui est très antérieure a persisté. Celle-ci comporte une trame originelle directement basée sur le bâtiment, c'est-à-dire sur la construction d'un bâtiment sacré, ou temple, qui va s'identifier à la construction de soi-même. Je fais référence ici aux corporations du bâtiment et au Compagnonnage, qui sont des cousins germains de la Franc-maçonnerie — tout en revendiquant une indépendance totale vis-à-vis de la Maçonnerie ésotérique, puisqu'ils sont opératifs. Cela dit, je connais des Compagnons qui sont également francs-maçons, car ils considèrent que la démarche est finalement proche. Les constructeurs ont une fonction opérative très claire, puisqu'il s'agit tout d'abord d'ouvriers. En revanche, la Franc-maçonnerie de Loge est en général constituée de théoriciens plutôt que de praticiens. Les francs-maçons ne travaillent plus la pierre et ne mettent pas les mains dans le ciment. L'identification de l'humain avec la pierre passe de l'état brut à la taille cubique, ce qui symbolise la perfection progressive de l'individu — voilà une curieuse méthode ancestrale d'identification !

On peut citer à ce sujet une histoire connue qui illustre bien la pensée précédente. Nous sommes au Moyen Âge ; un chevalier passe sur un chantier de construction d'une cathédrale. Il avise un tailleur de pierre et lui demande : « que fais-tu ? » L'homme lui répond : « je dégrossis une pierre ». Le chevalier remarque ensuite un autre ouvrier qui s'efforce de bien ajuster la forme cubique de sa pierre et il lui pose la même question. Celui-ci répond : « je taille une pierre de manière à ce qu'elle puisse s'intégrer à la construction du bâtiment ». Il pose enfin la question à un troisième tailleur qui lui répond : « moi, je construis une cathédrale ». L'illustration de ce processus évolutif de la conscience de sa pratique montre qu'il y a une identification progressive de l'ouvrier avec la pierre qu'il travaille de ses outils — maillet, ciseau, équerre, etc., autant d'outils connus dans la Maçonnerie, symboles qui sont des éléments de réflexion mis en place par la pratique, afin de faire comprendre l'investissement de celui qui taille la pierre pour progresser dans sa démarche personnelle.

Pour en revenir aux rituels de la Franc-maçonnerie, il s'agit de rituels anciens que l'on s'attache en général à maintenir tels qu'ils ont été transmis, et certaines phrases semblent parfois quelque peu démodées, pourtant elles n'ont pas perdu leur sens initiatique profond, même si le contexte social a évolué. On comprend en réfléchissant un peu que le message qu'elles convoient est toujours valable. Par ailleurs, on ne peut prendre la parole en tenue sans qu'elle nous soit accordée ; cette structure de fonctionnement, d'apparence rigide, est très précise et joue son rôle transmetteur à chaque degré à travers ses signes, mots et gestes spécifiques. Ce genre de comportement a souvent fait l'objet d'interprétations erronées de la part des profanes qui en ignorent le sens et qui s'en méfient, ou qui les trouvent dérisoires. De telles réactions se rencontrent toujours aujourd'hui, alors que les médias ont largement galvaudé l'idée du secret. Par définition, le secret est intransmissible en dehors du contexte initiatique, précisément parce qu'il relève de la démarche personnelle et de l'expérience intime et intuitive.

E.T. : C'est effectivement le principe même de la transmission initiatique que de dépasser l'interprétation intellectuelle que l'on peut s'en faire depuis l'extérieur du système. Il existe plusieurs Ordres initiatiques dans la culture occidentale ; est-ce que l'on peut penser que chacun d'eux se donne pour fonction la transmission d'une approche particulière de la spiritualité ? C'est en tout cas le cas de leurs différents corpus rituels, mais peut-on, à votre avis, aller jusqu'à dire que la Franc-maçonnerie, la branche égyptienne, le rosicrucianisme, le martinisme et les autres constituent à eux tous une variété d'approches dans une démarche spirituelle globale identique — ou pas du tout ?

F-M : Je dirais que le principe général est le même, mais le paysage dans lequel ces différents Ordres et voies fonctionnent est différent. Ces rituels orientent *grosso modo* l'individu vers un même objectif, mais le parcours n'est pas présenté de la même manière. Memphis-Misraïm, par exemple, que l'on appelle la franc-maçonnerie égyptienne, utilise partiellement un contexte symbolique égyptien. Au départ, c'est un compendium de différentes influences. La Franc-maçonnerie écossaise a une autre manière d'aborder les choses qui est très spiritualiste. Le Martinisme l'est encore davantage, c'est-à-dire qu'il s'agit d'une démarche qui ne passe pas du tout par la construction du bâtiment, mais directement par celle de soi-même ; c'est aussi le cas du rosicrucianisme. Dans le sens d'un éventuel parallélisme, on pourrait également indiquer que lorsque l'on entre, à Rome, dans les sous-sols de la basilique Saint Clément, on visite un lieu consacré à Mithra datant au moins du IIIe siècle. On peut constater que cette Loge a la même disposition qu'une Loge maçonnique. Il est vrai que les systèmes se ressemblent par certains aspects, dans leur démarche ultime ; mais dans les moyens choisis pour y parvenir, on adopte des rituels, des costumes, un corpus symbolique, des appellations et des signes différents. Il y a parfois des interférences : on constate, par exemple — dans les documents martinistes parus dans la revue *L'Initiation,* entre autres — que cet Ordre se définit ouvertement comme une chevalerie chrétienne. C'est d'ailleurs pour cette raison que le martinisme a été très directement lié à l'Église Gnostique. Pour ceux qui l'ignorent, il faut rappeler que l'Église Gnostique n'est pas reconnue par le Vatican, qui garde un monopole. L'Église romaine s'oppose radicalement à ses prises de position que l'on pourrait définir comme libérales, trop proche du monde initiatique et, de fait, se retrouvent qualifiées d'hérétiques. Il existe en réalité une variété d'Églises Gnostiques dans lesquelles on ne retrouve pas la hiérarchie de l'Église catholique romaine. Cette Église se réfère à l'Église primitive ; on y trouve donc des adeptes, des prêtres et des évêques, c'est tout. Parfois, lorsque la structure est plus importante, ce qui est rare aujourd'hui, on nomme un Patriarche. Ces Églises Gnostiques contemporaines servent surtout à célébrer l'eucharistie dans un contexte initiatique. Bien entendu, les rituels se réfèrent à des origines anciennes. J'ai pu assister à une rare messe cathare qui était donnée en grec. Je trouve intéressant de constater la persistance de cette diversité d'expressions rituelles dans le monde ésotérique actuel.

E.T. : Est-ce que l'on observe une grande perméabilité entre ces différents rites ? Est-ce qu'un franc-maçon égyptien s'intégrera facilement à un parcours gnostique ou martiniste, par exemple, ou plutôt non ? Il y a eu une période dans l'histoire de ces mouvements où cela a été le cas, principalement pour des raisons historiques, mais qu'en est-il maintenant ?

F-M : Ça dépend. Au XIXe siècle, en effet, les adeptes étaient un peu les mêmes et pratiquaient plusieurs rites. Aujourd'hui, certains pensent qu'il n'est pas constructif d'appartenir à plusieurs Ordres ou voies différentes. Je suis assez libéral à ce sujet ; que chacun fasse comme il l'entend, tant qu'il ne trahit pas le groupe en jouant de syncrétisme. L'initiation est un système de liberté, à mon sens, à la fois de liberté de conscience et de liberté de fonctionnement. Donc, pourquoi pas ? Cela ne me dérange pas, et peut-être cette liberté leur donne-t-elle accès à un aspect différent de l'initiation, en évitant le piège du dogmatisme.

E.T. : Je vais rebondir sur cette remarque et vous demander pourquoi il n'existe pas de présentation générale destinée au public pour expliquer clairement ce que propose chaque Ordre et chaque rite. Puisqu'il s'agit d'aller dans la même direction, ceux qui s'intéressent à la spiritualité pourraient ainsi choisir ce qui leur convient le mieux.

F-M : Dans les faits, chacun s'implique dans une démarche en fonction de sa propre sensibilité. Si une voie ne convient pas, le postulant ne continue pas, c'est tout. Il ne s'agit pas ici de secte !

E.T. : Les choses se passent donc de manière informelle, en essayant une voie ou une autre ?

F-M : Oui. Prenons l'exemple connu de Papus qui, certes, a cumulé : il était à la fois franc-maçon dans plusieurs obédiences, martiniste, rosicrucien de l'OKRC, évêque gnostique et médecin. Cela ne posait aucun problème à cette époque-là.

E.T. : Et c'est encore le cas de nos jours ?

F-M : Oui, il y a des obédiences qui le permettent. On a connu cela aussi à certaines périodes bien particulières. Parlons d'un personnage étonnant comme Robert Ambelain : à l'intérieur de la Maçonnerie de Memphis-Misraïm, il a constitué certains cercles intérieurs : l'OMI, les Élus-Cohen, etc… Parce qu'il avait personnellement récupéré nombre de filiations à cause de la Seconde Guerre mondiale, il a dû réorganiser les choses pour en assurer la pérennité. Prenons aussi le cas de Constant Chevillon, grand ami de Joanny Bricaud, à Lyon : il était à la fois évêque gnostique, martiniste, maçon de Memphis-Misraïm, etc. Eh bien, en 1944, la milice est venue le chercher et l'a exécuté pour des raisons assez compliquées — car s'ajoutait à tout cela son intérêt pour la Synarchie de Saint-Yves d'Alveydre. En effet, ce terme est mal compris par le monde profane qui le confond avec la Synarchie d'Empire et le complotisme de crise de 1936 ; cela a conduit Chevillon à se faire condamner à mort par la milice.

E.T. : Maintenant encore, lorsqu'on constate les réactions démesurées d'un certain public face à des termes utilisés dans le contexte initiatique, on voit bien que ces mots ne sont pas compris par ceux qui réagissent ainsi.

F-M : Cette discrétion inquiète le public : pourquoi se cachent-ils dans leurs Loges ? Qu'y font-ils ? J'ai répondu à cette question en mettant en évidence l'impossibilité de transmettre l'essence de cette démarche intérieure qui n'est pas de l'ordre d'un amateurisme passager, mais d'un véritable engagement lié à une foi. Le public réagit aussi violemment face aux pratiques de réseau, comme les fraternelles professionnelles interobédientielles desquelles les gens profitent pour faire des affaires. Bien entendu, il n'a pas tort et je suis moi-même opposé à ce genre de regroupement. Mais les hommes sont ce qu'ils sont. L'objectif de la spiritualité est de changer l'homme et non de changer la société — car si l'on se change individuellement, peut-être cela aura-t-il ensuite un effet sur la société.

E.T. : J'en suis totalement convaincu ; c'est pourquoi le mot de «pédagogie » que vous avez utilisé d'emblée dans cette entrevue pour décrire la démarche initiatique me paraît vraiment essentiel. Nous avions déjà eu l'occasion de parler à l'Œil du Sphinx des rites forestiers ; pouvez-vous brièvement commenter leur spécificité dans ce paysage très varié ?

F-M : J'ai visité les rites forestiers au moment où ces rites étaient reconstitués. Je crois que cela continue à se pratiquer aujourd'hui, mais en petit comité. Ces rites ont été reconstruits à l'époque autour du Grand Druide de Bretagne Gwenc'hlan Le Scouëzec[88]. Il s'agit d'un système opératif proche de celui de la Franc-maçonnerie de la pierre, mais qui fonctionne autour du bois. Cette confrérie du bois rassemble les métiers de charbonnier et de fendeur, auxquels ont été ajoutés les forgerons, et la symbolique qui leur correspond. Le principe est identique : il s'agit d'ouvrir l'esprit des adeptes en se servant de la symbolique des outils spécifiques du bois : la hache, l'élément Feu, etc. Ces rituels étaient connus bien avant les XVIIIe et XIXe siècles.

E.T. : C'était en tout cas la revendication des charbonniers que d'avoir su préserver des notions qui s'étaient perdues ou qui ont été davantage modifiées ou intellectualisées dans le travail de la pierre.

F-M : Cela a pu être le cas, en effet, tellement ces rites étaient tombés en désuétude. Ils étaient restés discrets parce qu'on ne les pratiquait qu'en dehors des villes, dans la nature. Ils n'ont plus le même sens opératif aujourd'hui. Par ailleurs, il ne faut pas oublier l'implication politique du réseau des « Carbonari », à une certaine époque. De telles notions peuvent paraître un peu obscures aux profanes. Pourtant, il s'agissait là aussi d'une démarche spirituelle du même type que celle de la maçonnerie de la pierre. On en revient à ces confréries qui se servent du prétexte des Loges pour faire de la politique. Mais il faut bien reconnaître que la Franc-maçonnerie est un système de communication ou un réseau qui est parfois mal utilisé. C'est cela qui a toujours attiré l'attention des souverains ou des dirigeants politiques qui n'en avaient pas le contrôle, comme ce fut le cas d'Hitler, entre autres.

E.T. : À l'heure de réseaux accessibles à tous, comme Internet, est-ce que cette préoccupation à l'égard des Ordres initiatiques a encore du sens ? Cette peur des sociétés secrètes qui pourraient ourdir des complots dans le dos des politiciens, ou au contraire éventuellement en maintenir certains en place, me semble vraiment décalée ! Avant la Seconde Guerre mondiale, sachant la paranoïa et le besoin de tout contrôler d'un

---

[88] Pour plus d'informations, se référer à la revue *Le Jardin des Dragons* n° 10 qui est consacrée à cette résurgence.

personnage comme Hitler, on peut éventuellement le comprendre, mais aujourd'hui ? Je suis très étonné que de telles angoisses continuent à trouver un terrain fertile dans des sociétés comme les nôtres.

F-M : Que s'est-il passé lorsque les nazis ont investi la Grande Loge, la Société théosophique et d'autres structures ? Ils cherchaient certainement des moyens ou des techniques de contrôle magique. Ils étaient peut-être influencés par les théories de la Société de Thulé — dont on ne connaît que peu de choses, d'ailleurs, mais on peut imaginer que ses membres concevaient éventuellement la guerre sous un aspect magique et égrégorique pour mettre en place une idéologie et une nouvelle société. Évidemment, les nazis ont été extrêmement déçus par ce qu'ils ont pu découvrir dans les diverses obédiences, c'est-à-dire rien de cette nature. Les documents confisqués sont ensuite partis en Russie, puis ils ont fini par revenir, tellement ils ne contenaient rien qui puisse étayer de telles attentes ! En effet, ils ne pouvaient s'intéresser à des documents qui renferment des informations historiques internes, la démarche étant dépendante de l'intériorité de l'homme.

Le secret n'est jamais extérieur, ni communicable. C'est ce qui rapproche des Élus-Cohens de l'Univers de Martinès de Pasqually. Il s'agit là d'invocations théurgiques qui amènent à des états de conscience et permettent — peut-être — d'accéder à une réalisation très spécifique : « La Réintégration ». On peut alors penser au personnage d'Énoch. On rapporte dans la Bible qu'il a vécu 365 ans et qu'il n'est pas mort, mais qu'il a été enlevé par les anges. C'est un peu le cas de la Vierge. Énoch serait ainsi parvenu à un état particulier qui serait peut-être la capacité de contempler Dieu en face. Pour cela, il serait parvenu à modifier totalement sa façon d'être. C'est une légende, n'est-ce pas ? Ou une réalité, je n'en sais rien, mais c'est en tous cas un mythe intéressant. Il existe plusieurs personnages auxquels on attribue ce type d'expérience dans les Écritures. Évidemment, l'exemple de Jésus est frappant lui aussi. Serait-ce une manière d'expliquer qu'il est possible pour l'humain de parvenir à un état qui donne accès à une forme d'expérience menant à l'être de lumière ? Pour prendre un exemple plus moderne, rappelons celui de l'alchimiste Fulcanelli, dont Canseliet dit qu'il serait parvenu à un état de réalisation extraordinaire. Je ne prétends pas que la voie initiatique propose de parvenir directement à cet état, mais pourquoi pas ?

E.T. : Au moins le symbole de cet objectif pourrait être de telles figures et leurs histoires.

F-M : C'est ça. Qu'on n'y parvienne pas dans cette vie ou qu'on puisse le tenter dans une autre, cela reste une interrogation ? L'Église catholique a insisté sur le fait que nous ne disposons que d'une seule vie et que la question du Salut de l'âme doit être réglée immédiatement et non demain. Peut-être faut-il nous laisser une chance ?…

E.T. : Ce n'est peut-être là qu'une politique éducative, qui n'est d'ailleurs pas sans efficacité… Elle est au moins aussi valable que celle qui consiste à dire que l'on peut attendre de revenir dans une autre vie pour faire le travail d'évolution important.

F-M : Tout à fait. Pour ma part, je pense que l'on pourrait disposer bien de plusieurs incarnations pour parvenir à un résultat aussi élevé. C'est peut-être énorme, mais il ne faut pas oublier que le Principe Créateur est une conception de l'Absolu, indéfinissable et incompréhensible — et ses projets sont insaisissables à l'être humain.

E.T. : Par définition.

F-M : Effectivement. Par conséquent, ce principe ne peut être ni bon ni mauvais. Abstraction pour nous, il appartient à tous et est au-dessus de toutes contingences.

E.T. : Peut-être, justement, que ce serait lorsqu'on est capable de regarder Dieu en face, d'embrasser cette notion d'Absolu, que l'on ne se trouve plus parmi les humains — qu'on est « enlevé » ou « élevé » ?

F-M : Au point où nous en sommes, il nous faut considérer la question des intermédiaires dans la communication éventuelle entre l'humain et la divinité. Dans les rituels des Élus-Cohens et dans la théurgie en général, on passe par l'intermédiaire des anges. Le *Registre des 2400 noms* de Martinès de Pasqually est un support pour des opérations théurgiques de ce type. Celui-ci a pu identifier 2400 noms d'intermédiaires angéliques avec leurs glyphes. Certains amateurs ont acheté ce livre, mais ce n'est en réalité qu'une liste introduite par une petite préface de la main de Robert Amadou. La technique d'invocation n'est pas révélée. Elle n'est donnée que dans le cadre pratique et initiatique interne aux Élus-Cohens. Ce livre devient donc décevant pour les non-initiés. C'est pour cette raison que l'on ne devrait jamais diffuser les rituels. Certains groupes les faisaient et les font encore copier à la main pour que les adeptes puissent vraiment s'en imprégner. D'autres rites les font même encore apprendre par cœur.

E.T. : Quoi qu'il en soit de la règle, il est vraiment gênant dans les pratiques théurgiques de devoir consulter un papier pour énoncer les invocations ! Pour en revenir à la nature et la pureté de la transmission des rituels, René Guénon avait justement tenté de faire un peu de ménage dans tout ce qui était proposé au début du XXe siècle. Que pensez-vous de ce personnage et de son travail ?

F-M : Le personnage de Guénon m'a beaucoup intéressé, c'est vrai. J'ai eu une période de jeunesse pendant laquelle j'ai fréquenté les milieux guénoniens, sans toutefois du tout être guénolâtre. J'ai lu ses livres avec beaucoup de plaisir, dont deux surtout ont vraiment attiré mon attention : *L'ésotérisme de Dante* et *Le Roi du monde*.

E.T. : Le Roi du monde est l'un des ouvrages qui abordent les notions initiatiques publiées au XXe siècle où l'on trouve exposés le plus clairement certains principes fondamentaux — si on sait les lire, bien entendu. Ce serait bien qu'on puisse trouver davantage d'ouvrages de cette trempe en librairie. Pourtant, on ne peut être certain que Guénon lui-même ait été l'une des figures les plus représentatives de l'initiation à son époque. Il décrypte cependant très clairement la symbolique employée dans le milieu. C'est passionnant à lire, comparé à tant d'autres ouvrages qui abordent ces thèmes avec tant de circonvolutions qu'on s'y perd, et surtout qu'on en vient à douter de la réelle maîtrise de leurs auteurs.

F-M : Un troisième petit livre de Guénon me paraît vraiment important que j'ajoute à mes préférences : *Les états multiples de l'être*. Il existe aussi un recueil d'articles qui ont été publiés dans *La France antimaçonnique* ; ce ne sont pas vraiment des attaques contre les sociétés initiatiques, mais Guénon révèle plutôt l'existence de telles sociétés qui cherchaient à rester discrètes. Lui, au contraire, diffuse. C'était un informateur ambigu. À titre indicatif, il existait à l'époque une société initiatique de tendance chrétienne, voire catholique, qui fonctionnait depuis le XVIe siècle, la Fraternité du Divin Paraclet. Cette société comportait un Ordre intérieur du nom de l'Estoile Internelle. À l'époque de Guénon, le Grand Maître de cette fraternité se nommait Tamos/Thomas, en réalité. C'était un astrologue et un personnage assez intéressant. L'historien Charbonneau-Lassay revendique d'ailleurs dans son *Bestiaire du Christ* qu'il avait reçu certaines informations de la part de l'Estoile Internelle. Il connaissait bien Guénon et correspondait avec lui. Ce dernier cherchait à entrer dans la Fraternité du Divin Paraclet ; Charbonneau a donc proposé sa candidature à Tamos. Dans une lettre qui a été publiée dans *Le Lièvre qui rumine*, un livre paru chez Arché Milano il y a une dizaine d'années, on peut lire la réponse de Tamos que je synthétise : « Nous avons réussi à rester discrets depuis le XVe siècle, et cet homme va parler de nous à tout le monde ». Ce n'était pas tellement une critique de la qualité de l'individu, plutôt que celle du fait que Guénon utilisait un certain nombre de choses sans beaucoup d'égards pour les conséquences de ses dires sur les groupes dont il parlait.

E.T. : Une décision comme celle-ci peut très bien se comprendre. On peut préférer refuser ce genre de publicité pour préserver une certaine tranquillité. Il ne s'agit pas d'un jugement de valeur, mais plutôt du choix de ne pas s'exposer à des problèmes qui ne sont pas nécessaires.

F-M : Guénon était un personnage d'une grande qualité, qui a aussi été l'un des rares à parler de la réalisation de l'individu. C'est ce qui est important ! Je ne parlerai pas de ses options politiques mal définies.

E.T. : Il s'agit finalement surtout des gens qui se réclament de lui, plus que de lui-même...

F-M : On reproche parfois facilement aux guénoniens un certain élitisme, c'est possible. Il faut lui reconnaître cependant une intelligence, une forme de pédagogie due à son métier et une analyse très pertinente, ce qui attire, c'est certain...

E.T. : Il s'agissait peut-être avant tout d'une recherche de pureté dans les filiations et des pratiques, et la notion d'élitisme proviendrait d'une mauvaise interprétation de cette exigence ?

F-M : Les guénolâtres, il en existe et sont d'ailleurs souvent des théoriciens. Il existe des Loges guénoniennes, comme la Grande Triade et quelques autres, qui défendent l'idéologie de Guénon et travaillent sur son œuvre. À mon avis, le seul danger reste toujours de verser dans une forme de dogmatisme.

E.T. : En voulant mettre de l'ordre dans le paysage ésotérique de son époque, et sans doute à son corps défendant, Guénon a en effet fini par engendrer un nouveau dogme.

F-M : Oui et non. Ce serait bien dommage, car ce domaine est évolutif, et l'être doit constamment se remettre en question sur la Voie. Dès lors que l'on considère un personnage comme un modèle type, c'est perdu, parce qu'on invente un nouveau dogme.

E.T. : Je vais rebondir là-dessus : s'il faut évoluer, que pensez-vous donc de l'émergence de nouveaux rituels au XXe siècle ?

F-M : La question qu'on peut se poser est l'avenir de la Franc-maçonnerie et des anciennes sociétés initiatiques traditionnelles en général. Ce ne sera pas dans l'immédiat, mais bien plus tard que les choses risquent de changer — comme notre société ne cesse, elle aussi, de se modifier. Parce qu'elle est liée à la tradition, l'initiation ne changera pas en profondeur, mais peut-être dans sa forme. Toutes les obédiences donnent aujourd'hui des conférences publiques pour trouver de nouveaux intéressés. Certains entrent en Maçonnerie, mais tous ne restent pas parce qu'ils ne trouvent peut-être pas exactement ce qu'ils venaient y chercher. On se rend aussi très vite compte que, pour être franc-maçon, il faut travailler, prendre du temps, pratiquer régulièrement les rituels, etc. Cette pratique devient une ascèse qui a lieu à des dates fixes, au moins deux fois par mois au départ, et confirme l'engagement de ceux qui deviennent de vrais « chercheurs ».

E.T. : Qu'en est-il de la pratique personnelle, chez soi ?

F-M : Dans le cadre de la Franc-maçonnerie, il s'agit donc surtout de recherche, de réflexion méditative, de lecture et d'écriture, mais pas de rituels effectués en privé. C'est le cas, par contre, chez les rosicruciens ou les martinistes : le fonctionnement est différent et les communautés plus restreintes. Dans le cadre de l'opérativité théurgique des Élus-Cohens, par exemple, il s'agit de groupes peu importants et strictement triés sur le volet, des réunions d'une dizaine de personnes au maximum. Ce n'est pas du tout le même cadre. L'homogénéité du groupe y est beaucoup plus facile à établir et elle peut permettre une opérativité vraiment communautaire. Il faut aussi se souvenir que les pratiques théurgiques étaient souvent destinées à l'origine à des moines, tels l'Abbé Jean Trithème et son entourage, ou à des chercheurs financés comme Agrippa, John Dee, etc. Ceux-ci consacraient leur vie entière à ces pratiques. Ils avaient donc le temps de faire de tels préparatifs, de mettre en place un rituel régulier sur des semaines ou des mois, suivant un système extrêmement exigeant, difficile à réaliser de nos jours.

E.T. : En effet, les circonstances de notre vie moderne, lorsque l'on a un métier, une famille, etc. ne nous le permettent pas. On ne peut pas se comparer à ces moines qui étaient à 100 % dédiés au rite. Les quêteurs spirituels d'aujourd'hui ont beaucoup besoin de l'entendre, car beaucoup de débutants se voient en moines de jadis, alors que leur mode de vie ne s'y prête pas du tout.

F-M : Je ne dis pas que, dans la Franc-maçonnerie du XVIIIe siècle, il n'existait pas éventuellement des pratiques de ce type, car les adeptes de l'époque avaient, pour beaucoup, un autre train de vie que le nôtre : ils avaient plus de moyens financiers et de loisirs et évoluaient dans une société plutôt favorisée. Un personnage comme Cagliostro ne vivait pas comme nous aujourd'hui. Il avait instauré des opérations complexes dans sa Loge lyonnaise, « la Sagesse Triomphante ». Cela lui a d'ailleurs coûté fort cher lors de son procès. Cette Loge semble exister encore, sous une forme différente sûrement, mais le nom est resté.

E.T. : Et quel est, par conséquent, votre point de vue sur des rituels totalement différents, comme ceux que l'on rencontre dans le contexte du new age, par exemple ? Ces nouvelles formes de ritualités se donnent comme objectif de répondre aux aspirations spirituelles du moment, et veulent soit adapter, soit inventer, souvent de manière syncrétique, des rituels correspondant au mode de vie actuel.

F-M : Vous utilisez ici un terme qui me gène beaucoup, c'est celui de syncrétisme dont j'ai déjà parlé. C'est une perspective consistant souvent à inventer un rituel idéal en mélangeant tout. Il y a déjà eu des tentatives dans ce sens, mais rien de convainquant jusqu'à ce jour.

E.T. : Je suis persuadé qu'il n'existe pas de rituel idéal. Cependant, certaines structures comme, par exemple, la Société Théosophique, ont beaucoup cédé au syncrétisme.

F-M : C'est là où la démarche peut être inquiétante, car tout dépend vers quoi on pousse le participant. S'il s'agit d'un système dirigé par un *leader* du type gourou, on se trouve dans un processus dogmatique et sectaire caractérisé. Dans ces cas-là, amène-t-on vraiment l'individu là où il devrait aller ? Rien n'est moins sûr. Cela oriente plutôt là où le gourou veut qu'il aille. En Franc-maçonnerie, il n'y a pas et ne doit pas avoir de gourou. Il en est de même dans le martinisme. On trouve quelqu'un qui préside au système et le gère, une personne qui a accédé à un certain degré dans le cursus en question, bien entendu, mais il ne s'agit jamais du « Maître » qui sait tout et qui monopolise l'espace. À ce sujet, on peut évoquer un personnage hors du commun au tournant des XIXe et XXe siècles : monsieur Philippe de Lyon, qui ne se revendiquait pas du tout comme un gourou. Il se donnait comme un guérisseur en disant : « Moi, je ne peux rien ; c'est Là-haut que l'on peut. Moi, je ne suis qu'un intermédiaire. Je ne suis que le chien du berger. » Belle leçon d'humilité !

E.T. : C'est, à mon avis, le principe même de la guérison, mais encore faut-il être capable de le comprendre. Que dites-vous de la manière de transmettre une technologie du rituel ?

F-M : Il existe deux formes de transmission : la transmission verticale et la transmission horizontale. La transmission horizontale est une transmission d'homme à homme, ou communautaire, logiquement sans interruption. On peut en dire qu'en Maçonnerie, depuis le XVIIIe siècle au moins, il n'y a pas eu de coupure — voire même pratiquement depuis le XVIe siècle. Dans l'autre cas, la transmission verticale est au contraire une reconstitution d'un système existant préalablement, mais dans lequel la transmission d'homme à homme s'est trouvée interrompue. Il est alors nécessaire de le reconstituer pour retrouver le but. Par exemple, chez les Élus-Cohens, le degré de Réaucroix, qui est un degré final, celui du transmetteur par excellence, s'est interrompu. Martinès de Pasqually est mort en l'ayant transmis à peu d'hommes : à Louis-Claude de Saint-Martin, son secrétaire qui n'a rien transmis de cet ordre parce qu'il avait un état d'esprit plus « cardiaque » ; Willermoz et quelques autres n'ont pas fait mieux. La reconstitution a pu se faire en retrouvant les textes des rituels (voir Papus, Ambelain, Amadou). Dès lors, ce processus devient une transmission verticale. Je ne dis pas que cette transmission n'est pas valable, mais elle est de nature différente. On y cherche à ne perdre de la démarche originelle.

E.T. : Nous nous trouvons vraiment ici dans l'essence du principe initiatique. En Orient, c'est la même chose : dans tous ces systèmes, la transmission de l'initiation par le maître au disciple — et donc d'homme à homme, justement — est fondamentale. Dans ce contexte, il ne s'agit plus du gourou sectaire, mais du sens originel de ce terme, guru *en sanskrit, comme le transmetteur d'une initiation.*

F-M : Dans ce sens, c'est vrai ! La création de l'AMORC est un cas intéressant. Je ne suis pas spécialiste, mais j'ai rencontré pas mal de personnes qui en faisaient partie. Spencer Lewis est venu un jour en Europe et il a reçu une certaine initiation à Toulouse. Il situe cette initiation dans un château qui semble mythique, mais on peut toutefois comprendre que cette transmission concerne une certaine faction de la Rose+Croix, dite de Toulouse, à laquelle appartenaient plus précisément Péladan et son frère. Ce n'est pas directement d'eux qu'il la reçoit, mais on comprend qu'il s'agit de cette lignée initiatique, traditionnelle et ancestrale de la Rose+Croix. Spencer-Lewis est ensuite rentré aux États-Unis pour créer sa propre structure, l'AMORC. On y retrouve de petits tabliers triangulaires de type maçonnique qui sont la copie conforme de certains tabliers maçonniques américains. Donc, Spencer-Lewis est dépositaire d'une filiation qu'il transmet et restructure dans un système qui lui est propre. Ce que je retrace là est un parcours pseudo-historique et d'une certaine manière mythique qu'il faudrait pouvoir confirmer en s'appuyant sur d'authentiques documents. Malheureusement, on ne les connaît pas, surtout ceux concernant la Rose+Croix de Toulouse — qui pourrait peut-être toujours fonctionner actuellement, mais c'est une autre affaire. On peut ajouter que rares sont les sociétés qui disparaissent totalement. On connaît, par contre, un échange de courriers très intéressants entre Péladan et Stanislas de Guaïta. Ces deux occultistes sont amis, Guaïta ayant été, entre autres, un grand collectionneur de livres consacrés à l'ésotérisme. Les premières lettres commencent par des termes habituels « cher ami » etc., puis, un jour, on lit « mon très cher Frère » et il se met à signer « Nebo ». Cela indique sans ambiguïté que Péladan lui a fait transmettre une initiation. C'est ainsi que Stanislas de Guaïta est ensuite devenu Grand Maître de l'OKRC. Cette entrée dans la Rose+Croix peut ainsi être située avec précision. Péladan était personnage très intelligent, mais assez délirant ; il a aussi écrit des ouvrages assez décadents. De Guaïta, au contraire, était extrêmement rigoureux dans ses écrits qui font encore référence, bien qu'il soit mort à 35 ans seulement ! Alors je me méfie des rituels qui viennent de nulle part et qui sont fabriqués sans filiation. Je ne prétends pas qu'il soit impossible de constituer ou de reconstituer un rituel ; je dis qu'il semble important qu'un initiateur ou un transmetteur en donne préalablement l'autorisation. Il autorise à pratiquer un certain rituel et à participer à ce fonctionnement collectif. Créer un rituel, c'est bien ; mais à partir de quoi ? Il est mieux de le savoir ! Il faut savoir choisir un but précis lorsqu'on le pratique.

E.T. : Et il faut en maîtriser la technologie, ce qui n'est pas évident, il faut le souligner.

F-M : J'ai été un passionné d'astrologie que j'ai pratiqué pendant des années, un peu moins maintenant. Lorsqu'on veut mettre en fonction un rituel, il faut savoir précisément quand le faire. Il faut l'inscrire dans l'espace-temps. Les initiations se faisaient en général à deux périodes : les équinoxes pour les premiers grades et les solstices pour la maîtrise. Ce sont des périodes propres à la transmission. Le problème, c'est que dans de grandes structures comme celles d'aujourd'hui, organiser de telles activités au moment adéquat devient difficile.

E.T. : Quelle que soit la tendance religieuse, ésotérique culturelle, la sauvegarde de la tradition peut servir de prétexte pour radicalisation, ce qui entraîne des dérives comme la persécution des laïcs ou des adeptes

*d'autres rites. Cette radicalisation finit ainsi par remplir une fonction
identitaire bien davantage que spirituelle, contrairement à ce qu'elle
prétend. Que pensez-vous de cette question de la stricte observance des
formules traditionnelles et des risques d'obscurantisme ?*

F-M : Cela ne devrait pas être le cas. Quand je dis que je tiens à
l'anonymat, par exemple, c'est que je n'ai aucunement à revendiquer ma
recherche personnelle vis-à-vis de quiconque. J'en parle ouvertement
avec vous, mais je ne veux pas préciser une appartenance pour m'en
servir comme positionnement social. C'est une démarche exclusivement
personnelle. Donc, on ne peut pas prétendre que l'on détient la vérité et
que les autres doivent suivre une voie plutôt qu'une autre. Je ne suis sûr
de rien, et c'est la raison pour laquelle je continue ma recherche.

*E.T. : C'est vraiment agréable d'entendre ces mots, car, étrangement,
on n'a pas souvent l'occasion d'entendre rappeler ces évidences dans
le contexte de l'ésotérisme, des Ordres initiatiques ou de la spiritualité
en général. Malgré tout, beaucoup de gens rejoignent une démarche
spirituelle avec des motivations qui sont davantage des lacunes ou des
manques éducatifs ou psychologiques, sur des anxiétés, qu'à partir
d'une réelle soif de réalisation de soi.*

F-M : On peut voir parfois en Franc-maçonnerie certaines personnes
qui gravissent les échelons de cette société pour briller, ils ne sont pas
nombreux. Cela ne m'intéresse pas ; pour moi, tout s'est passé de
manière très fluide parce que j'ai fait de bonnes rencontres et, surtout,
parce que j'étais motivé. Évidemment, on est heureux de progresser ;
mais quelle gloire en tirer ? Je me le demande.

*E.T. : Bien entendu. Je suppose qu'un bâtisseur de cathédrale, lui
aussi, est heureux de voir son ouvrage achevé et de pouvoir aller
ensuite y célébrer la messe.*

F-M : Oui, cependant il existe des gens qui se glorifient de leur
parcours initiatique parce que nous ne travaillons pas la matière. Je
viens de le dire. Ce n'est pas grave en soi, mais cela n'a absolument
aucun intérêt. Le but, c'est de progresser le plus possible dans la
démarche que l'on a choisie. C'est tout. On va au bout d'une

expérience que l'on tente, tout comme on va au sommet lorsqu'on gravit une montagne, juste pour avoir l'expérience de contempler le paysage depuis le sommet et le voir différemment. Cette démarche m'a appris un certain nombre de choses. Cela m'a montré ce que j'étais, en tant qu'individu, avec mes côtés positifs et mes côtés négatifs. Il se passe exactement la même chose dans l'Église, mais il est fréquent qu'on y revendique en plus des points de vue moraux. Pour ma part, j'ai évidemment des avis sur la morale, mais je ne revendiquerai certainement pas au nom de mon appartenance. Ce sera toujours à titre personnel.

E.T. : Certains théoriciens considèrent que le rituel a pour unique fonction de se perpétuer en tant que rituel. Qu'en pensez-vous ?

F-M : Il y a du vrai là-dedans. Il faut que la transmission et la tradition se perpétuent. C'est fondamental, tout comme éventuellement d'avoir une progéniture pour transmettre la vie de manière intimement liée à ce que l'on est, et qu'ainsi elle se perpétue. Cela m'a donné des indications sur le sens de la vie et cela pourrait aussi procurer à d'autres une sérénité, une acceptation, une ouverture, s'ils choisissent de suivre ce genre de parcours.

E.T. : Cela se comprend mieux en effet, si l'on considère le rituel comme un cadre d'évolution personnelle, et non pas comme un cadre opératif qui a un effet direct. Si l'on considère que ce cadre procure les conditions d'une évolution individuelle : en pratiquant ce rituel, l'individu ressent une expérience particulière et change. Il suffirait dès lors au rituel de se transmettre en tant que cadre pour être efficace. Cela tient debout. Mais je m'interroge toujours sur la gestion de l'efficacité pratique du rituel lui-même : par exemple en théurgie, il est censé se passer quelque chose qui a un effet précis. Cela se produit, ou non.

F-M : En théurgie, ce qui n'est pas le cas dans la Franc-maçonnerie, la pratique peut varier légèrement, mais la trame générale reste la même. Le contexte utilisé semble être toujours le même, comme une mise en condition. Les outils, eux aussi, sont toujours les mêmes, à peu de choses près. Les pentacles peuvent varier, mais restent présents. Les instruments utiles à la pratique théurgique varient peu. Il suffit de lire

Ambelain qui en a beaucoup parlé dans sa *Kabbale pratique*, ou Jules Boucher dans son *Manuel de magie pratique*, de même que P. Piobb, entre autres dans son *Formulaire de Haute Magie*. Ce sont tous là des livres très techniques dans lesquels on voit bien que cette magie occidentale implique certains éléments clefs. Ensuite, on invoque des aspects différents en fonction de ce que l'on veut obtenir. La grande question, c'est le mélange qu'il peut y avoir entre la magie opérative de type théurgique et la magie de type terrestre. Dans ce dernier cas, on fait un pacte plus ou moins conscient avec quelque chose qui va, un jour ou l'autre, nous déstructurer. Ce sont aussi des techniques opératives, qui peuvent être retournées.

E.T. : Se trouve-t-on là à l'interface entre théurgie et goétie ?

F-M : C'est cela, entre autres.

E.T. : Il s'agit donc d'enjeux de maîtrise d'un certain pouvoir. Si je vous suis bien, ces pouvoirs ne pourraient pas avoir comme source l'individu lui-même et ses connaissances, mais implique l'intervention d'éléments extérieurs.

F-M : Oui, des intermédiaires. Les Sephiroth ont leur inverse. En ce qui me concerne, je n'en parlerai pas. La médaille dite de Catherine de Médicis, qui est un objet d'envoûtement d'amour dont on peut trouver des copies, fait référence à l'inverse des Sephiroth, pour parvenir à séduire sur le plan terrestre. Or la théurgie ne vise pas du tout ce plan terrestre et ne cherche pas à séduire, mais à communiquer avec le Haut, pour aller soi-même vers le Bien, le Beau, le Vrai. L'autre magie, c'est agir pour un intérêt simplement matériel.

E.T. : On m'a présenté les choses un petit peu différemment : l'« arbre » des Sephiroth illustrerait une dynamique évolutive, que l'on adopte symboliquement pour partir de l'individu et aller vers le divin — de la matière pour aller vers l'esprit, si l'on veut utiliser ce type de vocabulaire —, tandis que l'inverse illustrerait la dynamique involutive, qui, elle, part du divin pour aller vers la matérialisation. Il s'agirait donc de deux dynamiques opposées et complémentaires qui ne se qualifient pas en termes dualistes de Bien opposé au Mal, mais qui interviennent toutes deux dans tous les processus naturels. De fait, l'évolution elle-même ne peut survenir ailleurs que dans une structure qui s'est d'abord matérialisée. Par exemple, planter une graine dans son jardin dans l'idée que cette graine germe pour devenir un arbre et finalement donner des fruits, c'est aller dans le sens de l'involution, de la matérialisation, mais ce n'est pas pour autant un acte mauvais en soi. Par conséquent, la question se résume avant tout à un choix conscient d'actions, selon l'objectif que l'on se donne, de s'intégrer — plutôt que d'utiliser, car qu'est donc l'humain pour prétendre utiliser la nature —, de s'intégrer à une dynamique plutôt qu'à l'autre. Effectivement, lorsqu'il s'agit d'évolution spirituelle, le choix est très clair ; il n'y a aucune équivoque.

F-M : Dans le cadre de la magie terrestre, l'appel à ces forces particulières qui réclament une pratique d'un autre type que celles de la théurgie mobilise en effet une manipulation du pouvoir. Faisons référence à l'image donnée par Dante dans ses représentations du Paradis et de l'Enfer : il décrit cela comme une sorte de double cône inversé, l'un pointant vers le haut et l'autre vers le bas. Que l'on fasse des prières chrétiennes, comme celles de l'Abbé Julio, pour aider quelqu'un à guérir, c'est quelque chose de tout à fait positif. Mais que l'on invoque rituellement des puissances noires pour nuire à autrui ou le contraindre, ça, c'est développer psychiquement une haine qui, elle, est extrêmement négative pour l'émetteur comme pour le récepteur. Cette haine intérieure ne peut qu'amener de la haine en retour, alors que lorsque l'on agit pour le Bien, il ne peut y avoir qu'un écho positif.

E.T. : Exactement. C'est là que se déterminent les conséquences : dans la disposition qui est développée lors du rituel, lors de l'invocation et lors du passage à l'acte, du psychisme à la matérialité. Il me paraît extrêmement important de rappeler ces principes fondamentaux dans des revues comme Historia Occultae. Ainsi donc, que pensez-vous des références à la médiumnité dans le contexte ésotérique ?

F-M : C'est un phénomène intéressant, mais qui n'est pas indispensable. Il existe certainement des médiums, c'est une qualité qui semble naturelle, mais qui n'est pas indispensable. On peut citer Aleister Crowley qui avait cette faculté, semble-t-il.

E.T. : Dans les spiritualités orientales — et pourtant, on sait qu'en Orient, ils connaissent des figures qui développaient leur sensibilité médiumnique, parfois de manière très atypique —, on considère souvent ces expressions de pouvoirs psychiques comme des errements ou des pièges sur la voie de l'évolution spirituelle.

F-M : Cela peut représenter un danger en effet.

E.T. : Pour reprendre le cas que vous venez d'évoquer, cela n'a guère réussi à Aleister Crowley !

F-M : C'est vrai, il a fini pauvrement. C'est un personnage très intéressant qui est allé très loin, mais, dans le livre qui a été publié à l'Œil du Sphinx sur ses rapports avec le poète portugais Pessoa[89], on voit bien que le personnage de Crowley était un peu délirant : ce faux suicide, c'est tout de même l'expression d'un caractère totalement excessif. Ce que j'ai surtout trouvé étonnant, c'est que Pessoa ait marché dans une telle combine.

E.T. : Je connais bien ce livre pour en avoir dirigé la publication. (Rires…) Ce qui m'a effectivement passionné dans cette rencontre, c'est de constater que deux personnages aussi opposés puissent se rencontrer et collaborer à un tel canular, qui est en fait surtout une manifestation d'humour. Ils ont dû trouver un véritable terrain de sympathie, malgré leurs différences. Tous les deux avaient aussi des intérêts communs comme l'évolution spirituelle, l'astrologie ou les Ordres initiatiques, sujet sur lequel ils avaient pourtant des opinions radicalement opposées — tout comme sur la sexualité, puisque Pessoa se refusait aussi à toute pratique opérative en ce domaine, dirons-nous, alors même qu'il se donnait à fond dans l'obtention d'états de grâce à travers l'art, notamment à travers la poésie. Malgré cela, Pessoa s'est efforcé de comprendre par le menu le fonctionnement de la transmission initiatique et de l'opérativité, car cela le passionnait. Face à lui, Crowley s'engageait à fond dans les systèmes traditionnels et l'opérativité rituelle, tout en n'étant jamais satisfait des structures existantes et en voulant les réformer en profondeur, à sa guise. De plus, il insistait beaucoup sur une

---

[89] Collectif, *Les secrets de la Bouche de l'Enfer, autour de la correspondance entre Fernando Pessoa et Aleister Crowley*, L'Œil du Sphinx, 2015.

magie sexuelle des plus ambiguës, d'un type qui hantait vraisemblablement les fantasmes de son interlocuteur portugais alors que celui-ci n'a sans doute jamais dépassé le stade de l'onanisme. Imaginer une rencontre entre ces deux personnages, c'est extraordinaire !

F-M : Oui, mais malgré cela, extérieurement, on connaît mal les résultats de la magie thélémite qui semble avoir eu de l'intérêt surtout lorsque Crowley était là. Que l'OTO fonctionne toujours, tout comme la Golden Dawn s'est réveillée il y a de cela 25 ou 30 ans, c'est une chose. On peut d'ailleurs trouver sur YouTube des rituels filmés accessibles à tout public, ce qui est étonnant ! On y voit les adeptes en costume faire des invocations. C'est un joli folklore, mais c'est une grave erreur de diffuser cela sur Internet. On trouve aussi quelques films sur les rites maçonniques, c'est vrai, mais j'éprouve à leur égard les mêmes réticences, comme une forme de profanation qui ne peut attirer que des curieux, mais non pas des gens motivés...

E.T. : Ma question sur l'usage de la médiumnité en contexte ésotérique concerne surtout son intervention dans le processus de transmission d'homme à homme dont nous avons parlé à propos d'initiation. On connaît beaucoup de gens qui se revendiquent d'une transmission obtenue de la part d'entités non incarnées qui leur auraient inspiré ou révélé ces rituels. Après le médium d'origine, on peut suivre la transmission, mais, à la source, qu'en est-il de cette expérience ? Il me semble que cela pose vraiment question. Pour reprendre l'exemple de Crowley, sa passion pour le langage énochien, empruntée à John Dee et ses travaux avec le médium Edward Kelley au XVIe siècle, relève précisément de l'usage d'un outil rituel reçu par transmission médiumnique. Depuis Crowley surtout — la Golden Dawn ayant amené l'idée et Crowley en ayant fait partie —, on sait que l'énochien est beaucoup pratiqué dans les milieux ésotériques contemporains. Je trouve que le recours à des outils reçu par médiumnité pose une question essentielle dans le cadre de la transmission de rites authentiques. Je ne prétends certainement pas qu'il faille supprimer de tels rituels, mais je pense que l'on ne peut pas faire l'impasse sur un positionnement très explicite et très clair à ce sujet. J'ai souvent posé cette question à des ésotéristes, mais personne n'a jamais voulu — ou pu — y répondre. Je vous la pose donc aujourd'hui : pourquoi utiliser des outils dont on ignore finalement la validité et la provenance ?

F-M : C'est effectivement une question importante. Vous avez évoqué John Dee ; en l'occurrence, a-t-il vraiment été en contact, à travers Kelley, avec des intermédiaires spirituels valables se manifestant dans son miroir noir ? Comment le savoir ? On peut poser la même question à propos du « Watan » dans la « *Mission de l'Inde* » de Saint-Yves d'Alveydre : on ne sait pas vraiment d'où ça vient. N'existe-t-il pas des choses qui se transmettent comme ça, d'une manière immatérielle ? Ou proviennent-elles de la Tradition Primordiale ?

E.T. : C'est bien la question.

F-M : À mon avis, les notions vraiment importantes ne se transmettent pas publiquement, mais d'individu à individu, comme nous l'avons vu. Elles ne se dévoilent pas. Dès lors, on peut raconter les choses autrement, par exemple en disant qu'on les a reçues par inspiration ou par révélation.

E.T. : Ah ! Voilà une explication différente et très intéressante ! Il pourrait ainsi s'agir d'un contexte légendaire qui viendrait justifier une transmission dont on ne souhaite pas parler dans le détail ?

F-M : Je pense que c'est souvent ce qui se passe. Par exemple, lorsque Saint-Yves d'Alveydre écrit sa *Mission de l'Inde*, il y raconte ses contacts avec des êtres de l'Agartha. Vérité ou légende ? Peu importe, finalement. Il en ressort des idées intéressantes. Il a existé un certain nombre de gens qui ont fonctionné de cette manière : la Rose+Croix et leur héros Christian Rozenkreuz, etc. Tous ces événements se retrouvent enveloppés dans contexte légendaire. Jacob Bœhme, sa vie compliquée de cordonnier théosophe qui écrit des choses incroyables comme *L'Aurore naissante* ou *La Signature des choses,* et bien d'autres titres encore, et qui affirme avoir reçu une révélation en observant un rayon de soleil sur un pot d'étain. Vérité ou légende ? Quoi qu'il en soit, tous les personnages qui entouraient Bœhme à cette époque étaient des alchimistes, des médecins, probablement des Rose+Croix. Qu'il ait reçu une initiation à l'époque, c'est possible ; qu'il n'en parle pas, c'est une certitude. Il a choisi de présenter les choses comme une révélation subite. On retrouve aussi cela dans l'écriture des livres d'alchimie. *Hermès dévoilé* de Cyliani en est un exemple. Que les choses se soient passées comme il le prétend, oui et non… Si je devais raconter certaines rencontres que j'ai faites dans l'univers ésotérique, je les envelopperais peut-être d'un voile de mystère. Comprenne qui pourra !

E.T. : Pour passer à quelque chose de plus concret, que pouvez-vous nous dire de l'art du son dans les rituels occidentaux traditionnels ?

F-M : Le son a une certaine importance. Un exemple connu : le Tetragrammaton dans la tradition kabbalistique. Il est également présent dans la Franc-maçonnerie. Toutefois, le son a une importance dans la Kabbale, puisqu'on y dit souvent qu'on ne doit pas prononcer un certain nom — en l'occurrence celui du divin. Seul le *baal shem tov* peut le faire, dans un cadre rituel extrêmement précis. Cela voudrait dire que lorsque l'on prononce ce nom, on connaît la divinité — puisqu'on est capable de le nommer... C'est la raison pour laquelle, à l'exception de la prononciation de ce nom gardée secrète, car il est indicible, on prononce d'autres noms proches qui décrivent des aspects de la divinité. Le vrai nom, celui de la totalité, on ne peut pas le dire. On sait par conséquent que le son a une importance particulière, avec la vibration des voyelles. J'ai pu voir certains rituels pseudo-maçonniques qui utilisent des vibrations sonores, mais c'est assez rare, car nous nous trouvons dans un système très occidentalisé.

E.T. : Dans la pratique théurgique, il s'agit quand même d'invocations, et donc de l'usage des noms et du son...

F-M : Il s'agit effectivement de prononcer des noms divins qui désignent des puissances intermédiaires. En Maçonnerie, un son est assez notoire : celui des batteries au maillet. Chez les fendeurs, il existe aussi des batteries avec une baguette de bois. Voilà un exemple de vibration dans notre cadre rituel.

E.T. : Dans le même ordre de choses, il existe en Orient toutes sortes de gongs, de cloches, de bols que l'on frappe, et aussi, dans les rituels shintoïstes, il y a des claquements de mains qui font le même office.

F-M : Cela existe aussi en Franc-maçonnerie.

E.T. : Qu'en est-il de la place de l'image, par comparaison à celle du son ? L'image est-elle évocatrice ? Sert-elle aussi à invoquer ?

F-M. : Là, c'est un peu comme la légende une suggestion… C'est-à-dire qu'on n'est pas obligé de tout révéler dans l'image. On n'exprime directement l'essentiel que dans les contextes spécifiques où l'image prend toute la place, comme les tableaux de Loges ou les pentacles, qui sont alors dessinés avec précision pour convoyer certaines notions.

E.T. : Comme des catalyseurs de vibrations ?

F-M : C'est cela.

E.T. : Que dire alors du signe — signe magique, bien entendu ? J'en reviens à une allusion que vous avez faite au début. On pourrait envisager le signe comme l'esquisse d'une image, ou alors comme une vibration exprimée par le corps…

F-M : Je vais prendre un exemple très simple pour vous répondre : le signe de croix dans le catholicisme. Voilà un geste qui est tracé dans un sens ou dans un autre, selon les Églises. Qu'est-ce que la bénédiction ? Tout dépend ce que l'on veut dire — signifier.

E.T. : Faut-il les comprendre comme un langage symbolique ou plutôt comme l'expression d'une réalité vibratoire qui aurait une efficacité ?

F-M : Ils participent à la communication. Le signe de croix évoque quelque chose au-delà du simple rappel de la crucifixion de Jésus-Christ. Il s'agit d'une réorientation de l'individu. Les rituels de la Golden Dawn, eux, incluent une multitude de tracés de pentacles qui sont, eux aussi, des gestes. En Franc-maçonnerie, il existe des gestes propres à chaque degré, qui sont des signes de reconnaissance.

E.T. : À votre connaissance, d'autres voies occidentales utilisent-elles davantage de techniques opératives de ce type : sons, image, signes, gestes ?

F-M : Nous sommes en Occident et, par conséquent, on utilise aussi ce type d'expressions, mais différemment.

E.T. : Quelle est la méthode de transmission occidentale ?

F-M : Elle est un peu plus intellectuelle, plus réflexive qu'opérative. Cela n'exclut pas, bien entendu, que certains systèmes soient opératifs. Nous en avons mentionné plus haut.

E.T. : Une des revendications des spiritualités émergentes au XXe siècle est justement de ramener le corps dans la vie en général, et dans le rituel en particulier. On peut le constater avec le succès de différentes pratiques corporelles comme les danses rituelles[90], ou celui de voies orientales incluant le corps, comme les arts martiaux, les yogas, la méditation assise, etc. Peut-être ressent-on en Occident un certain manque suite à cet accent trop porté sur l'intellect ? Même l'engouement pour la magie sexuelle peut être envisagé comme une réponse à ce besoin de ramener le corps dans le rituel. Qu'en pensez-vous ?

F-M : C'est vrai. On utilise malgré tout le corps dans les rituels, ne serait-ce que les pas et les déplacements codifiés. Quant à la sexualité, c'est une autre affaire.

E.T. : En effet, le corps se trouve ainsi orienté dans l'espace et s'y déplace. Ces déplacements découlent assez directement du contexte architectural, n'est-ce pas ?

F-M : Oui, c'est vrai.

E.T. : Et cette idée de la magie sexuelle qui pourrait être une façon de ramener du corporel dans le rite ?

F-M : Évidemment, on pense de suite à P. B. Randolph, qui appartenait au départ à l'Hermetic Brotherhood of Louxor et s'en est ensuite détaché. Celui-ci a publié un petit livre intéressant sur le sujet qui a pour titre *Magia sexualis*. C'est une curiosité. Il y avait aussi cette autre ésotériste qui sévissait à Montparnasse, son nom va me revenir…

E.T. : Maria de Naglowska ?

---

[90] Michael Houseman, Marie Mazzella di Bosco & Emmanuel Thibault, « Renaître à soi-même – Pratiques de danse rituelle en Occident contemporain », *Terrain* n° 66, 2016.

F-M : C'est cela. Voilà une autre approche de magie sexuelle assez étrange. Il s'agit d'un personnage très particulier que je ne cite qu'à titre indicatif. Le principe semble être issu lui aussi, me semble-t-il, de l'Hermetic Brotherhood of Louxor, mais je n'y adhère pas. Finalement, nous avons fait ensemble un tour d'horizon un peu large de l'ésotérisme occidental qui reflète l'intérêt que je porte à cet univers, en dehors du fait que j'appartiens à une voie précise qui m'a donné tout ce quelle possédait sur le plan matériel, mais que j'expérimenterai jusqu'à la fin pour accéder au but qu'elle m'a permis d'entrevoir. Cela n'exclut pas, en effet, de continuer à réfléchir en chercheur, sur les différentes pratiques du monde ésotérique en général.

E.T. : C'est en effet important pour Historia Occultae *de garder cette ouverture d'esprit et de présenter différents horizons et différentes orientations pratiques. Il est important de pouvoir mettre en parallèle la pluralité des contextes comme nous le faisons ici. Merci beaucoup d'avoir répondu à toutes ces questions pour nos lecteurs et pour votre accueil très sympathique !*

L'ENCENSEMENT

par Christian de Caluwe (2008-2017)

« La nature est un temple où de vivants piliers
Laissent parfois sortir de confuses paroles.
L'homme y passe à travers une forêt de symboles
Qui l'observent avec des regards familiers.

Comme de longs échos qui de loin se confondent
Dans une ténébreuse et profonde unité
Vaste comme la nuit et comme la clarté,
Les parfums, les couleurs et les sons se répondent.

Il est des parfums frais comme des chairs d'enfants
Doux comme les hautbois, verts comme les prairies,
Et d'autres, corrompus, riches et triomphants,

Ayant l'expansion des choses infinies,
Comme l'ambre, le musc, le benjoin et l'encens,
Qui chantent les transports de l'esprit et des sens ».

Charles BAUDELAIRE

Ce sujet va nous faire découvrir à travers des civilisations éloignées dans le temps et l'espace, un rite qui survit encore de nos jours dans notre imaginaire, celui de l'encensement. Nous allons partir à la recherche des origines de cette pratique que l'on retrouve en maçonnerie, lors des cérémonies de consécration et en d'autres occasions. Nous nous garderons de porter un jugement de valeur sur cette pratique millénaire, mais, après avoir exploré son aspect rituel et symbolique, nous essaierons de l'éclairer à la lumière des travaux scientifiques les plus récents.

I – Sémantique :

Quelle est l'étymologie du mot encens ? C'est un nom emprunté vers 1135 au latin chrétien *incensum* : matière brûlée en sacrifice, de *incendere*, incendier, enflammer. Encenser, c'est honorer en brûlant de l'encens, parfumer en brûlant de l'encens ; c'est agiter l'encensoir. Chez les Romains il porte le nom de *thymania*, de thym, qui provient de deux racines grecques : l'une *thuos*, dont l'acception évoque l'idée d'offrande, de parfum, d'aromate ; l'autre *thuien*, qui correspond à l'idée de sacrifice. La racine indo-européenne serait *dhu* : faire brûler.

II - Approche médicale :

1 °) Anatomie et physiologie neuro-sensorielle de l'appareil olfactif :
– l'olfaction est la plus ancienne fonction sensorielle ; elle est en étroite interdépendance avec la vue, par les paires de nerfs crâniens connexes. Elle est essentielle, car le rhinencéphale occupe une place importante dans notre cerveau ; à ce sujet, rappelons brièvement quelques notions de notions de phylogenèse avec les trois cerveaux selon Mac Lean : cerveau reptilien ; cerveau des mammifères : le système limbique qui comprend le *rhin*encéphale ; cerveau noétique, dit associatif.

2 °) Le rôle des odeurs est important dans les comportements animaux : le chien de chasse suit des odeurs dont les traces sont infinitésimales. Les phéromones jouent un rôle dans l'attirance sexuelle.

3 °) Chez l'homme, le goût des aliments est lié à l'odeur : le parfum personnalise.

4 °) L'arômatothérapie a fait ses preuves : qui n'a pas eu recours à l'essence algérienne, camphrée, ou de citronnelle… Les inhalations d'eucalyptus ou de balsofumine mentholée de notre enfance sont inoubliables. Les odeurs rituelles sont aussi présentes pour les pratiquants de diverses religions.

5 °) Toxicité de l'encens et bienfaits : si l'encens a des vertus médicinales récemment reconnues, anxiolytiques et antidépressives, des études ont montré que la combustion de l'encens dégage des vapeurs d'hydrocarbures aromatiques polycycliques cancérigènes aussi toxiques que la cigarette. Nous n'en ferons donc brûler qu'à la fin de cette tenue.

III - Les préjugés contre l'encensement :

Mais les préjugés contre l'encensement ne viennent pas de sa toxicité. La défiance vient du fait que l'encensement est une pratique de l'Église romaine. Les protestants n'y ont pas recours forts du témoignage d'Esaïe au chapitre I verset 12 où nous lisons : *« J'ai en horreur l'encens, les nouvelles lunes, les sabbats et les assemblées... »* Puis, vers la fin d'Esaïe, au chapitre 66, verset 3, nous lisons également : *« Celui qui brûle de l'encens est comme celui qui adorerait des idoles ».* Or toutes les religions du monde, présentes et passées, ont recours à l'encens.

IV - Les différentes variétés d'encens :

1 °) Provenance de l'arbre :

L'arbre serait originaire du Dhofar, dans l'actuel sultanat d'Oman, où il est cultivé, de même qu'en Somalie, et au Yémen, qui en vit : les éthiopiennes encensent même les dessous de leur robe ! L'encens - appelé Oliban doit son nom à *Oleum Libani,* huile du Liban, (du bas-latin *médiéval olibanum,* et du grec *ho libanos*). Seul l'arbre mâle qui s'élève à une hauteur de 3 mètres, parvenu à maturité, produit la résine qui au bout d'une dizaine d'années deviendra de qualité.

2 °) Origine des 2 encens :

Il existe un encens mâle ou encens indien, car utilisé dans les temples indiens, et l'encens femelle qui vient d'Afrique. Le mâle a l'apparence de larmes transparentes blanches de la grosseur d'une fève. L'encens femelle est roux. L'encens mâle est supérieur à l'encens femelle.

a) L'encens blanc : C'est une gomme-résine extraite de préférence en automne trois semaines après l'incision en été de l'écorce de divers Boswellias : sacra, carteri (térébinthacées).

b) L'encens roux : Le roux est recueilli au printemps après des incisions hivernales. La technique consiste à faire une incision en enlevant un lambeau étroit et long d'écorce. On racle ensuite l'endroit mis à nu et on récolte les concrétions de gomme-résine qui se sont formées en les laissant tomber dans un récipient.

3 °) Propriétés :

L'encens masquait l'odeur nauséabonde des victimes ; purifiait-il l'air des souterrains où se réfugiaient les premiers chrétiens ? « L'encens d'Église » est un mélange d'encens, de benjoin, de storax, de nitre, de sucre et de cascarille. L'encens est censé assainir l'air ambiant ; il chasse les entités mauvaises, mais plus sûrement les larves d'insectes attirées par les viandes sacrifiées. Il protège des odeurs malsaines et des êtres malodorants. Il chasse les sortilèges, les maléfices, les suggestions ; il est un rempart contre les esprits du mal, les mauvaises incantations, les hantises, les possessions diaboliques, les infestations. Le benjoin est censé purifier et chasserait les sentiments grossiers et sensuels.

L'oliban crée une atmosphère paisible et nous brancherait sur les plans supérieurs afin de recevoir la bénédiction. La fumée en est exaltante et incline l'esprit à l'élévation. L'encens tibétain, fabriqué dans le respect de recettes ancestrales élaborées par des moines et des médecins, comporte plusieurs dizaines de plantes, (santal, lotus bleu de l'Himalaya, rhododendron…). Il favorise la relaxation, la méditation, il invite à la sérénité. Il harmonise les désordres énergétiques qui provoquent tensions et stress.

Dans le numéro 30 de la revue *Cerveau et psycho* de novembre-décembre 2008, un article de neurosciences apporte les preuves de ces propriétés. En effet, l'encens contient un composé chimique, l'incen-sole, qui est à la fois anxiolytique et anti-dépresseur. Un chercheur, Arieh Moussaieff et ses collègues, de l'Institut Weizmann de

Jérusalem, viennent de montrer que ce composé se fixe sur des récepteurs moléculaires du cerveau nommés TPV3 qui régulent les émotions au niveau du noyau central de l'amygdale cérébrale en réduisant le stress tout en donnant de l'énergie.

V – La magie cérémonielle :

Les diverses résines sont en correspondance avec les planètes, tout comme les métaux et les notes de musique :

    la myrrhe correspond à la lune,
    le santal à Vénus,
    le benjoin de Sumatra à Mercure,
    le benjoin de Siam à Jupiter,
    le storax à Mercure,
    l'encens au Soleil.

« L'encens des Mages » contient en plus du charbon et de la myrrhe.

VI – L'action vibratoire de l'encens :

« Hé quoi ! Tout vibre ! » disait Pythagore. De la même façon que les pierres précieuses ont leur taux vibratoire, il en est de même de l'encens qui purifie notre corps astral au même titre qu'un désinfectant : la lavande écarte les mites. Chaque plateau encensé serait le siège d'une aura en forme de ruche, rapporte Leadbeater. À ce propos, faisons remarquer que notre frère, le docteur Camille Savoire et sa collaboratrice Jacqueline Chantereine, ont bien établi en 1932, grâce à la radio-physique, « que pus syphilitique contenant le tréponème mâle, et mercure, sont le centre originel de tourbillons inversement dirigés, mais isochrones, d'où antagonisme vibratoire susceptible d'expliquer l'action thérapeutique du mercure dans la syphilis ».

L'ammonite fossile garde les traces de ses « moules fluidiques » ! Il en est de même de l'œuf et du corps humain polarisé comme un aimant qui capte les énergies telluriques et cosmiques, de direction opposée. C'est la rencontre de deux tourbillons qui crée la vibration.

VII - Pratique de l'encensement :

Le but de l'encensement est de susciter une ambiance de recueillement et de méditation, un état affectif. À propos de l'encensement des offrandes et de l'autel, Jung nous en donne un aperçu psychanalytique, dans les *Racines de la conscience*, il fait remarquer qu'après l'élévation du calice au cours de l'offertoire *« le prêtre fait avec l'encensoir (thuribulum) un triple signe de croix sur les offrandes et décrit trois fois un cercle, deux fois de droite à gauche (dans le sens contraire à celui des aiguilles d'une montre, ce qui signifie psychologiquement une circumambulation vers le bas, c'est-à-dire un mouvement vers l'inconscient) et une fois de gauche à droite (donc dans le sens des aiguilles d'une montre), psychologiquement dans la direction du conscient »*. Il remarque que l'encensement n'a lieu que lors des grandes messes solennelles. *« L'encensement a la signification*, poursuit-il, *d'une oblation de parfums, par conséquent d'un reste de la thysia primitive (cf. annexe). Mais il signifie en même temps une transformation de la matière du sacrifice et de l'autel allant dans le sens d'une spiritualisation de tous les corps physiques allant vers le sacrifice »*.

Par conséquent, la fumée est le symbole du corps sublimé de la victime réduite en cendre, qui s'élève accompagnée des prières : *« Que ma prière soit dirigée comme l'encens en ta présence »* ; Psaume 140. Le corps se dématérialise, l'âme s'exhale et la prière monte vers le ciel comme la fumée qui se dégage de l'encensoir.

Le docteur Carton, pour sa part, constate *« que le samedi saint [...], l'encens est béni sous forme de cinq grains ou tiges qui sont ensuite chauffés et insérés en croix dans le cierge pascal, le sacrifice de l'essence végétale la plus bénéfique s'associant au sacrifice de la graisse animale la plus sainement odoriférante (la cire d'abeille du cierge). Ce double sacrifice par le feu remplace celui des bêtes égorgées et rôties de l'ancien culte sauvage des Israélites. La participation communielle des fidèles se fait alors non plus par la manducation des victimes, mais par la respiration des parfums dégagés dans l'atmosphère »* :

> *« Ordonne à Aaron et à ses fils pour dire : voici la tora de la montée ;*
> *c'est la montée sur son brasier, sur l'autel,*
> *toute la nuit, jusqu'au matin, le feu de l'autel s'y embrase ».*
>
> (Lévitique, VI ; 2).

Nous retrouvons bien là le sacrifice hésiodique de la Grèce archaïque que nous allons rappeler en abordant le symbolisme de l'encensement, selon les différentes traditions.

VIII - Le symbolisme de l'encensement :

Il participe à la fois de la fumée et du parfum et l'élément correspondant est l'air.

1 °) Égypte :

En Égypte, la purification rituelle du défunt momifié se faisait par quatre fois en présentant l'encens à la bouche, aux yeux et aux bras de la momie qui bénéficiait ensuite d'une fumigation à l'encens. Le mort était alors dit « pur et parfumé ». Ce produit précieux, censé être de provenance divine, était salué respectueusement par le prêtre. Le papyrus Salt (qui comporte le Rituel pour la consécration de la vie en Égypte) indique en effet (cf. La construction d'une loge maçonnique par Olivier Doignon, p. 28) : *« Chou et Tefnout ont pleuré énormément ; l'eau de leur œil est tombée à terre ; elle a germé ; c'est ainsi qu'a été produit l'encens* sentier ».

Dans son commentaire sur le Livre des Morts des Anciens Égyptiens, Mayassis rapporte : *« Les dieux, dans beaucoup de religions du monde antique, se révélaient non seulement à la vue et à l'ouïe, mais aussi à l'odorat ».* Et plus loin, *» L'âme quand elle s'approche du Verbe pour s'unir avec lui, l'aperçoit d'abord comme un parfum léger, puis comme un son, ensuite savouré comme un aliment ».*

Mais, comment devient-on divin dans l'Ancienne Égypte ? À cette question, l'égyptologue Dimitri Meeks, du CNRS, répond clairement () : *« En égyptien, le mot qui désigne ce qui rend divin, c'est l'encens. Par conséquent, tout ce que l'on encense, tout ce qui est l'objet d'un culte est divin. C'est-à-dire les dieux et les défunts, dont le point commun est de faire partie de l'imaginaire, d'être inaccessibles dans le monde sensible. Le lieu sécurisé où l'on manipule le divin, où l'on communique avec l'imaginaire, c'est le temple. ''* [91]

---

[91] *Science et Avenir*, hors série, n° 165, janvier/février 2011, page 28

Bref ! L'invocation en l'honneur du véritable Nom du G. : A. : D. : L. : U. : est là pour nous rappeler que la Parole est perdue et que c'est en « rassemblant les lettres éparses » que nous la retrouverons.

2 °) en Grèce et à Rome :

Le sacrifice joue le rôle de transformateur par rapport aux forces cosmiques : « Je te donne pour que tu me donnes ». Le sacrifice convoque à une « même table » un certain nombre de forces positives et négatives qu'il régule grâce aux rituels, car elles peuvent faire vivre comme mourir. Le premier sacrifice est qualifié d'hésiodique, car raconté par Hésiode dans sa théogonie environ au VI siècle av. J.-C. L'aborder permet de remonter à l'origine de l'encensement.

Le sacrifice est une opération anthropologique complexe que l'on peut saisir par une histoire, celle de Prométhée *(le Prévoyant[92])* qui est un titan, c'est-à-dire qu'il se situe entre les dieux et les hommes. En effet, Prométhée veut aider les hommes. Zeus ne l'avait-il pas condamné à avoir son foie immortel mangé par un aigle si Hercule ne l'avait pas libéré à temps en abattant le rapace ? Il invente donc le sacrifice dont le but est de réconcilier les dieux et les hommes selon la mythologie. Cette alliance doit être scellée par un repas, mais il s'agit de déterminer la part des hommes et la part des dieux de façon à ce que chacun ait son dû, ce qui est le signe d'une société équilibrée. Or, Prométhée veut donner le meilleur morceau de viande de bœuf aux hommes. Voilà comment il s'y prend : dans un tas, il met les os, et ce qui n'est pas bon, mais il recouvre les os de graisse appétissante et la fumée due à la cuisson s'exhale ; de l'autre côté, il met de la bonne viande cachée par la peau du ventre. Ecoutons Hésiode rapporter cet épisode dans sa *Théogonie* : *« En ce jour-là ,Prométhée avait, d'un cœur empressé, partagé un bœuf énorme, qu'il avait ensuite placé devant tous. Il cherchait à tromper la pensée de Zeus : pour l'un des deux partis, il avait mis sous la peau chairs et entrailles lourdes de graisse, puis*

---

[92] L'étymologie précise de Prométhée est rapportée par Salomon Reinach : *« Prométhée est, selon Kuhn, le védique Pramantha, c'est-à-dire celui qui introduit et tourne un bâton dans le creux d'une pièce de bois pour produire le feu par frottement. Mais la racine math, manth, qui désigne un mouvement physique, a été détournée de son sens pour marquer le mouvement de l'esprit (cf. cogitare= agitare consilia).Une fois que le mot grec mantie signifia, penser, savoir, Prométhée devint le dieu qui connaît l'avenir, le titan prophète d'Eschyle ».*

recouvert le tout du ventre du bœuf ; pour l'autre, il avait par une ruse perfide, disposé en un tas les os nus de la bête, puis recouvert le tout de graisse blanche. »

Or, Métis, *la Sagesse*, est la première épouse de Zeus ; « *elle sait plus de choses que tous les dieux et tous les hommes ensemble »*, rapporte Hésiode. De plus, elle comprend tout. Elle est la ruse. Zeus a mangé Métis par peur d'être détrôné un jour par ses enfants. Il devient Métis, (n'oublions pas qu'Ulysse est l'homme de la Métis car il a une aptitude à résoudre les pièges). Zeus sait tout ! Il va donc faire semblant de tomber dans le piège que lui tend Prométhée : « *Sur quoi, le père des dieux et des hommes lui dit : Ô fils de Japet (le père de Prométhée) noble sire entre tous, tu as, bel ami, été bien partial en faisant les lots »*.

Et c'est-là, précisément que va commencer le malheur des hommes qui correspond à la chute de l'humanité dans les récits judéo-chrétiens. Les hommes désormais vont être assujettis à la malédiction divine. Prométhée va dérober le feu divin, car Zeus ne leur envoie plus celui de la foudre. Par conséquent, l'homme va être soumis à son ventre et à ses pulsions, ses passions, à une malédiction d'une chute vers la violence. C'est une véritable régression. De là découle la pratique dans toutes les églises à faire brûler des parfums, de l'encens, de manière à ce que les dieux s'en nourrissent, comme le faisait remarquer le docteur Carton un peu plus haut : « *Et aussi bien, rapporte Hésiode, est-ce pourquoi, sur la terre, les fils des hommes brûlent aux Immortels les os nus des victimes sur les autels odorants »*.

Le sacrifice prométhéen fait que c'est l'odeur qui nourrit les dieux qui en sont friands. Le sacrifice fonctionne à condition qu'il y ait la part des hommes et la part des dieux. Ce n'est plus l'âge d'or qui était l'époque où les fruits arrivaient spontanément. Les hommes doivent cultiver la terre à la sueur de leur front. Zeus punit Prométhée qui a volé le feu, et les hommes.

Un autre témoignage de l'encens est évoqué dans *Les Métamorphoses* d'Ovide (Livre IV ; 257-261) : le corps de Leucothoé, enseveli par son père Orchamus, en raison de ses amours coupables avec son amant le soleil qui lui a fait violence, est métamorphosé par celui-ci en encens parce qu'il ne peut la réanimer par la chaleur de ses rayons : « Tu parviendras cependant jusqu'à l'air », dit-il. Aussitôt, imprégné du céleste nectar, le corps en se dissolvant baigna la terre de son parfum, et un plant d'encens, dont peu à peu les racines avaient poussé à travers la glèbe, poussa et de sa pointe perça le tertre. »

3 °) En Amérique centrale, nuage et fumée sont deux mots de la même famille chez les Mayas :

La découverte de l'encens est postérieure à celle du tabac. Il s'agit en réalité de copal chez les Mayas qui en est un équivalent. Voici ce que rapporte Wikipedia sur le copal : « Le copal est une résine semi-fossile ou sub-fossile que l'on trouve principalement en Afrique et en Inde. Proche de l'ambre, mais généralement plus clair, il est également utilisé comme gemme pour la confection de bijoux. Copal est un terme issu du nahuatl et signifie "encens" dans cette langue. Les cultures indigènes du Mexique s'en servaient lors de la célébration de rituels religieux. Le copal est parfois qualifié d'ambre "jeune". Bien que les gisements de copal soient relativement récents, la différence entre ces deux matériaux provient des plantes qui ont secrété la résine : gymnosperme (pins) pour l'ambre et angiosperme (légumineuses et plantes à fleurs) pour le copal. La variété de copal la plus commune est de couleur jaune champagne, l'ambre est plus foncé. »

Le terme *gabuil* en maya signifie à la fois idole, peinture, image de Dieu, mais aussi les cartouches d'encens, qui représentent la divinité au même titre que les idoles. L'encens, le sang, le sperme, la sève et la pluie sont des symboles équivalents : Dans le *Popol Vuh*, une divinité extrait de l'Arbre de Vie la sève rouge du copal qui est à l'image de son sang et qui se coagule dans le vase du sacrifice pour remplacer le cœur. Elle le donne aux hommes. Depuis ce jour, les Maya se servent de l'encens de ce copal pour faire fuir les mauvais esprits. Il y a en effet une parenté étymologique entre les sécrétions liquides de Dieu, des hommes, des animaux et des plantes. Par conséquent, la pluie, le sang, le copal et la sève obéissent à la loi des analogies. La fumée de l'encens correspondra donc aux nuages et l'eau, le copal ou l'eau évoqueront les dieux de la pluie.

« *Dans les renseignements que nous donne le Popol-Vuh*, rapporte Raphaël Girard, *se trouvent spécifiées les propriétés intrinsèques et mystiques de cette gomme-résine qui se coagule comme le sang, dégage un parfum aromatique en brûlant, et qui a de plus la vertu d'annihiler les esprits malins.* […] *Depuis lors, jusqu'à nos jours, les Indiens se servent de l'encens dans toutes leurs cérémonies religieuses, avec le double effet de mettre en fuite les esprits méchants, purifiant ainsi l'atmosphère (au sens propre et au sens figuré), et de parfumer l'air ambiant avec un arôme qui est agréable aux dieux, parce qu'il est d'essence divine* ».

Dans le *Chilam Balam*, l'encens est « la résine céleste et « *son parfum est attiré au centre du ciel* ». Son symbolisme est lié à la fécondité et à la lune. Écoutons quelques passages du Chilam Balam traduit par Le Clézio : « *Voici le placenta du ciel qu'on lui demande : c'est la pâte de l'encens copal…* « *Fils, va, et apporte-moi ton pagne, car je veux sentir son odeur ici, l'odeur qui sort de ton pagne, l'odeur de mon manteau, l'odeur de mon brûleur d'encens, l'odeur suprême du centre du ciel, du centre des nuages…* Voici l'odeur du pagne qu'on (le père) lui demande (il s'agit du fils), voici l'odeur suprême du centre du ciel : c'est la sève de l'encens copal qui brûle. Voici la première nourriture de sa bouche : c'est le cacao moulu, le chocolat.

4 °) Judéo-christianisme :

a) dans l'Ancien Testament, le mot « encens » est mentionné 113 fois :

Dans l'Exode (XXX : 34-37 ; traduction de Chouraqui), Yavhé en donne à Moïse la composition :

« *Prends pour toi des épices,*
benjoin, styrax, gomme, encens épuré ; ce sera part pour part.
Fais-en un encens, une drogue faite par un droguiste,
salé, pur, consacré.
Pulvérise-le fin. Donne-le en face du témoignage,
dans la tente du rendez-vous, là où je me rendrai pour toi,
il sera pour vous sacrement des sacrements.
L'encens que tu feras selon sa formule, tu ne le feras pas pour vous,

il sera consacré pour toi, pour Yavhé.
L'homme qui en fera un identique pour le sentir
sera tranché de ses peuples ».

Par ailleurs, on se souvient que pour enrayer la peste qu'Il avait déclenchée pour punir son peuple coupable, Dieu envoya son Grand Prêtre :

Moïse dit à Aaron :
« Prends l'encensoir, mets-y du feu qui est sur l'autel, pose l'encens,
porte-le bien vite vers la communauté et fais pour eux l'expiation,
car le courroux est sorti de devant le Seigneur, le fléau a commencé.
Aaron le prit selon ce qu'avait dit Moïse, et il courut au milieu de
l'assemblée ; et voici que le fléau avait commencé parmi le peuple. Il
mit l'encens et fit l'expiation pour le peuple. Il se tint debout entre
les morts et les vivants, et le fléau cessa.
Et il dressa un autel... »

Dans Sagesse (XVIII ; 21), l'encens sert à conjurer la colère divine :

Un homme sans défaut s'empresse de se battre pour eux,
en prenant les armes de son service,
le sacrifice expiatoire, la prière et de l'encens.
Il se dresse en face du courroux et met fin à la détresse
En faisant voir qu'il est son serviteur.

Dans Jérémie (XLIV ; 21 à 24), nous avons le témoignage que l'encensement n'est pas tout !
Encore faut-il ne pas transgresser les lois de l'Éternel :

C'est parce que vous avez offert de l'encens et péché contre l'Éternel et
que vous n'avez pas écouté la voix de l'Éternel, ses lois, ses ordonnances
et ses préceptes, c'est pour cela que ce malheur vous est arrivé, comme
cela se voit aujourd'hui.

b) dans le Nouveau Testament :

Toujours est-il que les rois mages offrent de l'or, de l'encens et de la myrrhe à l'Enfant Jésus, car ils le reconnaissent : Roi, Prêtre et Prophète.

Écoutons Malachie I, 11-12 :

« Car depuis le lever du soleil jusqu'à son coucher, Mon Nom est grand parmi les nations, et en tout lieu on brûle de l'encens en l'honneur de Mon Nom... » D'où l'expression « encenser » !

c) dans l'Apocalypse (VIII ; 3 à 6) :

« Et un autre ange vint, et il se tint sur l'autel, ayant un encensoir d'or ; on lui donna beaucoup de parfums, afin qu'il les offre, avec les prières de tous les saints, sur l'autel d'or qui est devant le trône. La fumée des parfums monta, avec les prières des saints, de la main de l'ange devant Dieu. »

5 °) En maçonnerie :

Nous nous référons dans ce paragraphe au côté occulte de la Franc Maçonnerie du Frère Leadbeater, prêtre anglais qui a été le père spirituel de Krishnamurti adolescent. Les différentes étapes de l'encensement sont les suivantes (d'après le rituel de la Maçonnerie Mixte) :

a) l'encensement de l'autel

– L'autel :
Quelle est l'étymologie de ce mot ?
- *altaria* : *altare*, de *alta res*
- *arae alta ara* : bûcher élevé.

ardore : chaleur du feu parce que l'on y brûle les victimes offertes à Dieu en sacrifice.

– le Vénérable consacre de l'encens et le magnétise *(pouces unis en équerre)*, en lui communicant la qualité qu'il juge opportune le jour de la tenue ;
– il le place dans l'encensoir allumé ;

Les mouvements de l'encensoir :
– le thuriféraire encense le Vénérable : par trois fois trois coups en tenant les chaînes courtes de l'encensoir à la hauteur des yeux et en l'abaissant après la première et deuxième série de trois coups.

– puis l'encensoir, maintenu fermement par les chaînes prises par la main droite, est balancé en toute longueur en décrivant la forme d'un V, trois coups longs portés à la droite du Plateau, puis trois coups à gauche ; le bras est étendu en avant et l'encensoir décrit sept cercles gradués les uns au-dessus des autres ; au septième cercle qui est devenu le plus petit, le bras se trouve placé le plus haut possible ; cela évoque l'image du tourbillon. Du désordre absolu, le tourbillon apparaît comme un état intermédiaire entre le désordre et l'ordre, un hasard orienté. Le tourbillon est le moment original déterminé par le Grand Architecte de l'Univers.

La nuit étoilée *de Vincent Van Gogh*

Le mouvement de la toupie ancienne illustre parfaitement le tourbillon, car elle se déplace parfaitement sur elle-même et dans l'espace par un mouvement giratoire. Le tourbillon est à la fois stable et instable, ordre et désordre, vie et mort, comme la toupie. Certains tourbillons sont porteurs de mort dans les cyclones : ils sont alors mortifères.

Dans les tourbillons aériens, rapporte Bernard Brunhes, directeur de l'Observatoire du Puy de Dôme au début du XXe siècle, tels les tornades et les trombes, il y a comme deux rayons concentriques emboîtés l'un dans l'autre : l'un théorique, un « vortex » qui fonctionne comme une couronne sertissant l'autre et où la vitesse va diminuant de l'intérieur vers l'extérieur et un autre central auquel on peut maintenir le nom de tourbillon, mais où les particules fluides tournent d'un bloc comme le ferait une meule de moulin.

D'autres sont porteurs de chaleur comme les courants marins qui obéissent à la loi de Coriolis.

Mais il en est d'infinitésimaux qui sont à l'origine de la vie, comme la danse des spermatozoïdes autour de l'ovule attirés par un chimiotactisme positif.

Mais, continuons le cérémonial de l'encensement :

– le thuriféraire s'incline devant le Vénérable, se rend à l'autel dont il fait le tour en commençant à l'orient ;

– il balance l'encensoir, chaînes courtes en imprimant un mouvement circulaire ;

– il retourne au plateau du Vénérable, s'incline ;

– il traverse la loge et va au plateau du deuxième Surveillant où se répète le même cérémonial que précédemment à la différence que cet officier est encensé cinq fois par trois et deux coups ;

– il va au plateau du premier Surveillant, répète le même cérémonial par sept coups *: 3 x 3 + 1* ;

– il va devant le deuxième Expert qu'il encense de trois coups simples après l'avoir salué ;

– il contourne la loge en équerre et va devant le premier Expert qu'il encense de quatre coups : *3 + 1* ;

– puis il va encenser les dignitaires d'un nombre de fois en fonction du grade.

Le Passé Maître Immédiat est encensé par sept coups d'encensoir.

b) l'encensement des colonnes et les mains pendant l'encensement :

– dos au Vénérable : il salue collectivement la colonne du midi et la colonne du Nord

– il descend en encensant successivement chaque frère qui tient les mains jointes devant la poitrine, d'abord au midi ensuite en remontant la colonne du nord ;

– le thuriféraire termine par le Couvreur à qui il remet l'encensoir après l'avoir encensé par deux fois.

c) l'encensement pendant la procession :
Le frère thuriféraire précède la procession en tournant son encensoir afin de purifier la loge.
d) le symbolisme de l'encensement en loge :
Soulignons, d'après Leadbeater, la portée occulte de l'encensement qui génère devant chaque plateau un cône magnétisé ayant l'aspect d'une ruche d'abeille ; lors de son initiation, le candidat se tient dans cette aura.
L'encensement honore et donne la force aux officiers d'accomplir leur tâche. À la lumière de ce que nous rapporte Olivier Doignon dans la « Construction rituelle d'une loge maçonnique » :
« *L'encensement permet la rencontre. Or il ne peut y avoir rencontre qu'entre des êtres qui sont séparés, distingués, différenciés. L'encensement est justement cette opération-là, en relation avec les orients du Temple : il sépare la Terre du Ciel pour créer le premier espace, le premier volume, correspondant à tefnout, qui est celui de Chou, l'air lumineux* ».
« *la fonction du Grand Prêtre était de brûler de l'encens en l'honneur et à la gloire du Très-Haut…* » dit un rituel émulation.

e) Sacralisation :
Lors de la consécration d'une loge : l'encensement se fait essentiellement aux 4 points cardinaux.

IX - Conclusion :

Ainsi, l'encens est le parfum qui a le passé le plus prestigieux. Cultivés sur les rives du Golfe d'Aden, les boswellias fournissent une substance divine aux vertus curatives qui a fait la fortune des Yéménites. Ils ont su en faire le commerce tant cette substance fascinait les peuples de l'Antiquité. Il y a eu autrefois la route de l'encens. C'était l'or noir d'aujourd'hui. Cependant, comme le pétrole, il contient des hydrocarbures cancérigènes qui en restreindront peut-être son utilisation pure dans les cérémonies. Mais déjà des propriétés anxiolytiques et antidépressives viennent de lui être découvertes qui justifieraient la pratique immémoriale de l'encensement. De plus, l'usage de l'encens pour soulager les douleurs perdure depuis l'antiquité. Ses propriétés anti-inflammatoires et antalgiques, reconnues dans les douleurs dentaires, articulaires et intestinales, suscitent le plus vif intérêt de certains chercheurs, notamment dans les pathologies chroniques de l'intestin. C'est ainsi que récemment, des expérimentations faites in vitro chez des patients ont montré la capacité des acides extraits de la gomme-résine de boswellias à inhiber la production des leucotriènes, molécules pro-inflammatoires impliquées dans les mécanismes inflammatoires à l'origine de la maladie de Crohn et de la rectocolite hémorragique. En 2007 une société canadienne de recherche publie que cette résine soulage également l'inflammation causée par l'arthrose, l'inflammation associée à l'asthme, à l'arthrite (cf. annexe II). En médecine ayurvédique et en Médecine traditionnelle chinoise l'encens permet de traiter l'inflammation des articulations, des voies respiratoires et les affections abdominales inflammatoires.

En 2012, l'encens a même été inscrit à la Pharmacopée européenne, organisme qui certifie et établit les normes de qualité des principes actifs utilisés dans les médicaments : molécules aromatiques d'alpha-pinème, limonène[93]. L'huile essentielle d'encens/oliban est obtenue par distillation à la vapeur d'eau de la résine de *Boswellia carterii*. En 2016 (cf. Annexe III : L'origine du parfum de la Reine de Saba) l'équipe de Nicolas Baldovini de l'Institut de chimie de Nice (CNRS/UNS) a découvert les composants qui confèrent à l'encens son odeur si caractéristique. Ce sont deux acides baptisés olibaniques par les scientifiques, l'oliban, étant un autre nom de l'encens.

Quoi qu'il en soit, nous avons essayé de recueillir horizontalement les différentes traditions de l'encens. Faisant cela, nous avons vu que l'encens nous relie verticalement au Divin. Recueillir et relier, tels sont les deux sens du mot religion. Si les auteurs chrétiens ont fait dériver *« religio » de religare* : relier, l'arborescence de la racine grecque *leg* donne à la fois *logos*, logique : l'élégant est celui qui sait choisir en rassemblant, et *legere* qui en latin a donné *inter-legere* : l'intelligence, l'intelligible. Le mot religion, *relegere* :

---

[93] Jacques Fleurentin, pharmacien et botaniste, maître de conférence à l'université de Metz - Du bon usage des plantes qui soignent, Editions Ouest-France, 2013 – cité dans *Science et Avenir* hors-série n° 177 – Janvier/février 2014, page 37.

« recueillir », désigne, l'attention scrupuleuse aux mystères, et selon Odon Vallet (*Les Religions présentes*, chez Gallimard) : « scrupule », crainte pieuse, sentiment de respect à l'égard du sacré....
Les Grecs utilisaient le mot de « *therapeia* » : soin accordé aux
autels et aux lieux de cultes. Ainsi, la pratique de l'encensement ne
laisse point de place à la négligence (*de neglegere)* qui est le
contraire du religieux.

ANNEXE – I : À propos de la thysia

Le mot *thysia*, issu d'une terminologie de pratiques religieuses, désigne littéralement une offrande faite aux dieux dans le dessein de les apaiser, de s'assurer leur assistance, ou simplement de leur exprimer des remerciements.

Comme la prière, le sacrifice, avec ou sans effusion de sang, était le principal moyen, pour l'individu ou pour le groupe, de communiquer avec les dieux et figurait au cœur de toute cérémonie religieuse. En pratique, du moins pour la Grèce des temps historiques, la victime sacrificielle que l'on tuait était toujours un animal. Pourtant, dans la mythologie, qui évolue au niveau des symboles archétypaux et reflète par ailleurs des pratiques rituelles antérieures, le thème du sacrifice d'une vierge intervient avec une fréquence frappante. Le plus souvent avant une bataille, parfois après, plus rarement en d'autres circonstances, les hommes sont obligés de livrer à la mort une jeune fille. En vertu de l'axiome magique qui veut que « le plus haut mérite le meilleur », c'est en général la meilleure, la plus belle, la plus noble jeune fille, la fille du chef qui devait être offerte, afin que la demande pût avoir l'effet désiré.

La jeune fille vierge est menée à l'autel. Sa mort signifiera le début de la guerre et du massacre. Elle qui, lorsqu'elle était encore en vie, était l'obscur objet du désir, une source de tension et de conflit entre les hommes du groupe, devient maintenant le lien connecteur qui les unit dans une entreprise commune. Le sang répandu de la jeune fille exige vengeance et met à feu la nature agressive des hommes. L'image de la vierge, qui vit dans une autre dimension, mène les hommes à la bataille. Pour que le sacrifice soit acceptable, cependant, la victime doit être consentante et s'offrir de son plein gré, absolvant par là la société d'un sentiment de culpabilité, et de la crainte d'une vengeance. Afin d'honorer, et aussi d'apaiser la jeune fille qui s'est offerte pour le salut de tous, le groupe établit un culte posthume, avec des offrandes.

Ces mythes sont entremêlés avec les rituels primitifs et en relation avec des événements situés dans un lointain passé héroïque. On en trouve dans différentes régions de Grèce, avec des acteurs différents. Ils sont attestés dans l'épopée archaïque la plus ancienne (VIIIe-VIIe s.), ou peuvent être détectés dans des cultes locaux. Outre sa signification littérale, le mot sacrifice est également utilisé au sens plus large de l'abandon de quelque chose de valeur personnelle, réalisation personnelle, bonheur, ou même la vie, offerte au nom d'un idéal largement accepté. Une condition nécessaire dans ce cas est la possibilité d'un libre choix et un processus intellectuel conscient qui mène à la décision finale. Ce n'est pas une coïncidence, bien sûr, que les questions de cette nature aient fait leur première apparition dans le contexte de la tragédie classique, qui vit des dilemmes et des conflits intérieurs de ses héros.

Les grands tragiques ont adapté les vieux mythes et « créé » une série de héros, et surtout d'héroïnes, qui s'offrent en sacrifice, proposant des modèles de vertu qui s'accordaient avec les conceptions dominantes de l'époque et se trouvaient par conséquent extrêmement populaires. Evadné, qui se jeta sur le bûcher funéraire de son époux, afin de le suivre dans la tombe, ainsi qu'Alceste, sont des incarnations parfaites de la fidélité conjugale, cependant qu'Antigone et Electre sont des modèles de la bonne sœur et de la fille dévouée. Elles donnent l'expression la plus claire possible du modèle féminin mythique qui convenait si bien à la société patriarcale d'Athènes.

Référence : http://francoib.chez-alice.fr/medesaph/frthysia.htm

ANNEXE – II : Gomme-résine d'encens

Noms communs : boswellie, boswellia, arbre à encens.
Nom botanique : *Boswellia serrata*, famille des burséracées.
Noms anglais : boswellia, frankincense, indian frankincense.
Nom chinois : Ru Xiang.
Partie utilisée : la résine qui exsude du tronc, aussi appelée encens, encens d'Inde ou oliban.
Habitat et origine : grand arbre originaire de l'Inde et implanté également en Afrique du Nord et au Moyen-Orient.

Indications

1 °) Soulager l'inflammation causée par l'arthrose.

2 °) Soulager l'inflammation associée à l'asthme, à l'arthrite et aux maladies inflammatoires intestinales (colite, maladie de Crohn).

3 °) En médecine ayurvédique et en Médecine traditionnelle chinoise : Traiter l'inflammation des articulations, des voies respiratoires et les affections abdominales inflammatoires.

Posologie de la boswellie

Asthme, arthrite, arthrose, maladies inflammatoires intestinales. Extrait normalisé. Prendre de 300 mg à 400 mg, 3 fois par jour.

Note : L'extrait normalisé se présente le plus souvent sous la forme de capsules ou de comprimés composés d'un extrait de résine. Si la plupart d'entre eux contiennent environ 30 % d'acides boswelliques, certains peuvent en contenir jusqu'à 90 %.

Historique de la boswellie

En Inde, en Chine et en Afrique du Nord, on emploie la résine de boswellie depuis des millénaires. Les Égyptiens s'en servaient notamment pour l'embaumement. Traditionnellement, on faisait brûler la résine de diverses espèces de Boswellia durant les cérémonies religieuses. On dit que la fumée de ces résines induit un état propice à la méditation, à la prière et à l'expérience spirituelle.

La résine de boswellie fait partie de la pharmacopée officielle de l'Inde et de la Chine. La médecine traditionnelle ayurvédique (Inde) lui attribue des propriétés anti-inflammatoires utiles pour le traitement des douleurs rhumatismales, de l'inflammation du tube digestif et des voies respiratoires ainsi que de diverses affections cutanées. En médecine traditionnelle chinoise, on l'emploie pour traiter les douleurs rhumatismales et menstruelles ainsi que les ecchymoses et autres blessures cutanées.

Approuvée comme additif alimentaire aux États-Unis, la résine de boswellie est employée dans l'industrie du savon et des cosmétiques. Elle a longtemps été un ingrédient important dans les parfums orientaux.

Par ailleurs, tout ce qui s'appelle boswellie (ou Olibanum en anglais) n'est pas du *Boswellia serrata*. En effet, ce terme réfère à la résine produite par plusieurs arbres de l'espèce *Boswellia*, dont le *Boswellia carterii* (dont on tire la résine qui sert de base à l'encens), le *Boswellia frereana* et le *Boswellia bhau-dajiana*.

Recherches sur la boswellie

La résine de boswellie figure parmi les produits de santé naturels les plus employés à l'heure actuelle, notamment par les patients souffrant de maladies inflammatoires intestinales 1-3 (maladie de Crohn, colite ulcéreuse 4) ou articulaires (arthrite rhumatoïde). Ses effets sont dus principalement aux acides boswelliques 5,6, des composés contenus dans la résine et capables de réduire l'inflammation 7,8. Ces derniers diminuent également la constriction des bronches 4,9, 10, ce qui explique l'emploi de plus en plus répandu de la boswellie dans le traitement de l'asthme.

– Arthrose : Quatre études portant sur un total de 250 personnes souffrant d'arthrose du genou ont montré une réduction de la douleur 11-14, une amélioration des performances physiques 12, 14 et une réduction de la gravité de la maladie 11,13 chez les patients traités avec de la boswellie. Par contre, aucune conclusion définitive ne peut être apportée sur l'efficacité de la boswellie, soit parce que les méthodes utilisées ou l'analyse statistique est de qualité insuffisante 12, soit parce que la boswellie était associée à une autre substance 11,13. Dans le dernier cas, il est donc impossible d'attribuer l'effet à la boswellie seule.

– Arthrite : Des essais cliniques sur des patients atteints d'arthrite rhumatoïde n'ont pas pu clairement démontrer que la boswellie seule était plus efficace qu'un placebo pour soulager les douleurs arthritiques15, 16. Des essais cliniques portant sur des préparations associant la boswellie à d'autres substances (withania et curcuma) ont donné des résultats positifs, mais pas toujours statistiquement significatifs 17-19.

– Asthme : Au cours d'un essai clinique à double insu avec placebo mené auprès de 80 asthmatiques, les chercheurs ont constaté que la boswellie soulageait les symptômes de façon notable dans 70 % des cas contre 27 % chez les sujets du groupe placebo 20. Des disparités entre les caractéristiques de départ des deux groupes de sujets affaiblissent cependant la valeur de ces résultats.

Maladies inflammatoires intestinales. Les résultats de 2 essais comparatifs indiquent que la résine de boswellie a été aussi efficace que la sulfasalazine (médicament classique) pour enrayer la colite ulcéreuse, sans toutefois provoquer les effets indésirables associés à l'anti-inflammatoire 21,22. Des faiblesses méthodologiques empêchent cependant de conclure définitivement.

Le manque de données cliniques empêche aussi de conclure sur l'efficacité de la boswellie contre une autre forme de colite, la colite collagineuse 23,24 (ou colite microscopique) et contre la maladie de Crohn 25, bien que, dans le dernier cas, la boswellie se soit révélée aussi efficace que le médicament classique (la mésalazine) sans en avoir les effets secondaires.

Cancer. Depuis quelques années, tant en Orient qu'en Occident, des chercheurs se penchent sur les propriétés anticancéreuses de l'acide boswellinique, une substance que renferme la résine de boswellie

(Boswellia carterii et B. serrata) 26-33. Cette substance aurait la propriété de provoquer l'apoptose (mort cellulaire naturellement programmée chez une cellule normale, mais absente chez les cellules cancéreuses). Elle pourrait aussi augmenter l'effet des traitements de chimiothérapie. Ces recherches in vitro étant préliminaires, on ne peut en tirer un usage thérapeutique contre le cancer dans l'immédiat.

Précautions d'emploi

La documentation médicale indienne rapporte quelques cas d'avortement spontané qui seraient attribuables à l'emploi de la résine de boswellie. On recommande donc aux femmes enceintes de s'abstenir d'en prendre. Aucune contre-indication connue.

Effets indésirables : Rarement, légers malaises gastro-intestinaux ou allergies cutanées.

Interactions avec des plantes ou des suppléments : aucune connue. Interactions avec des médicaments : L'effet anti-inflammatoire de la résine pourrait s'ajouter à celui des médicaments inhibiteurs de la synthèse des leucotriènes prescrits aux personnes asthmatiques.

Sur les tablettes

Diverses préparations renferment de la boswellie associée à d'autres plantes réputées soulager les symptômes de l'arthrite et de l'arthrite rhumatoïde. Privilégier les préparations qui fournissent suffisamment de boswellie par dose, soit autour de 300 mg. Bien que l'emploi de lotions, crèmes ou onguents destinés aux applications topiques et comprenant un extrait de boswellie soit encore peu répandu en Occident, il existe tout de même quelques produits de ce type dans le commerce et il n'est pas impensable que cette pratique se développe dans le futur pour le traitement de divers problèmes cutanés. Pour l'instant, certaines lotions cosmétiques tonifiantes et antirides ainsi que des pommades analgésiques contre les douleurs articulaires contiennent de la boswellie.

*

La bibliographie à laquelle renvoient les chiffres est consultable sur Internet au lien suivant :
http://www.passeportsante.net/fr/Solutions/PlantesSupplements/Fiche.aspx?doc=boswellie_ps

Réviseurs : Jean-Yves Dionne, B.Sc. Pharm. (mars 2010). Pierre Haddad, Ph.D., chercheur national du Fonds de la recherche en santé du Québec et professeur titulaire, Département de pharmacologie, Université de Montréal (février 2007).

ANNEXE – III : L'origine du parfum de la Reine de Saba

par Nicolas Baldovini

C'est l'un des plus anciens parfums au monde. L'équipe de Nicolas Baldovini de l'Institut de chimie de Nice (CNRS/UNS) vient de découvrir quels sont les composants qui confèrent à l'encens son odeur caractéristique. Il s'agit de deux molécules trouvées pour la première fois dans la nature, baptisées « acides olibaniques » par les scientifiques. Les résultats de ses travaux viennent d'être publiés en ligne sur le site de la revue Angewandte Chemie International Edition.

On en parle plus de vingt fois dans la Bible où il figure parmi les cadeaux offerts par les rois mages. L'encens (appelé également oliban1), une gomme-résine exsudant de l'écorce des arbres Boswellia qui poussent dans les pays bordant la mer Rouge et le golfe d'Aden, est un des plus vieux parfums au monde. On l'utilise depuis plus de 6 000 ans dans toutes les civilisations, depuis la Mésopotamie jusqu'à nos jours. Régulièrement brûlé lors des cérémonies religieuses, il contribue ainsi à l'odeur très particulière des églises. Étonnamment, malgré sa longue histoire et le grand nombre de recherches qui lui ont été consacrées, on ne connaissait toujours pas la nature exacte des mo-lécules qui confèrent à l'encens son parfum si caractéristique.

Nicolas Baldovini et son équipe à l'Institut de chimie de Nice (CNRS/UNS) — spécialisé dans les parfums — viennent de réussir à les identifier pour la première fois. La difficulté était de trouver des méthodes d'analyse suffisamment précises pour caractériser ces substances odorantes présentes en très faible quantité (quelques centaines de ppm2) dans le parfum, et donc d'autant plus difficiles à déceler.

Pour ce faire, les chercheurs ont utilisé trois kilos d'huile essentielle d'encens de Somalie à partir desquels ils ont isolé un échantillon purifié d'environ 1 mg de deux constituants odorants par une série de distillations, extractions et chromatographies. Le recours à un ensemble de chercheurs formés à reconnaître l'odeur typique de l'encens s'est avéré nécessaire, car seul le nez humain est assez sensible pour détecter ces constituants en faible quantité dans un mélange. Il a fallu ensuite déterminer la structure moléculaire de ces substances par résonnance magnétique nucléaire (RMN, l'équivalent de l'IRM appliquée aux molécules). Les deux molécules, qui donnent à l'encens son odeur si particulière de « vieille église », ont été identifiées comme étant les acides (+) — trans — et (+) — cis-2 — octylcyclopropane -1 — carboxylique. C'est d'ailleurs la première fois que l'on découvre ces composés dans la nature. Puis, afin de valider de manière irréfutable leur caractérisation établie grâce à l'analyse spectrale, l'équipe a synthétisé chacun de ces deux composés baptisés « acides olibaniques » (de l'oliban, autre nom de l'encens) par les chercheurs. Ces derniers ont ainsi prouvé par la synthèse qu'ils étaient identiques aux constituants naturels.

Contact : nicolas.baldovini@unice.fr

BIBLIOGRAPHIE :

Anon., *Le Popol Vuh*, Adrien-Maisonneuve, 1960.

Boucher, Jules, *Manuel de magie pratique de J. B.,* Dervy, 1953.

Carton, Paul, *La science occulte et les sciences occultes*, autoédité, 1935.

Doignon, Olivier, *La construction rituelle d'une Loge maçonnique*, La Maison de Vie, 2006.

Durand de Mende, Guillaume, *Manuel pour comprendre la signification symbolique des cathédrales et des églises,* La Maison de Vie, 1996.

Hésiode, *Théogonie*, Belles Lettres, 1982.

Jung, Carl Gustav, *Les racines de la conscience*, Buchet/Chastel, 1978.

Laborit, Henri, *L'agressivité détournée*, 10/18, 1970.

Leadbeater, Charles Webster, *Le côté occulte de la Franc-maçonnerie*, Slatkine, 1981.

Le Clézio, J.M.G., *Version et présentation du Chilam Balam*, Gallimard, 1976.

Mayassis, *Le Livre des Morts de l'Égypte ancienne est un livre d'initiation*, Bibliothèque Archéologique d'Athènes, 1955.

Ovide, *Les Métamorphoses*, Garnier-Flammarion, 1966.

Savoir, Camille & Chantereine, Jacqueline, *Ondes et radiations humaines*, Dangles, 1932.

Segond, Louis, *La Bible* (traduction).

Thomas, Joël, cours magistral *L'image du monde et de l'être-dans-le monde de l'antiquité à nos jours,* Lucrèce, 2010.

TAROTS ET MERVEILLES

Article paru dans *NEMO* n ° 2, 1987
par Geneviève Béduneau, alias Anne Vève.

*Notre regrettée amie et, pendant cinq années, rédactrice d'*Historia Occultae *nous a fait don d'une montagne d'archives à la hauteur de son érudition et de son travail, parmi lesquelles nous allons piocher des textes pour les prochains numéros de notre revue. Pour commencer, un rappel de la grande période des fanzines, à laquelle Geneviève avait activement participé, bien avant de rejoindre l'ODS. Voici donc un texte sur les Tarots qu'elle avait publié dans un trimestriel qu'elle avait fondé avec Jean-Luc Le Bellec,* Nemo, *une aventure qui avait peu duré, mais avait su rassembler quelques grands noms de la SF, comme vous pouvez le constater sur la couverture de ce numéro illustrée par Caza, rien que ça !*

Vous avez dit Tarot ? Lequel ? N'importe. Enfonçons gaillardement les portes qu'on croit ouvertes : il n'en est qu'un. Il sert d'abord à taper le carton, comme on dit dans mon bistro ; sa fonction ludique perdure dans les nuits enfumées où s'amassent les canettes de bière ; le divinatoire en dérive. Reste à comprendre comment un paquet d'images colorées destinées à tromper l'ennui d'u roi pouvait devenir, outre un jeu populaire, le centre d'un foisonnement imaginaire où se mêlent mythes et symboles essentiels.

Le Tarot n'est pas le seul jeu touché par cette métamorphose. Les cartes « ordinaires », celles de la belote ou du poker, les dés, les pièces lancées à pile ou face, les baguettes des jeux d'équilibre, les échecs du moins dans l'univers des contes ont été investis d'un rôle divinatoire. À l'inverse la balle, élément rituel des cultures amérindiennes, perd son arrière-fond spirituel lorsqu'elle envahit stades et cours d'école. S'esquisse ici une relation privilégiée entre le jeu et le sacré, une circulation constante et réciproque qu'il convient d'explorer.

Le jeu suppose un (des) adversaire(s), un gagnant et (des) perdant(s). Entre les partenaires s'établit une dynamique complexe, les voici à la fois complices et rivaux, le plaisir naît de l'antagonisme autant que du clin d'œil, de la violence autant que des règles qui la contiennent. Ainsi le jeu fonde une inégalité latente dès le commencement et qui s'actualise au cours de la partie. Il révèle gagneurs et perdeurs, dominants et dominés à partir d'une théorique égalité devant la règle. Il hiérarchise et dans le même temps laisse percevoir la fragilité des hiérarchies : on ne gagne jamais qu'une manche, qu'une bataille. Que le jeu reprenne et le triomphateur peut mordre la poussière, les alliances nouées se dénouer. C'est l'Histoire autant que le social qu'il réfracte comme les perles de verre d'Hermann Hesse dont chacune reflète toutes les autres. L'affrontement complice des joueurs serait ainsi l'image du destin collectif, chacun devenant porteur à la fois de puissance et de faiblesse.

La tentation du Jeu Ultime se profile : être le gagnant indétrônable, affirmer sa puissance en la confiant non plus aux joueurs humains, mais aux Forces transcendantales, défier les dieux, le diable, la mort… La partie d'échecs contre l'adversaire invisible, les dés qui roulent seuls du cornet, le partenaire mystérieux qui se révèle démon au terme de la nuit, autant de thèmes qui traversent les contes.

L'homme ne gagne pas toujours le Jeu Ultime. Paradoxe : plus la passion du jeu l'entraîne, plus sa perte est certaine. Esquissons une solution de ce paradoxe. Le Jeu Ultime signifie à l'issue de la partie le renoncement au jeu. Atteindre le faîte magique de la puissance, c'est se mettre du même coup hors jeu : on ne défie pas deux fois les dieux, les démons ou la mort. Seul peut donc vaincre celui qui suffisamment détaché de la dynamique du pouvoir, de l'excitation du risque, du plaisir de l'affrontement complice. Le Jeu Ultime débouche sur la conversion intérieure, l'effacement de l'égo, ou, pour le flambeur, sur la répétition sans fin, la démesure, la destruction.

LA REINE

Le jeu suppose à la fois l'aléatoire et la stratégie aveugle. Au Tarot, le hasard vient du brassage et de la donne, la cécité de l'ignorance de ce que les autres ont en main… Certes l'observation permet d'orienter ses propres réponses, de ruser avec les contraintes. Il reste que le poids des cartes reçues permet ou non de déployer une stratégie fine, au-delà d'une limite fluctuante, mais réelle, la composition d'une main l'emporte sur l'intelligence. Qui recevrait tous les atouts pourrait prétendre au grand chelem sans risque !

La donne ne dépend que très partiellement des joueurs puisque toutes les opérations se font en aveugle. L'analogie s'impose vite entre l'aléatoire des cartes et l'aléatoire de la destinée individuelle : origine familiale, hasards de l'éducation, des rencontres, des événements imprévisibles avec lesquels il faut compter. Elle s'impose tant qu'on la retrouve dans les lieux communs les plus éculés du langage quotidien : on part dans la vue avec ou sans atouts, le jeu n'en vaut pas la chandelle, etc. L'usage divinatoire la pousse à l'extrême. On tentera de lire

dans la donne des cartes la donne de la vie. On apprivoise l'aléatoire :
autre forme du Jeu Ultime. Les figures coloriées manifestent les vraies
cartes, il n'est plus besoin de théâtraliser la partie. On affronte les
dieux, le diable et la mort sur leur terrain, on a vu clair — par effraction — dans leur jeu.

Nouveau paradoxe : le consultant choisit les cartes en aveugle, opère
sa propre donne et tire ainsi les atouts de l'invisible adversaire.
Affrontement complice… qui nous introduit au seuil de la première
porte. Le jeu mène à l'enjeu. On risque d'abord ses biens socialement
échangeables, l'argent surtout, puis ses biens plus intimes, comme on
le verrait dans un strip-poker. Un pas de plus et l'on met en jeu son
propre corps, l'ambiguïté de son désir, l'on donne au gagnant le
pouvoir d'abolir l'individualité du perdant. Il faudrait lire ici
l'entrelacs du sacré, de l'érotisme, de la prostitution, de l'esclavage. Il
faudrait évoquer le divin marquis comme les tournois arthuriens.
L'ultime enjeu sera de vie et de mort, de pouvoir figé par l'éternité.
Ainsi glisse-t-on sans rupture du noctambule à l'oracle.

LE DIABLE. TAROT DE PARIS. XVIIIe S. (B.N. Estampes)

Le Tarot, disais-je, fut inventé pour tromper l'ennui d'un roi fou, à l'aube de ce quattrocento déchiré de pestes et de guerres, qui accouche à douleur notre « civilisation occidentale ». Du moins le veut sa légende, car on ne sait ce qu'étaient les « quartes » dont parlent les ordonnances de police dix ans auparavant. Celles qui furent peintes pour Charles VI témoignent de leur temps, jeu de cour subtil et raffiné, encore empreint du style graphique des enluminures médiévales et déjà « Renaissance » par le choix des symboles. Il faut se souvenir de ce qui l'accompagne, le bal des Ardents, le chant séraphique des castrats, la rupture avec l'univers courtois, la fermeture d'une société d'hommes qui exclut peu à peu la femme des fonctions nobles ou savantes, la guerre de Cent Ans qu'on ne perçoit pas telle. Il précède d'une génération l'émergence des mythes vécus qui hantent encore notre imaginaire : le dauphin désarmé, impuissant, l'occupation, la Pucelle salvatrice, ange hermaphrodite dont l'ombre orgiaque et perverse, Gilles de Rais, se perpétue dans Barbe-Bleue.

L'esthétique de cour manipule à l'envi allégories et symboles, spéculations alchimiques, magiques, mêlées de calembours et d'astuces langagières, d'outrages vestimentaires. Aux dentelles de pierre du gothique flamboyant répondent les emblèmes ou poèmes obscurs, les subtilités musicales. Rien d'étonnant à ce qu'un jeu de cartes — j'insiste, un jeu pour jouer entre deux fêtes — combine des personnages énigmatiques et des séries numériques savantes. Dès sa conception, le Tarot fait résonner des archétypes, nombres et figures.

Aride, le nombre. Il structure. Il dynamise aussi. Osons pénétrer cette sécheresse, comme le désert elle recèle ses eaux vives. 78 cartes donc, dont 22 lames majeures et 56 mineures, réparties en 4 couleurs. Parmi les 22, une reste sans nombre : le Mat.

Qu'est-ce qu'un Mat ? Un bouffon errant, suggère le graphisme. Un fou, dit la tradition populaire. Fou du roi pour un roi fou exclu, hors jeu, mais la folie renvoie au sacré, à la possession divine ; le fou marqué de Dieu rejette à son tour la sagesse humaine dans la confession. Sans rang ni place. Il peut les occuper tous et les joueurs en ont fait l'Excuse ou le Joker.

22 lames majeures = 2 x 11. Ôtons le Mat. 1 + 21, soit 1 21. 121 = 11 x 11 = ; 121, 1 + 2 + 1 = 4 ; 121. 12 et 1. Le Zodiaque et son Centre, 13 comme le Lama sans nom où chacun voit spontanément la mort. 121, le 2 féminin entre les colonnes du Temple, comme la Papesse au nombre 2. Ajoutons que 56 lames mineures peuvent se lire 5 + 6 = 11. Une clé complémentaire sera donnée par 7 : 3 x 7 lames majeures plus le Mat : 4 x 14 = 4 x 12 x 7 = 71 lames mineures.

Au Tarot, le 11 est la Force, le 7 le Chariot : dans la plupart des jeux, double alliance de l'humain et de l'animal, la Femme dompte la bête sauvage, l'homme tient les rênes d'un attelage où l'on reconnaît sans peine la métaphore platonicienne du rationnel et du passionnel. Ces cartes sont les seules avec le Mat où interagissent humanité et bestiaire. Hasard ? Logique inconsciente du Mythe ? Arrangement savant dans un langage mathématique qui nous est devenu étranger ?

Le 7 nous renvoie aux notes de la gamme, en nous rappelant qu'elle était alors modale, qu'il existait 4 modes, 4 gammes dédoublées en tons authente et plagal. Sans rentrer dans les détails techniques, notons la coïncidence. La musique entrait à part entière dans les connaissances exigées d'un homme de cour. 4 x (2 x 7) notes, 4 x (12 X 7) lames mineures. Or, dans toutes les traditions, et particulièrement chez Pythagore, 7 sont les Forces créatrices qui émanent du divin, un divin que l'Inde, les Celtes et la Chrétienté pressentent Triade.

Plus subtil : ces musicales lames mineures s'organisent en 10 cartes simples, qu'on peut lire comme le « trigon » de la Trétraktys, soit 1 + 2 + 3 + 4 = 10 et 4 habillés, la Trétraktys elle-même. Nous sommes en peine numérologie pythagoricienne.

Car le nombre nous amène à image, comme l'image confirmait le nombre. Les 4 habillés reproduisent la hiérarchie idéale des romans de chevalerie dont se délectait l'époque. Le *Roi*, c'est David, Arthur, Charlemagne, César. La fonction royale, ne l'oublions pas, était sacrée. Celui qui l'incarnait concrètement n'en renvoyait souvent que le reflet abâtardi d'un mortel ordinaire. Aussi l'imaginaire développe-t-il un *Roi* archétype chez qui coïncident la personne et la fonction. Un buissonnement de figures s'enracine à cette exigence.

David/Arthur : le berger oint de la Bible devient dans le cycle breton le varlet oint. Nathan le prophète *résonne* en Merlin. Le *Roi* secret, le *Roi* inconnu, l'enfant d'élection se révèle magiquement et révèle le Royaume.

Ogier/Charlemagne : l'empereur sous la montagne, endormi dans la stase qui s'oppose à la mort, prêt à ressurgir lors de la détresse du Royaume, ultime sauveur issu de l'au-delà, transfiguration de la puissance des ancêtres.

LE SOLEIL. TAROT D'ETTEILA. Fin XIXᵉ S. (Document Papus)

L'entrelacs de ces deux pôles mythiques va nourrir tout un cycle légendaire et prophétique, qui sera chez nous celui du Grand Monarque (rejeton oublié des Lys, révélé lors d'une invasion, victorieux et régénérateur, déposant occulme Godefroi de Bouillon sa couronne au Mont des Oliviers), encore vivace comme en témoignent les délires de Font-brune sur Nostradamus.

La Dame à ses côtés rappelle l'imaginaire courtois. Elle serait Ève, Marie, Sophia dans l'ordre mythique, Guenièvre la reine amante, Viviane ou Morgane les enchanteresses. Le Tarot comme la cour lui fait la place seconde dans le cercle masculin que complètent le *Chevalier* (où l'on verrait Lancelot, fidélité d'amour, Gauvain, lignage et cœur solaire, Galaad le célestiel) et le *Varlet* (Perceval, enfant ou ravi porteur de vérité). Mais le symbole est toujours ambigu, face de lumière, face d'ombre. Comment ne pas songer, en plus des quatre fils Aymon, aux cavaliers de l'Apocalypse ? Ambiguïté du donneur de mort — régénérateur du monde.

Hiérarchie sociale donc, ou plutôt sa matrice idéale exaltée jusqu'à l'incandescence, mais aussi quaternaire théologique : Roi-Père, Chevalier-Fils, Valet-Esprit que complète Notre-Dame, la Vierge-Mère. Nous sommes en face d'images surdéterminées. Les approfondir nécessiterait d'évoquer toutes les références culturelles de ce temps.

Avec les lames majeures, les Atouts, nous pénétrons au cœur du mythe. Le jeu nous révèle une vision du monde complexe et cohérente, une gnose emblématique où plusieurs parcours, plusieurs lectures deviennent possibles. Il faudrait les explorer figure après figure, en toutes leurs résonnances qui renvoient aux légendes, à l'Histoire réappropriée par l'imaginaire, à l'alchimie, à l'astrologie au sens fort du langage des astres, à l'hagiographie, au nombre. Pourquoi par exemple une Papesse, sinon par référence à la papesse Jeanne qui noue sagesse et blasphème, prospérité et transgression, naissance et mort ? La légende de Jeanne nous semble croustillante. Pour le Moyen Âge, c'était une histoire d'horreur. Sous des habits d'homme, elle avait parcouru toute la carrière ecclésiastique jusqu'à l'élection papale, par son intelligence et ses vertus. Mais il ne lui suffit pas de profaner ainsi les mystères liturgiques. Elle prit un amant, et un jour — scandale — elle accoucha d'un fils en pleine procession. La foule l'écharpa. Pouvons-nous pressentir les abîmes que recouvrait ce thème ?

Tentons de suivre quelques pistes, suivons le Mat en son errance. 7 lames, du Bateleur au Chariot, révèlent les fonctions humaines, communications, pouvoirs, interactions affectives. Puis 9 lames, emblématiques, de la Justice à la Maison Dieu, présentifient les vertus, dans leur sens premier de forces, tout ce qui s'imprime sur l'homme hors de sa volonté. Comme dirait l'autre, faut faire avec. Étoile, Lune et Soleil renvoient aux sphères des astres, à l'inscription dans les rythmes cosmiques, à la transmutation alchimique. L'Étoile, qu'on se souvienne de Nicolas Flamel et du chemin de Compostelle, signe la fin de l'œuvre au noir, la Lune, l'argent du petit œuvre, le Soleil l'or du Grand Œuvre. Le Jugement et le Monde achèvent le destin en eschatologie : résurrection des morts, Jérusalem céleste. 7 lames humaines, 9 lames allégoriques, 3 lames cosmiques, 2 lames d'Apocalypse sur le chemin du Mat.

De la cour, le jeu passe au peuple ou l'inverse. Les graveurs de colportage en feront le Tarot de Marseille ou d'Épinal, qui stylisent les figures et modifient certaines lames du Tarot de Charles VI. Pourquoi ? Les documents manquent. Pourtant ces innovations renforcent la cohérence du jeu. Un exemple. La Force et le Chariot, 11 et 7, nombres clés, allient l'humain et l'animalité. Au Tarot de cour, la Force enlaçait une colonne chancelante, comme pour redresser l'Axe du monde. Les animaux se multiplient dans la version dite de Marseille. Suivons le chien qui harcèle le Mat. Il se dédouble en loup pour hurler à la Lune, lame 18 = 11 + 7. Pédagogie d'un chien d'enfer, d'un conducteur des morts, l'écrevisse au Cancer dans son bassin rappelant le domicile zodiacal de cette planète ? Deux chemins s'ouvrent alors. Les chiens chassent le cerf : des bois de cerf couronnent les esclaves du Diable-Bouc, ombre du Capricorne. L'eau coule des vases de l'Étoile et de la Tempérance. Verseau — Poisson ? Nous sautons d'un signe du Zodiaque à l'autre au lieu de le parcourir. Les douze y seraient-ils ? Certes, la Justice tient la Balance, la Force maîtrise le Lion, le Soleil illumine les Gémeaux (mais le Diable les obombre, et le Pape les bénit), on peut à la rigueur voir sur l'Amoureux la flèche du Sagittaire, mais où placer les autres sans forcer les symboles ? Le Chariot, lui, évoque la Polaire. Ne faudrait-il pas lire une cosmogonie différente, plus celtique que méditerranéenne, revenir aux calendriers paysans, aux levers et couchers des constellations qui rythment sous nos latitudes les travaux des champs ?

Malgré l'absence de documents écrits, on peut penser que l'usage divinatoire s'est répandu avec le jeu lui-même, dont les figures parlaient d'emblée des profondeurs de notre imaginaire. Cependant aucune allusion claire au Tarot n'existe dans les minutes des procès de sorcellerie des XVIe-XVIIe siècles. Entre Charles VI et les premières dérives maçonniques sur le Tarot-Livre d'Images de la Tradition Occulte s'étend un hiatus de 300 ans.

DAME DE DENIERS

À l'issue du brassage culturel du XVIIIᵉ siècle, la cartomancie se développe. Court de Gébelin sera à l'origine d'un premier syncrétisme qui attribue aux « bohémiens » diseurs de bonne aventure la paternité du Tarot. Encore qu'on ne sache guère quand les Gitans l'ont adopté. Depuis quelques siècles qu'ils parcourent l'Europe, leur propre ligne s'est étoffée : d'abord égyptienne — autre façon de les dire bohémiens, païens, racaille fascinante et dangereuse —, on leur fait jouer le mauvais rôle dans la construction du Temple où ils auraient trahi Hiram, le bon rôle avec la noire servante Sara dans le conte des Saintes-Maries-de-la-Mer. Ils sont devenus les errants maudits et bénis, gardiens des Secrets et voleurs d'enfants, initiateurs aux sagesses comme aux perversions — les Mats ? Le Tarot, ils l'auraient ramené d'Égypte, terre alchimique. Bien qu'ils restent marginaux, les éléments du mythe sont en place.

Ils ressurgissent avec ce que Gilbert Durand appelle la quatrième période d'égyptomanie. À la fin du XIXe siècle, dans la mouvance des
Francs-Maçons. C'est l'époque où chaque maître, Papus, Eliphas Levi,
Oswald Wirth, redessine le Tarot « authentique », égyptien, celtique ou
médiéval. Papus comme Eliphas Levi greffent sur la numérotation des
lames l'alphabet hébraïque et la Kabale revue et corrigée par leurs
soins, s'appuyant sur l'assimilation de l'hébreu à l'égyptien et la
traduction philosophique de la Genèse, dues à l'érudit Fabre d'Olivet.
Une étymologie fantaisiste en forme de calembour, introduit l'équation-
TAROT = ROTA, roue solaire reliée au carré magique.

S A T O R

A R E P O

T E N E T

O P E R A

R O T A S

= livre de Thot Hermès, livre des secrets ultimes.

D'enrichissements en buissonnements, le syncrétisme englobe peu à
peu tous les arts divinatoires. On vend des jeux qui portent, outre les
lettres hébraïques, les signes du Zodiaque. Les hexagrammes du Yi
King, les figures géomantiques. Chacun dessine et redessine sa vision
du Livre d'images, parfois superbe, parfois médiocre. Pour les
connaisseurs ou se voulant tels, celui de Marseille fait l'objet d'un
véritable culte. Tchalaï après Jodorowski en déclare les auteurs
anonymes inspirés. Piek Anema n'hésite pas à voir là l'icône des
hiérarchies angéliques. Jeu divinatoire puis livre d'enseignement
philosophique et magique, le Tarot devient opératif, thérapeutique. Il
englobe une forme de yoga. Jodorowski recommande la contemplation
de mandalas créés à l'aide des lames. Tchalaï propose de le vivre dans
son corps en prenant les postures des personnages.

LA FORCE

Certes, au regard de l'historien, la légende des origines atlanto-égyptiennes ne tient pas. Le premier jeu connu est bien celui de Charles VI, ou du moins un jeu contemporain, et nous avons pu voir à quel point il s'inscrit dans l'ambiance culturelle de cette époque. Il reste qu'une intention gnostique fondatrice ne peut être écartée, que les figures sont des symboles puissants. Tchalaï a raison d'évoquer les archétypes jungiens, matrices de l'imaginaire. Puissance des images et puissance magique du jeu interagissent en une tradition vivante et buissonnante que chaque siècle enrichit et métamorphose.

Parmi ces métamorphoses, les Atouts de la saga des Princes d'Ambre de Zelazny se révèlent singulièrement riches de potentialités mythiques. Chacun des fils d'Obéron, comme le roi lui-même, possède l'un de ces jeux opératifs, le portrait magique de lui-même et des autres. En se concentrant sur l'image, il peut voir, converser à distance, et même rejoindre celui qui l'(qu'il) appelle. Espace et temps s'abolissent. Or Ambre est la réalité matricielle dont tout univers, le nôtre compris, s'avère une Ombre, une projection. Nous songeons à la création démiurgique de Platon faite de couches successives éloignées progressivement du Centre divin, et d'éloignement en éloignement plus entropiques. Pour ce qui s'est accordé à la Marelle, au cœur d'Ambre, pour qui donc a la connaissance du Centre, les Atouts permettent de transcender l'illusion des Ombres, de revenir à la réalité primordiale. Le thème des Atouts s'entrelace à celui du Roi caché, signifié d'abord par la disparition d'Obéron et la rivalité des fils, puis par celle de Corwin. Si ce dernier renonce au trône visible, au pouvoir, n'est-ce pas comme Ogier pour une royauté salvatrice ? Corwin a su recréer une Marelle, intérioriser et extérioriser le Centre. Par cet acte, il s'est dévêtu des tentations de l'ego, ce que montre sa renonciation au règne. N'en fait-elle pas le véritable Roi d'Ambre, celui qui rejoint l'au-delà des images elles-mêmes ?

Atouts et Marelle, figures et diagramme structurant l'espace : au fond, chaque fois que l'on tire le Tarot, on devient l'écho d'un Prince d'Ambre. Tout tirage implique la manipulation du cercle et de la croix qui le centre. La position des cartes est signifiante autant que leur contenu. La démarche s'apparente à la domification astrologique, ou géomantique, elle met en relation deux mondes, celui terre à terre de notre quotidien et celui que Corbin nommait l'imaginal pour le différencier de la fantaisie, Ombre et Ambre en somme. Au-delà du « tirage » divinatoire, Papus, Eliphas Levi, Jodorowski, Tchalaï ou Yolaine Cantalejo qui l'utilise pour l'interprétation des rêves nocturnes, amplifient l'aspect diagrammatique.

L'image, l'espace structuré ne peuvent se traduire entièrement par un langage verbal. Ils parlent directement et leur contemplation peut induire en nous des processus de conscience non familiers. L'image nous transforme affectivement, intellectuellement, dans toute notre relation au monde. Elle nous permet d'accepter et reconnaître ce que le discours ne peut recouvrir (sauf si, poème, il ouvre sur les Noces de l'image et du concept) : « la vue, la mort, l'amour, le vide et le vent » selon l'intuition fulgurante de Roger Gilbert-Lecomte.

Prêter au Tarot une origine égyptienne, c'est l'ancrer sur une terre mythique, ambiguë. Orient d'où surgit la lumière et lieu des tombeaux, terres des démons, des dieux et des ermites, à la fois le royaume maudit de Pharaon, le lieu d'esclavage mortifère dont Moïse sait sortir son peuple, préfigurant en chrétienté la Résurrection, et la terre bienveillante qui accueille l'enfant Christ pourchassé par les sbires d'Hérode. Reculer cette origine en Atlantide, mythe récent corrélé au développement de notre société scientiste, rationnelle, technicienne, c'est se placer dans une amplification de Babel, rappeler l'ambiguïté de toute connaissance. « Science sans conscience n'est que ruine... », les continents s'engloutissent dans un déluge d'eau et de feu, des purificateurs universels, les langages différenciés font barrage au dialogue, la S.F. prophétise des mondes crépusculaires d'après le cataclysme. Et si l'Atlantide n'a basculé que dans nos océans intérieurs. Hiroshima et Tchernobyl nous avertissent bien concrètement du risque réel qu'on encourt à jouer avec les allumettes.

CHARIOT

Mandalas et diagrammes, ambiguïté des origines, ambiguïté des figures, ambiguïté du Jeu Ultime, révélation de l'à-venir ou des dynamismes de l'être, le Tarot condense en lui l'interaction de l'imaginal transpersonnel et de l'imaginaire individuel. La relation devin/consultant ressemble à la réunion psychanalytique — et la dépasse —, mais c'est toujours le futur qu'on exorcise en remontant aux sources de mémoire au travers d'une élaboration à deux. La théorie, la rationalisation classique, voudrait que l'inconscient du consultant « sache » les cartes au moment du choix aveugle. Ce déterminisme strict a moins d'intérêt que le travail réel de surgissement imaginal/imaginaire à partir de l'aléatoire de la donne. « Un rêve non interprété n'est rien », disaient les talmudistes. Un Tarot non interprété n'est qu'une collection de cartons coloriés tirés au sort. À quoi bon rationaliser ? Faire au scientisme une concession-pied de nez, en « expliquant » par de l'inconnu (l'inconscient) un choix basé sur une double inconnaissance : sensorielle des cartes dont on ne voit que le dos — existentielle du futur ? En fait, le dialogue qui s'instaure autour du diagramme serait un acte magique de maîtrise de l'aléatoire : « vouloir ce qui arrive », disaient les stoïciens, coïncider avec l'événement pour le transformer en avènement.

ODS
Les Éditions de l'Œil du Sphinx

LES RUNES
Geneviève Béduneau

Astrologue et tarologue confirmée, l'auteure avait centré sa pratique personnelle de la mancie sur l'usage des Runes, et c'est à ce titre qu'elle s'adresse ici à ses lecteurs. Son sachet de Runes ne la quittait pour ainsi dire jamais. Premier volume de la collection des Archives de Geneviève Béduneau, ce livre est un ouvrage de base destiné avant tout aux débutants, une présentation simple et pragmatique qui reflète la manière dont Geneviève Béduneau – érudite en la matière – avait elle-même su concrétiser sa pratique. Dans l'analyse "rune par rune", on retrouvera l'esprit brillant de la spécialiste en mythologies qui a tant de fois fait preuve de clairvoyance lorsqu'elle décryptait dans ses articles et conférences les liens symboliques qui relient macrocosme et microcosme, astronomie, géographie sacrée et destinée humaine.

Titulaire d'un doctorat en histoire des religions, journaliste et grande spécialiste de mythologies comparées, Geneviève Béduneau fut également rédactrice en chef de notre revue Historia Occultae durant cinq années.

ISBN : 979-10-91506-88-5

illustration de couverture
par Emmanuel Thibault

9 €

LES RUNES

GENEVIÈVE BÉDUNEAU

Geneviève Béduneau

LES RUNES

Les Archives de Geneviève Béduneau n° 1

ODS

LES MUSIQUES DU CHAOS – 1 :
UNE IMMERSION SONORE DANS
L'AILLEURS ABSOLU

par Olivier Steing

Rien n'est Vrai, Tout est Permis
Hassan Ibn Al-Sabbah

Crowley est depuis longtemps populaire dans les milieux de la musique rock.
Les Beatles, déjà, l'avaient rangé parmi les « personnes qui nous plaisent »
sur la pochette du célèbre disque Sergent Pepper.
Massimo Introvigne

Le grand public a tendance à penser que la musique gothique et *metal* use de procédés occultes, magiques, voire subliminaux. Cela n'est pas vraiment le cas, bien qu'il existe certains mouvements musicaux *underground* qui se sont développés dans l'ombre et à la périphérie de telles mouvances. Cette légende urbaine remonte aux représentations des groupes AC/DC et Alice Cooper dont les prestations théâtrales, exubérantes et provocatrices avaient suscité toutes sortes de rumeurs. « *Jimmy Page, de Led Zeppelin, est l'un des plus grands collectionneurs mondiaux de matériaux crowleyens ; il a même acheté la demeure du "Maître Thérion" à Boleskine (…) Ozzy Osbourne et David Bowie ont mentionné Crowley dans leurs chansons, et Sting, dans un entretien accordé à Penthouse, s'est déclaré "thélémite"* ».[94] Mais, d'après Massimo Introvigne, c'est le groupe Psychic TV qui fut le premier à générer une sorte de mouvement magique.[95]

C'est à ces mouvances plutôt marginales que nous allons nous intéresser dans cet article, car, on constatera chez elles, dans certains cas, une réelle implication de la magie, de l'occultisme et de l'ésotérisme au sein de sous-genres qui sont souvent assez difficiles d'accès par l'aspect expérimental et avant-gardiste de leur approche musicale. Nous commencerons par les musiques dites « rituelles » issues de la scène industrielle du début des années 1980 qui sont étroitement liées à l'occulture et aux mouvances

---

[94] Introvigne, Massimo, *la Magie, les nouveaux mouvements magiques*, « Références », Droguet et Ardan, p.263.

[95] Ibid p.264.

chaoïstes, alors en pleine effervescence en Angleterre. Nous explorerons aussi les forges noires du *black metal* sataniste, puis, dans le prochain numéro d'*Historia Occultae,* nous porterons notre attention sur la mouvance sulfureuse des musiques dites « néofolk » et de l'indus'martiale ou encore du *black metal* national-socialiste qui ont toutes émergé pendant les années 1990, usant sans complexes d'une imagerie provocatrice qui fait explicitement référence au IIIᵉ Reich et dans laquelle l'essayiste Stéphane François a cru déceler une influence du réalisme fantastique cher au *Matin des magiciens.* Pour finir, nous évoquerons le rapprochement effectué par une certaine partie de la scène *black metal* avec ces musiques post-industrielles, puis avec les influences politiques de la mouvance néo-nazie.

Les premiers à innover dans le genre « rituel » au sein de la contre-culture en insufflant des influences magiques à leurs disques furent les musiciens de **Coven**, un groupe de rock *garage* formé à la fin des années 1960 et composé de Jinx Dawson au chant, Oz Osborne à la basse, Chris Neilsen à la guitare, Steve Ross à la batterie et Rick Durret — auquel succèdera John Hobbs — aux claviers. Leur premier album, sobrement intitulé *Witchcraft Destroys Minds & Reaps Soul,* que l'on peut rapprocher musicalement des Jefferson Airplane, a pu influencer le groupe Black Sabbath qui sortit son premier album éponyme quelques années plus tard ou encore, mais dans une moindre mesure, Black Widow qui furent les premiers à explorer l'occultisme dans un *hard rock* envoûté, allant jusqu'à simuler sur scène des sacrifices rituels. Parmi leurs héritiers directs qui firent ouvertement référence à Coven, signalerons King Diamond, le chanteur de Mercyful Fate, premier artiste de *hard rock* à se grimer le visage sur scène, et Glenn Danzig, chanteur des Misfits et inventeur de l'*horror punk*, un genre de *hardcore* très influencé par les films d'horreur de la Hammer qui firent vibrer les *kids* américains dans années 1980.

Sur son album *Witchcraft Destroys Minds & Reaps Soul*, Coven a inclus certains morceaux aux titres évocateurs comme « *Black Sabbath* », « *Pact with Lucifer* », « *Wicked Woman* », « *Dignitaries of Hell* » et surtout « *Satanic Mass* ». Ce dernier morceau n'a sensiblement rien de musical, puisqu'il s'agit d'un enregistrement en direct de la célébration d'une messe satanique où sont invoqués les démons Asmodée, Abaddon et Shaytan, Seigneur des Portes des Enfers. Les atmosphères qui se dégagent de « *Satanic Mass* » annoncent la scène rituelle thélémite qui se développa quinze ans plus tard au sein du milieu industriel. Il est amusant de signaler que Coven furent les premiers *rockers* à saluer leur public du signe du « Cornu », une habitude qui fut abondamment reprise dans la culture *hard rock,* allant jusqu'à devenir un signe de ralliement pour les « métalleux ». On serait en droit de penser que, du côté du *hard rock* et du *metal,* Black Sabbath s'est littéralement inspiré de Coven, Ozzy Ozbourne allant jusqu'à emprunter, à une nuance près, le nom de scène du bassiste de Coven. Mais Michael Moynihan affirme le contraire dans son enquête sur les racines sataniques du *black metal,* intitulée *Lord of Chaos* et publiée chez Feral House, un éditeur majeur de l'occulture outre-Atlantique. Il y suggère qu'il ne s'agirait que de simples coïncidences qui ont entraîné de nombreuses spéculations.[96]

À l'exception du groupe italien Thelema, de Led Zeppellin et de quelques formations *hard rock* et *heavy metal* apparues dans les années 1970 dans le sillage de Coven, il fallut attendre l'émergence de la scène punk et de ses dérivés pour entendre pour la première fois des projets musicaux réellement imprégnés d'atmosphères occultistes. Ces groupes allèrent jusqu'à produire des bandes-son spécialement composées pour accompagner des cérémonies magiques et théurgiques. Ces scènes musicales, dites postindustrielles et *dark ambient,* déjà fortement influencées par des figures de l'occultisme comme Aleister Crowley ou Austin Osman Spare, apparurent à la même époque que la Magie du Chaos et elles firent donc très vite référence aux concepts chaoïstes autant qu'à l'école thélémite de Crowley, la *Magick.*

En parallèle, de Psychic TV, l'organe musical du Temple of Psychic Youth, en passant par Coil, Z'ev ou encore Lashtal, une rencontre s'opéra dès le début des années 1980 entre la Magie du Chaos et certains sous-genres dérivés des musiques post-punk, gothiques et industrielles. Citons entre autres le groupe Current 93, un projet de David Tibet qui fut membre de Psychic TV et qui a aussi appartenu au Temple of Psychic Youth. Cet Ordre ésotérique était dirigé par le pape de la musique industrielle, Genesis P. Orridge, un pratiquant de la Magie du Chaos qui se définissait comme « anti-culte » et travaillait sur le processus de « dé-contrôle » de l'individu pour se « reconquérir soi-même » en puisant ses idées chez Aleister Crowley, mais aussi chez Charles Manson ou Jim

---

[96] Moynihan Michael & Söderlind Didrik, *Lord of Chaos,* Feral House, p.6

Jones, le prophète de la « secte du suicide »[97], ou de William S. Burroughs[98]. Orridge était aussi connu pour utiliser la *dream machine* du *beatnik* Brion Gysin, laquelle consiste en « un cylindre perforé avec un bulbe optique à l'intérieur, capable de transmettre des sensations analogues à celles fournies par les hallucinogènes si on le fixe lorsqu'il tourne à toute vitesse ».[99] Cet artefact lumineux assez simple inventé par Gysin et Sommerville, que l'on a pu voir exposé au Centre Pompidou en 2016 à l'occasion d'une exposition consacrée au mouvement *beatnik*, joue de l'alternance ombre/lumière d'une façon qui rappelle à la fois les techniques du phosphénisme de Lefébure et celles de l'induction hypnotique. Son utilisation par certains groupes musicaux coïncide avec les débuts de celle des lumières stroboscopiques dans les concerts et discothèques, dont l'usage fut d'ailleurs très rapidement réglementé. On conçoit facilement que, jointe à la consommation de psychotropes, l'utilisation de la *dream machine* puisse s'avérer assez exaltante. C'est en 1977, en pleine explosion punk, que Genesis P. Orridge, alors performer, inventa le terme de musique « industrielle », désignant par là un concept sonore alliant des performances extrêmes et des images choquantes avec une utilisation subversive du son, jusqu'au-boutiste et directement inspirée du bruit des mécaniques dans les usines. La musique industrielle évolua, mais ne renia jamais ses racines tribales, urbaines ou néo-beatniks, exploitant des techniques créatives comme le *cut up*, une approche elle aussi empruntée à Gysin et Sommerville et qui fut très utilisée par Burroughs. Au début des années 80, c'est donc toute une mouvance de musiciens qui développa ainsi des atmosphères rituelles inspirées de leurs expériences occultes et psychiques, généralement vécues sous l'effet de la drogue ou à l'aide de la *dream machine*.

Originellement développée par les occultistes britanniques Peter Caroll et Phil Hine et, comme l'orthographe de son nom l'indique, inspirée des pratiques crowleyennes, la Magie du Chaos, *Chaos Magick*, se définit comme une magie de tendance anarchiste. Elle s'inscrit dans une perspective qui, plutôt que d'enfermer ses pratiquants dans une pratique spirituelle ou magique unique,

---

[97] Le 18 novembre 1978, 908 personnes de la secte évangéliste anticapitaliste dirigée par Jim Jones au Guyana périrent dans un empoisonnement collectif, sur fond d'idéologie millénariste. Voir : David Chidester, *Salvation and Suicide: Jim Jones, the Peoples Temple, and Jonestown*, Univ. of Indiana Press, 1988.

[98] NdE : On est frappé de constater combien ce langage insistant sur l'autonomie de l'individu, par ailleurs extrêmement typique des Nouveaux Mouvements Religieux au XXᵉ siècle, se trouve mélangé à des initiatives et des figures criminelles illustrant précisément la plus forte tendance au contrôle psychologique de leurs sectateurs.

[99] Introvigne Massimo, *La Magie, les nouveaux mouvements magiques*, « Références », Droguet et Ardan, p.264.

les incite à explorer une multitude de voies. La Magie du Chaos est effectivement un courant très libre qui refuse les carcans et les restrictions et laisse place à une très grande créativité. Certains chaoïstes actuels n'hésitent pas à développer leur propre pratique à partir d'éléments tirés de l'univers d'Harry Potter, ou vont jusqu'à créer un système de divination basé sur une sélection « aléatoire » de vidéos sur YouTube.

Influencé par le chaoïsme à travers son fondateur G. P. Orridge, le Temple of Psychic Youth, TOPY ou Temple de la Jeunesse Psychique, auquel de nombreux jeunes furent introduits en écoutant le groupe **Psychic TV**, refusait donc toute hiérarchie au sens conventionnel du terme. Il était organisé en « points d'accès » ou « tribus » et proclamait, en s'inspirant du Maître des *hashishin* ismaéliens, Hassan I Sabbah, le Vieux de la Montagne retranché dans son nid d'aigle d'Alamut, que « rien n'est vrai » et que par conséquent « tout est permis ». Genesis P. Orridge avait fondé le TOPY en 1981 lorsqu'il se sépara de Throbbing Gristle, groupe fondateur de la musique industrielle, et qu'il s'orienta vers des aspirations plus mystiques. À cette période, il allait jusqu'à se déclarer odiniste. Il était également fasciné par Charles Manson et la Church of Process[100]. On raconte qu'à l'époque, Orridge avait l'habitude de déambuler avec une dégaine de *skinhead* le jour et travesti en *drag queen* la nuit, lorsqu'il fréquentait les clubs gays branchés de Londres. Dans le vidéo-clip de Psychic TV intitulé *Unclean*, on aperçoit Nick Crane, le premier *skinhead* gay historique qui fut aussi le chef du service d'ordre des Blood & Honours, un mouvement néonazi lié à l'émergence de la scène musicale « Rock Against Communism », à laquelle s'affilia aussi Tony Wakeford avant de fonder son groupe : Sol Invictus. Dans un tout autre registre, Massimo Introvigne a relevé que le *beatnik* Brion Gysin, sans conteste l'une des influences majeures de la *psychic youth*, avait, lui, eu des contacts avec la scientologie, tout comme Burroughs, et qu'au sein même du TOPY, Hilmar Orn Hilmarsson, un thélémite islandais ayant exercé une certaine influence sur la fondation du Temple, s'était lui aussi intéressé à la scientologie, et surtout à l'importance qu'aurait eue par le passé son fondateur, Ron Hubbard, dans l'OTO dirigée par Crowley.[101]

---

[100] Cette secte anglaise issue d'un petit groupe dissident de la scientologie et influencée par le thélémisme essaima aux USA dans les années 1960. La rumeur l'associe avec Manson et on a porté des accusations de sacrifices humains, sans que des preuves aient pu être formellement apportées à ce sujet ; il s'agit vraisemblablement surtout d'une proximité d'intérêts.

[101] Ibid, p 265.

Le TOPY pose pour Dazed Digital & affiche de Throbbing Gristle 1979

Le groupe Psychic TV avait été fondé par Genesis P. Orridge, Peter Christopherson — avant que celui-ci ne fonde Coil avec John Balance —, David Tibet de Current 93 et Marc Almond de Soft Cell. D'autres figures inattendues rejoignirent plus tard ce collectif de musiciens avant-gardiste, dont Farid Attar, une figure des Maîtres Musiciens du Jajouka, un orchestre traditionnel du Rif marocain qui fut remarqué par Brian Jones, star des débuts du groupe Rolling Stones mort mystérieusement en 1969. Les musiciens de Jajouka ont pour particularité de perpétuer une tradition initiatique méditerranéenne vieille de plus de deux mille ans. Sous l'influence directe d'Arkon Daraul, un soufi plus connu sous le nom d'Idries Shah, cette tradition inspira nettement les premiers rituels wiccans gardneriens, créant ainsi une sorte de pont interculturel très inattendu. Les musiciens du Jajouka rendent en effet un culte à une figure très proche de celle de l'ancien dieu grec Pan qui est désignée au Maroc sous le nom de Boujeloud et représentée par un Homme Noir revêtu d'une peau de bête. Dès la fin des années 1980, Psychic TV s'orienta résolument vers le style *acid house,* avant d'en revenir récemment à une forme plus *rock, dark folk* et psychédélique. Très influencé par la performeuse française Orlan, Genesis P. Orridge a entre-temps procédé à un changement de sexe.

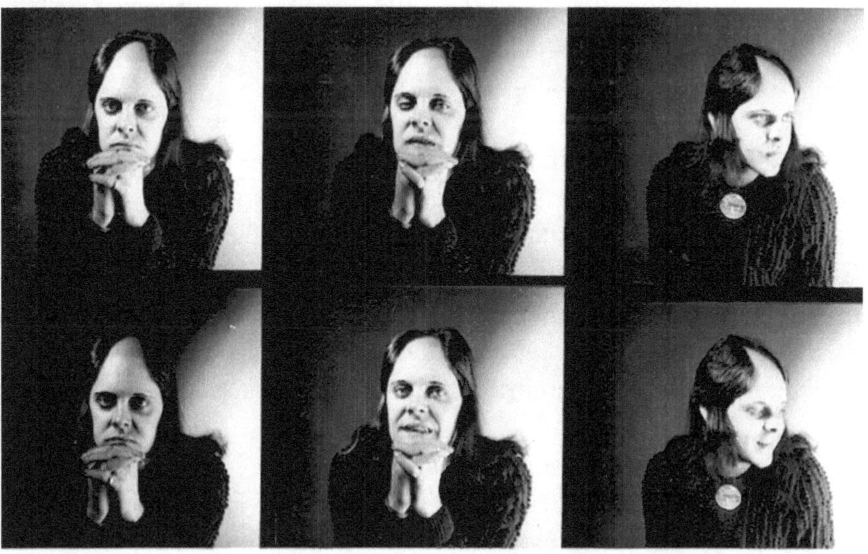

Genesis P. Orridge à deux époques de sa vie, d'abord pour Vinyl Factory,

.... puis pour Dismagazine

Le cas particulier d'Orridge s'avère très intéressant pour notre
thématique, car il représente l'exemple typique des jeunes marqués par
la *beat generation* qui établirent des passerelles entre la « non-musique »
la plus subversive possible et mille autres choses, comme une utilisation
abusive de l'image d'Hitler ou de celle du camp d'Auschwitz dans la
pure intention de provoquer l'opinion, ou encore de l'odinisme, des
prophètes brûlés vifs et autres clochards célestes, de l'art contemporain,
des happenings, du transhumanisme — dont Orridge est aussi devenu
l'un des précurseurs —, du soufisme hétérodoxe — à travers son intérêt
pour le Jajouka et pour Hasan I Sabbah —, de la musique industrielle
dont il fut le principal initiateur, sans oublier sa fascination morbide pour
Charles Manson, ni la Magie du Chaos qu'il développa au sein du TOPY,
ni ses liens avec le réalisateur Derek Jarman, avec les musiciens
d'Hawkwind, avec les drogues et tant d'autres éléments constitutifs de
l'occulture britannique, nourrie aux acides et aux lectures occultistes.

À cette vague *underground* des années 1980 active sur la scène londo-
nienne, marquée tant par Timothy Leary et Hakim Bey que par le thélémisme, la Golden Dawn et la Magie du Chaos, se rattachent encore des
personnalités comme Alan Moore et Grant Morrisson, les papes de la BD
anglo-saxonne conspirationniste, ou encore les musiciens Rodney

Orpheus de Cassandra Complex et Carl Mc Coy du groupe Fields of the Nephilim. Au sein de la sphère folk apocalyptique et postindustrielle rituelle qui s'était développée en périphérie du TOPY et de l'IOT, c'est surtout David Tibet qui s'imposa dès 1983 avec son projet **Current 93** comme la référence ultime en matière de musique rituelle. Tibet était influencé à la fois par la « Loi de Thélème » de Crowley et le « Courant 93 », symbole de l'entité Aiwass avec laquelle Crowley entra en contact médiumnique en Égypte en 1919 et qui lui dicta son fameux *Livre de la Loi*. À la base, David Tibet était un grand fan de groupes musicaux aussi variés que Nurse With Wound, Whitehouse, Crass ou encore Blue Oyster Cult et Hawkwind, deux groupes de *hard rock* très influencés par l'ésotérisme. Au fil de ses albums, Current 93 développa un son bien particulier, sensiblement imprégné d'atmosphères occultes et rituelles. Composés en collaboration avec Steven Stapleton du groupe Nurse With Wound, pionner lui aussi de la musique industrielle, et John Balance du groupe Coil, les trois premiers albums de Current 93 — *Nature Unveiled* (1984), *Dogs Blood Rising* (1984) et *Live at Bar Maldoror* (1985) qui fait référence à Lautréamont et ses *Chants de Maldoror* — se révèlent comme de longues plages rituelles inspirées de diverses traditions mystiques à caractère eschatologique. Par la suite, David Tibet collabora avec Steve Ignorant du groupe anarcho-punk Crass et inventeur du style *crust* qui était, lui, politisé à l'extrême gauche, mais aussi avec Hilmar Orn Himarsson, scientologue thélémite qui participa également à Psychic TV, et, sur l'album *In Menstrual Night,* ainsi qu'avec les Islandais de Sigur Ros. De nombreuses autres personnalités musicales participèrent aussi à l'aventure de Current 93 : Rose Mc Dowall (de Strawberry Switchblade, puis Sorrow), Björk, Nick Cave, Marc Almond et, plus récemment, Attila, le chanteur du vieux groupe de *black metal,* Mayhem puis de Sunn O)))), les papes de la musique *drone* qui est un hybride entre la musique contemporaine et le *doom metal.* Ajoutons qu'Antony & The Johnsons furent révélés par David Tibet bien avant d'être récupérés par la presse musicale. La musique de Current 93 s'est affinée avec le temps : partant des albums très sombres et ritualises des débuts, elle évolua vers des *murder ballads* psychédéliques, clairvoyantes et inspirées, à en faire pâlir aussi bien Léonard Cohen que la diva Diamanda Galas. Immergé depuis plusieurs années déjà dans la mystique copte, David Tibet a récemment publié une collaboration avec Youth de Killing Joke, duo qui adopta le nom étrange d'Hypnopazüzu et dont le CD intitulé *Create Christ, Sailor Boy* emprunte des atmosphères bibliques et apocalyptiques, au point d'immerger l'auditeur dans l'évocation de l'époque lointaine des Patriarches. David Tibet avait aussi collaboré avec les musiciens de Death in June et de Rose McDowall, ce qui lui valut de traîner dans ses tournées un public au look paramilitaire et aux idées sulfureuses. Le groupe Death In June avait rendu hommage à Crowley sur leur morceau *She said Destroy*, paru sur Nada, un album post-punk et *new wave/gothic* auquel participa aussi David Tibet.

L'univers de **Killing Joke**, un groupe culte de la période post-punk « corbeau » et de la *new wave* héroïque, est lui aussi teinté de nombreuses influences occultistes. Fondé par Jaz Coleman, un chef d'orchestre d'origine indienne et descendant d'une longue lignée de brahmanes, Killing Joke vit le jour lorsque Coleman fut rejoint par Youth. On leur doit des tubes comme « *Love Like Blood* » et « *Eighties* ». Jaz Coleman produisit également un album en collaboration avec Anne Dudley du groupe Art of Noise, teinté de musiques empruntées aux cafés égyptiens, ce qui le poussa à composer des œuvres pour l'Orchestre Symphonique de Prague. Coleman a toujours été fasciné par les thèses millénaristes : à l'aube du troisième millénaire, il proclamait déjà la fin du monde comme imminente, et il fit la même chose en 2012, date annoncée d'apocalypse en laquelle il croyait fermement. Il avait été marqué très tôt dans sa carrière par les livres de Zecharia Sitchin et la théorie néo-évhémériste de Nibiru, une douzième planète située aux confins du Système solaire d'où seraient venus les Anunnaki, nos pères fondateurs, tout comme par Aleister Crowley et son système de *Magick*. Quant à Youth, le bassiste de Killing Joke, celui-ci ne cachait ni sa consommation très régulière de champignons hallucinogènes ni sa pratique de magie cérémonielle dans les entretiens qu'il accordait à la presse musicale.

L'intérêt pour le thélémisme de Crowley et les substances hallucinogènes semblent donc avoir été une tendance typique de la scène post-punk, industrielle ou folk apocalyptique d'outre-Manche, fortement imprégnée en outre par la Magie du Chaos. Cette sensibilité pour l'occultisme marqua l'Angleterre des années Thatcher où la jeunesse se trouvait largement désabusée et sous l'influence du mouvement punk. Avant même Current 93, l'un des premiers groupes à faire référence directe à Crowley et à élaborer des climats sonores rituels plutôt malsains et dérangeants fut **Coil**. À travers des albums devenus culte comme *Scatology* et des morceaux comme « *The*

Solar Lodge », Coil réussit une fusion entre magie et musique dans un but à la fois rituel et opératif. Les musiciens de Coil figuraient en effet parmi les membres du TOPY ; Peter Christopherson avait participé à l'aventure Throbbing Gristle, tandis que John Balance était issu du groupe Psychic TV. Les « Archanges du Chaos », comme ils se désignaient, faisaient souvent référence à l'Alchimie, à la Kabbale et au Thélémisme, ainsi qu'au dadaïsme, au surréalisme et à la technique du *cut up* empruntée à Brion Gysin et W. S. Burroughs. Il y aurait de quoi écrire un livre complet sur Coil et Psychic TV ; nous conseillons *England's Hidden Reverse*, remarquable ouvrage agrémenté de nombreuses photographies qui fait efficacement le tour du phénomène.

Coil était donc à l'origine un projet de John Balance, ancien membre fondateur de Psychic TV en 1983 ; il était accompagné par Marc Almond, de Soft Cell, qui portait alors le nom de Zos Kia. Leur premier titre « *How to Destroy Angels »* vit le jour lorsque Peter « Sleazy » Christopherson (ex membre de Throbbing Gristle et de Psychic TV) rejoignit le groupe. Sleazy est connu pour avoir réalisé un certain nombre de vidéoclips pour d'autres groupes prestigieux comme Nine Inch Nails, Ministry, Soft Cell et les Hanson. Sur le premier album de Coil, *Scatology*, aux sonorités oscillant entre la *batcave* et l'indus'rituelle, ils font référence au symbole de l'Œuvre au Noir alchimique, ici dans son expression la plus grossière, à savoir l'excrément dont on extrait de l'or… sauf que, dans l'esprit de nos punks provocateurs, il pouvait tout aussi bien s'agir d'une allusion à des pratiques sexuelles scatophiles. Sur cet album à propos duquel John Balance avoua dans une interview[102] « vouloir faire danser les punks », le groupe fait référence au Soleil Noir, sous la symbolique alchimique de *Sol Nigro,* dans un morceau intitulé « *Solar Lodge »* qui sonne très *batcave* et remporte aujourd'hui encore un franc succès sur les *dancefloors* gothiques. Coil fit aussi une reprise *ambient* du tube de Soft Cell « *Tainted Love »*. En effet Soft Cell, ce projet parallèle de Marc Almond, avec son style *new wave* aux accents pop, rencontrait à l'époque un grand succès sur les ondes radio.

Gavin Friday, le chanteur du groupe *batcave* Virgin Prunes, qui était également proche des Irlandais de U2, participa lui aussi à *Scatology* sur le morceau « *The Tenderness of Wolves »*, carrément dédié aux vampires. Dans le morceau intitulé « *Cathedral in Flames »*, il annonçait les incendies

---

[102] Interview de Coil, *Débris* n°7, p.184

d'églises commis par les premiers « black-métalleux » scandinaves dix ans plus tard, en Norvège. Sur *Horse Rotorvator* (1987) qui suivit et auquel participa encore Marc Almond, cette fois sous le pseudonyme de Raoul Revere, l'accent devient toujours plus industriel et intègre des éléments orchestraux mis en boucle qui produisent une musique bricolée de haute facture, tantôt archéo-urbaine primitive, dans le sillage des Cabaret Voltaire, Psychic TV, Test Dept et Laibach, tantôt dans une veine nettement plus folk apocalyptique à la croisée entre Death in June et Current 93. On y entend une reprise de la chanson « *Who by Fire* » de Léonard Cohen, ou encore l'intégration d'éléments de fanfare et des collages déjantés avec des trompettes discordantes, des guitares industrielles cisaillées agrémentées de coups de fouet qui évoquent un climat BDSM assez dérangeant. Certains titres d'avant-garde tiennent même des compositions martiales, ce que n'auraient pas désavoué des musiciens plus récents comme Triarii. Par exemple, le titre « *The Golden Section* » : sur fond de tambours militaires, le présentateur de la BBC Paul Vaughan lit un texte racontant comment le poète persan soufi Rumi est invité par un ange de la Mort à quitter son existence terrestre[103]. Entre-temps, en 1985, Coil avait participé à la bande-son du film *The Angelic Conversation* du réalisateur Derek Jarman, décédé en 1994. Ils participèrent aussi à un projet d'adaptation cinématographique d'*Hellraiser* de Clive Barker, pour lequel ils composèrent une bande-son qui fut rejetée au dernier moment par les producteurs qui la jugeaient trop dérangeante et peu conforme au style des bandes originales hollywoodiennes classiques. Ce disque fut pourtant édité en 1987 sous le titre *Unreleased Themes for Hellraiser*. Coil enregistra de nombreux albums dont certains rencontrèrent du succès, comme les deux chapitres *Music to Play in the Dark* aux atmosphères lunaires, oniriques et psychédéliques, ou le très *krautrock*[104] et planant *Astral Disaster*. Ses musiciens développèrent en parallèle un certain nombre de projets alternatifs, dont le très rituel Cyclobe. « *Coil porte sur scène ses forces de la magie du chaos pour le nouveau millénaire* » peut-on lire dans le livre rétrospectif incontournable de la scène néofolk *Looking for Europe*[105].

---

[103] Diesel Andrea & Gerten Dieter, *Looking for Europe, néofolk & underground*, tome 1, Camion Noir, p.260

[104] L'appellation "*krautrock*" fut attribuée en vrac par le label anglais Virgin à un certain rock indépendant d'origine allemande. Jean-Hervé Péron, du groupe Faust, commente " *Le krautrock est un grand parapluie qui couvre beaucoup de styles. Celui de Berlin, de Munich, de Düsseldorf, de Hamburg et celui de Faust, qui se définit le mieux par l'anarchie, le dilettantisme et le dadaïsme.*" (interview dans *24Heures*, 29.08.2018).

[105] Andreas Diesel et Dieter Gerten, *Looking for Europe*, Camion Noir, p.264

Coil reste une influence majeure pour de nombreux autres groupes, dont Nine Inch Nails. Il cessa son activité en 2004, lorsque John Balance mourut soudainement, victime d'une mauvaise chute alors qu'il était fortement alcoolisé. Dans le style alors émergent du néofolk, signalons aussi **Fire + Ice**, un projet lui aussi proche de la mouvance chaoïste, bien que — - paradoxalement — d'une manière très mâtinée d'odinisme et de mythologie nordique. Ce projet *dark folk* est né à l'initiative de Ian Read, un musicien proche de l'occultiste Phil Hine et dirigeant de Chaos International. Ian Read fut également membre du Magical Pact Of the Illuminates of Thanatéros (IOT), un Ordre chaoïste où se croisaient Tony Wakeford, des groupes Death in June et Sol Invictus, et Andrea « Nebel » Haugen des groupes Aghast et Hagalaz Runedance. Ce néopaïen, membre de la Rune Guilde, appartenait aussi au TOPY. Ian Read débuta sa carrière musicale en 1986 sur le *Swastika for Noddy* de Current 93, morceau dans lequel il chantait aux côtés de Freya Aswinn, une prêtresse odiniste et wiccane qui a refait surface depuis peu sur la scène néofolk, avec le groupe 6<omm dont nous serons amenés à reparler. Read collabora ensuite à l'album *Brown Book* du groupe Death in June, des figures du folk apocalyptique ayant adopté un look paramilitaire, puis il participa activement aux trois premiers albums du groupe Sol Invictus, formé par Tony Wakeford, un ancien membre de Death in June qui s'en était séparé pour former son propre ensemble aux sonorités moins industrielles et plus folk. Tout comme Current 93, **Sol Invictus** finit par composer des *murder ballads* magnifiques et indétrônables. Ian Read quitta finalement Sol Invictus en 1992 pour fonder son projet personnel, Fire + Ice, dans une ambiance tout aussi folk et païenne et dont le nom s'inspire directement de la mythologie scandinave, voire de la *Glazialkosmogonie* de l'aryosophe Hörbiger. Le premier opus intitulé *Guided by the Sun* sortit sur le label NER de Douglas Pearce, le mentor de Death in June, et fut distribué par le légendaire label World Serpent. Ian Read se fit accompagner par Mouse, un ancien membre de Psychic TV que l'on connaît par le morceau « *Godstar* » en hommage à Brian Jones des Rolling Stones. À propos de Fire + Ice, on a pu lire que « *les références aux mythes germaniques et à la civilisation des Runes sont chez Fire + Ice (tout comme chez Hagalaz Runedance) beaucoup plus flagrantes que chez la plupart des autres groupes néofolk, et il s'en dégage une vision du monde de plus en plus chargée de magie* »[106]. La thématique musicale y est en effet clairement odiniste et se rattache aux mouvances néopaïennes

---

[106] Ibid., p.212.

comme l'Asatru et l'Odinic Rite. L'Asatru fut fondé par Edred Thorsson, alias Stephen Flowers, un occultiste insolite dont nous reparlerons à propos des connexions entre néonazisme, Asatru et tendance néo-*völkisch*. Ian Read publiait par ailleurs une revue du nom de *Rûna* consacrée à l'Asatru et la runologie.

Stephen Flowers, alias Edred Thorsson, membre du Temple de Set,
odiniste et runologue fasciné par les racines aryosophistes du nazisme et de l'Ordre Noir.

Pochette du disque Hollow ways *par Fire+Ice ...*

et photo live d'un concert
d'Hagalaz Runedance

Deux pochettes de disque du groupe 6Comm

Au sein de cette mouvance musicale en constante mutation pendant les années 1990, de nombreux groupes de la scène néofolk suivirent son exemple
et se mirent à afficher un caractère néopaïen, très souvent odiniste, explorant
ainsi de nouvelles perspectives et atmosphères sonores toujours immergées
dans un univers marqué par l'occultisme et les ritualités traditionnelles. À la
fin des années 1990, certains de ces groupes se rapprochèrent de la frange

plus sulfureuse et plus politiquement incorrecte dite « *black metal* ». On parle alors de « *pagan black metal* » ou plus précisément de NSBM, pour « *National Socialist Black Metal* ». Les connexions qui s'établirent entre Burzum, pour l'univers *metal*, et Blood Axis, pour celui de la *dark folk*, en témoignent. Dès ce moment-là, une frange du public métalleux s'immergea dans la mouvance post-industrielle, plus particulièrement dans les domaines réservés aux groupes catalogués « indus'martiale » qui apparurent à l'aube du XXIe siècle, comme Triarii, Puissance, Arditi, ou dans les sphères *dark ambient* plus rituelles où des formations comme Aghast, Endura ou Psychonaut sont très souvent le fruit de projets parallèles assez confidentiels initiés par des musiciens issus du milieu *black metal*.

Andrea Nebel Haugen fait partie de ces artistes qui établirent des passerelles entre le *black metal* et la musique industrielle ritualiste, sombre et martiale que proposait le label suédois Cold Meat Industry. Andrea est la femme de Samoth, nom de scène de Thomas Haugen, du groupe de *black metal* Emperor, mais, avant de célébrer son union selon le rite odiniste, elle avait fréquenté The Magical Pact Of the Illuminates of Thanateros à l'occasion d'un long séjour en Angleterre. Elle y avait fréquenté Tony Wakeford et Ian Read, deux chaoïstes qui semblaient plus curieux de runes et des *Eddas* scandinaves que des invocations à Discordia, typiques des rituels de l'IOT. Les chaoïstes intègrent pourtant le dieu scandinave Loki à leur panthéon, aux côtés de Tiamat, Eris ou encore de Hun Tun, ce qui mérite d'être relevé et pourrait expliquer certaines choses, vu le caractère ambivalent et insaisissable de cet archétype.

Revenons au parcours d'Andrea Haugen : adoptant le nom de scène de « Nebel », elle produisit sous le nom d'**Aghast**, en duo avec une certaine Tanja « Nacht » Taakeferd, l'un des disques de musique ambient rituelle les plus mystérieux et les plus réussis de ces vingt dernières années. Leur musique — si l'on peut parler de musique — nous entraîne au cœur d'une forêt embrumée où résonnent de lointaines et mystérieuses incantations qui produisent un effet extrêmement déroutant. Inutile de préciser que quiconque tente l'expérience d'écouter ce disque la nuit au milieu des bois devra affronter ses peurs les plus profondes, ressurgies des limbes sous l'effet des maléfices sonores qui se dégagent des compositions grises et incantatoires de ce duo de sorcières qui mérite amplement son *nomen* de « Nuit et Brouillard »[107]. À cette époque, Andrea se prétendait *volva* et affirmait pratiquer le *seidr*, l'ancienne magie divinatoire scandinave féminine. Avec la fin prématurée du duo Aghast, qui n'aura produit qu'un unique album, Andrea ne tarda pas à monter un second projet qui s'inscrit dans une veine plus néofolk, **Hagalaz Runedance**. Elle s'y inspire d'Ordo Equitum Solis, de Fire + Ice, de Freya Aswin et de Kate Bush. Hagalaz Runedance rencontra un vif succès dans le milieu néofolk, mais également sur la scène périphérique du *black metal* néo-païen et néo-médiéval. Il est indéniable que, sans ce groupe, des projets comme Vardruna, connu du grand public pour le générique de la série *Vikings* ou encore Heilung, qui rencontre un succès croissant bien au-delà du public néofolk confidentiel, n'auraient très certainement jamais vu le jour. C'est à la même époque qu'Andrea publia un livre sur l'ancienne voie des sorcières voyantes nordiques, *The Horde of Hagalaz*.

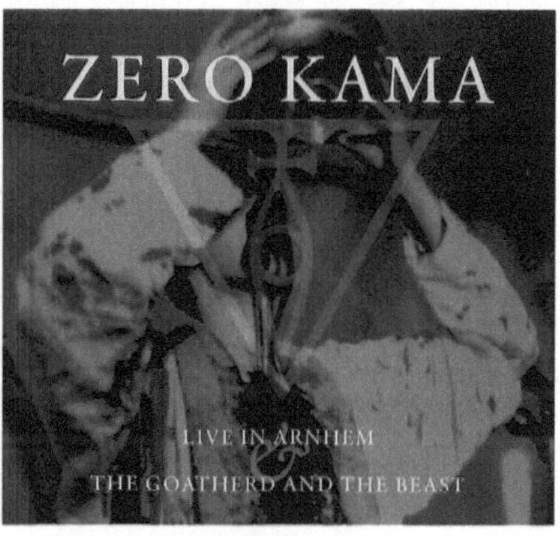

Deux pochettes de disque du groupe Zero Kama, dont
l'une où figurent les instruments faits dans des os humains

À mille lieues du paganisme odiniste et wiccan, une musique encore plus typiquement rituelle s'était développée sous l'influence du TOPY et de Coil, au sein de la mouvance « folk apocalyptique », comme on la désignait à l'époque. Ce terme avait d'ailleurs au départ été utilisé pour qualifier la musique de Current 93. C'est en effet en 1984 que parut en

---

[107] NdE : Au-delà de l'évocation des forces nocturnes les plus obscures, ces mots font directement référence au nom de code d'une directive d'application (7 décembre 1941) par laquelle le IIIe Reich autorisait la déportation de ses opposants. C'est aussi le titre d'un documentaire réalisé par Alain Resnais en 1956 et consacré aux camps de la mort nazi.

Autriche la première audiocassette du cultissime **Zero Kama**, intitulée *The Secret Eye of LAYLAH*. Zero Kama était un projet « rituel-indus » de Michael Dewitt, un magicien chaoïste qui avait monté en 1982 le label Nekrophile Records et formé le projet industriel Korpses Katatoniks dans la lignée de ses ancêtres SPK. Ses compositions ont pour particularité d'intégrer des ossements humains en guise de percussions, ainsi que d'authentiques invocations magiques, souvent en langage énochien. Ce type d'expérience invocatoire avait déjà été tenté par Zos Kia au tout début de Coil. Influencé aussi bien par le TOPY que par les premiers Current 93 ou par Austin Osman Spare, Zero Kama devint donc le fer de lance d'une nébuleuse de groupes évoluant entre *dark ambient* et rituel-indus'parmi lesquels Ain Soph, Psychonaut, Wolfsblood ou, de nos jours, Emme Ya, Ouroboros et bien d'autres. Parmi eux, **Ain Soph** fait directement référence au terme kabbalistique désignant le principe divin absolu. Ce groupe produisit sa première audiocassette en 1984 sur le label Misty Circles. Leur musique *low-fi* était composée de longues plages sonores supposées servir de bandes-son pour des rituels magiques. Les membres d'Ain Soph venaient principalement de la scène post-punk romaine du début des années 1980 ; ils étaient immergés dans l'étude de la magie et de l'hermétisme et sur ces premières productions, ils faisaient référence à Crowley, Mc Gregor Mathers de la Golden Dawn ou Henri Bergson. Sur ces enregistrements, tout comme l'avaient fait avant eux Current 93, Psychic TV, Zos Kia et Zero Kama, ils utilisèrent le langage énochien inspiré des travaux ésotériques de John Dee et son médium Edward Kelley, un langage magique popularisé ensuite par Aleister Crowley.

Les atmosphères sinistres et nécro-industrielles atteignent un summum sur l'album *Ars Regia* (1987) qui fait référence à *La Tradizione Ermetica* de l'ésoteriste italien Julius Evola. Cet album parut originellement sous forme d'audiocassette chez Nekrophile Rekords, puis en CD chez Athanor, un label français spécialisé dans les musiques rituelles, avec un livret contenant des textes aux forts accents contre-initiatiques, insistant sur la voie de la main gauche d'Austin Osman Spare, sur les travaux de Giuliano Kremmerz de la Fraternité Ésotérique de Myriam, mais aussi sur Omar Khayyam, à qui Ain Soph fait référence dans un morceau intitulé « *Rubbayat* » qui fait louange au vin et figure sur l'album *Aurora* dont « *la musique est en partie ancrée dans la tradition des chansons des musiciens de rues italiens »*.[108] Par la suite, Ain Soph produisit une musique toujours surprenante, aux atmosphères psychédéliques et folk apocalyptique avec des accents tantôt méditerranéens, tantôt eurasiens. Ces différentes productions explorent tour à tour le catharisme, la tradition ésotérique de Julius Evola — sur le LP *Kshatrya,* sorti en 1988 sous format K7 puis réédité en CD en 1992 — et l'occultisme de la main gauche. Ces musiciens ont influencé une pléthore de groupes dont ACTUS, Spiritual Front, Allerseelen, King Dude et Novy Svet, pour n'en citer que quelques-uns.

Dans cette mouvance largement inspirée par le thélémisme, les Belges du groupe Hybrids — membres du groupe d'*electronic body music* belge The Klinik — en 1988, puis Endura en 1994 — un nom qui fait référence aux cathares dans un projet musical très influencé par Aleister Crowley, Lovecraft et les voies de la main gauche — produisent une musique réservée aux (contre —) initiés pour accompagner leurs cérémonies magiques ou théurgiques. Par ailleurs, en France, le fondateur du label Athanor avait participé à la revue ésotérique *L'Originel*, dirigée par Charles Antoni, et signa de nombreuses productions hermétiques artisanales, distribuées confidentiellement. Certaines de ces productions sonores très soignées et typiquement hermétiques sont devenues aujourd'hui légendaires et s'arrachent à prix d'or sur E-bay. Parmi les projets musicaux publiés chez Athanor, nous citerons les groupes Organisation Toth, Psychonaut, Lapis Niger qui avait consacré un disque étonnant aux Yézidis du Caucase, et Blood Axis qui s'est associé sulfureux Joyaux de la Princesse pour un album consacré à l'absinthe. Athanor a également édité des compilations rétrospectives sur les travaux de Zero Kama.

En l'an 2000, la scène américaine révéla **Psychonaut** qui, en digne successeur de Zero Kama et de Coven, continua d'explorer la voie thélémite et celle d'Austin Osman Spare, agrémentant le tout de Magie du Chaos et de Goétie babylonienne. Ce projet est né à l'initiative de Michael Ford, connu comme mentor du groupe d'*occult black metal* Black Funeral, ainsi que du projet Valefor, et qui officiait aussi dans le domaine de la *black ambient*. Derrière lui, se cache l'« Order of Phosphorus » dont il est aussi le dirigeant. Sur *Witche's Sabbat* (2000),

---

[108] Diesel Andreas & Gerten Dieter, *Looking for Europe*, tome II, Camion Noir, p.50

son premier opus et certainement le plus réussi, la musique est un vibrant hommage à Austin Osman Spare, incantatoire, sauvage et rythmé par des sons d'os humains à la façon de Zero Kama. Avec son atmosphère luciférienne, l'album *Liber Al Vel Legis* (2001) dévoile une facette plus *ambient* et moins tribale, Michael Ford y exécutant en direct un rituel crowleyien utilisé par l'O.T.O. Rebaptisé par la suite Psychonaut 75 — l'un des nombres kabbalistiques attribué à Lucifer dans le système de la main gauche — Michael Ford fut rejoint par sa compagne Davcina, qui était déjà présente au sein de Valefor, puis par Tonnie Vain et la *pin up* Dana Dark, une figure bien connue dans le milieu fétichiste de Los Angeles. Tous les trois étant membres de l'Order of Phosphorus. Ils enregistrèrent alors *Stealing the fire from Heaven* (2002) sur lequel, étrangement, leurs morceaux dérivent vers une *electro dark* infernale à la croisée de Mother Destruction, The Moon Lay Hidden Beneath a Cloud et Wumpscut. Synthétique et rythmée, au point de se rapprocher parfois du style *break beat, Stealing the fire from Heaven* n'en reste pas moins fidèle au concept magique, rituel et incantatoire. Le prolifique Michael Ford[109] lança aussi Hexentanz, un projet en collaboration avec The Soil Bleeds Black qui se révèle le son le plus lugubre et potentiellement le plus proche de ce qu'ont pu être les messes noires de l'ère médiévale, à mi-chemin entre les ritournelles du style *dark medieval* de The Moon Lay Hidden Beneath a Cloud et les atmosphères incantatoires et embrumées du duo de sorcières Aghast. Prudence toutefois, car, le disque écouté et le silence revenu, on a vraiment la sensation d'avoir réveillé un égrégore d'outre-monde.

En ce qui concerne la scène rituelle hexagonale, celle-ci a enfanté un groupe trop méconnu du nom d'**Asmorod** dont le premier opus *Involution towards Chtonian Depths* est paru en 1997 sur le label Soltitium. Percussions rituelles, mantras, sonorités industrielles et *ambient*, mais aussi parfois des chœurs éthérés et lointains, des arpèges de guitares néofolk perdues dans la brume, des passages symphoniques ou martiaux dévoilent des compositions envoûtantes et hypnotiques. C'est en 1998 que sortit leur deuxième production, cette fois-ci sous la forme d'un CD-R à tirage limité, intitulé *Ia ! Ia ! Cthulhu Fhtagn*. Cet

---

[109] Michael W. Ford est aujourd'hui l'auteur d'un certain nombre de livres autour de la main gauche : *La Sagesse d'Eosphoros, La Lumière de l'Adversaire, Adamu le tantra de Lucifer, Débuter en Magie Luciferienne* pour n'en citer que quelques uns de ceux qui sont publiés en français chez Chronos Arenam ou Camion Noir.

album est aujourd'hui devenu très difficile à dénicher. *Derelict* (1999), qui suivra chez Tesco l'année suivante, opère un changement : Asmorod y imprègne sa musique de passages *harsch & noise* qui confèrent une ambiance encore plus pesante aux grondements organiques et aux nappes vaporeuses surgissant des profondeurs. Malgré une tendance bien plus dure et industrielle, les *loops* abyssaux que livre *Derelict* nous transportent toujours magiquement au cœur de rituels obscurs et chaotiques tout à la gloire des Grands Anciens lovecraftiens.

À partir de 2000, un des membres fondateurs d'Asmorod et de Taliesin's Bard Order, un projet d'*ambient* français qui n'a toutefois produit qu'une seule audiocassette en tirage ultra limité, Cedric Codognet, s'investit dans un autre projet intitulé Sator Absentia dont le premier album, *Mercurian Orgasms* (2000), parut sur le label Dark Vynil. On y retrouve les ambiances abyssales chères à Asmorod, auxquels se joignent, au fil des morceaux, des percussions tribales lointaines, des violons et hautbois aux vibrations plaintives, les rires de sorcières sardoniques et des chœurs fantomatiques émergeant des abysses. L'année suivante suivit un second album, *Fluid Artifacts*, toujours chez Dark Vynil. Cette fois-ci, Cedric Colognet, aidé par Fredrik Berstrom du groupe No Festival of Light, dévoila une facette plus rythmique et électronique de ses compositions qui n'en demeurent pas moins terriblement angoissantes. Sa production suivante, *The true meaning of Golgotha*, paru en 2003 chez Dark Vynil reste dans la même veine rythmée, sombre et hypnotique.

D'autres membres d'Asmorod se lancèrent dans un projet intitulé Kurotokage, terme tiré d'un roman d'Edogawa Ranpo. Leur unique album, *Call to the Deep*, paru chez Fluttering Dragon — le label du groupe néo-médiéval The Soil Bleeds Black qui avait aussi produit Hexentanz en collaboration avec Michael Ford — relève du *dark ambient* interprété avec des instruments ethniques, un style qu'on pourrait situer quelque part entre Brian Lustmord et le *Zamia Lehmanni* de SPK. En 1995, Cyril Herry et Cedric Peyronnet (Toy Bizarre) développèrent de leur côté le projet intitulé Sechres Mound. Ayant découvert un lieu improbable laissé à l'abandon, une cuve industrielle qu'ils investirent pour son acoustique particulière, le groupe prit un an plus tard le nom d'Exotoendo. Ils se livrèrent alors à l'élaboration d'installations et d'enregistrements de sessions musicales improvisées avec des instruments traditionnels. Aujourd'hui en sommeil, Exotoendo édita deux albums de *dark ambient* rituelle assez proches de Lustmord : le premier d'entre eux, *Endorcism Process,* produit chez Old Europa Café, parut en 1998 et le second, *Push Kara*, inspiré par le Livre des Morts Tibétain et les rituels du Bön Po, en 2000 chez Athanor. Cette musique inclut des cloches, des bols tibétains, des hautbois et des percussions tribales. Cyril Herry s'orienta ensuite vers une musique plus électronique avec le groupe Lecanora.

D'autres projets français tirent leur inspiration du chamanisme Bön Po, comme **Chöd** dont le nom provient d'un rituel tibétain très sombre. Ce groupe, né sur les cendres du groupe de *cold wave* In Articulo Mortis, est influencé par les productions du label Nekrophile Rekords comme Lashtal ou Zero Kama. Sa première production sur audiocassette sortit fin 1995 sur le label Art Concept ; elle proposait des compositions *ambiant* angoissantes déclenchées par des boucles sonores sombres et hypnotiques agrémentées de *samples* de chœurs religieux, flûtes et percussions lourdes, comme ne les auraient pas reniés certaines formations de chez Cold Meat Industry. Une deuxième audiocassette, *Kala-Nath*, sortit en 1996. Chöd participa ensuite à deux compilations : *Lunar Blood Rituals: The Dark Evolution of Electronics vol.2,* sur le label américain Ava, et *Lucifer Rising* (1998) en hommage à Kenneth Anger, chez Athanor. S'ensuivit le 7'*Isthar aux Enfers* (1999), puis l'album *Les Autres Dieux* (2000), toujours chez Athanor, qui continue cette exploration de l'indus'rituelle chtonienne, tribale et tantrique. Pour finir avec les groupes d'indus'rituelle français, mentionnons Organisation Toth, un projet marseillais fondé en 1998 par Ö, livier. T. aka., Ö, siris et Frater Th., qui sortit plusieurs productions à tirage limité sur le label Athanor. Sur la première, le 10'*picture disc This is the voice of T.e.r.r.O.r*, le groupe est aidé par Mephisto. S. ; sa musique s'inspire elle aussi des productions de Nekrophile Rekords, imprégnant des *soundscapes* oppressants à base de percussions métalliques qui invitent l'auditeur à entrer dans une transe endiablée. Suivit *Follow the Red Örder* qui plonge le public toujours plus profondément dans un état second, bercés dans de l'*ambient* aux sonorités infernales et aux références tantriques, et enfin le CD *Red Light*, où Organisation Toth livre un *breakbeat* vaudouisant des plus envoûtants, lorgnant parfois du côté de la *drum'n bass*. Ce disque clôture brillamment la trilogie parue chez Athanor. Leur dernière production en date et unique CD officiel, *Birth of Light*, parut chez Old Europa Café en 2003. Cette fois-ci, leurs compositions prennent une tournure moins rythmique et dévoilent des volutes *ambient* et industrielle plus obscures, tour à tour orchestrales, incantatoires, rituelles et abyssales. Signalons enfin le travail que mènent actuellement de nouveaux labels comme Notarikon, Sollipsim Records ou Cyclic Law qui font la promotion de plusieurs projets de tendance chaoïste et occultiste très actifs, ce qui prouve qu'au sein des musiques *dark*, la veine rituelle/industrielle n'est pas près de se tarir.

Rodney Orpheus est un musicien post-punk derrière lequel se cache **Cassandra Complex**, un groupe proche des Sisters of Mercy qui, tout comme ces derniers, a été très influencé par le rock proto-industriel d'Alan Vega, Suicide, qui mélange de l'électronique répétitive et une énergie typique du rock. Rodney Orpheus est aussi connu pour avoir publié *Abrahadabra*, un livre essentiel sur le système de *Magick* de Crowley, et pour diriger un organisme thélémite rattaché à l'Ordo Templi Orientis. Rodney Orpheus est un véritable *freak* semblant tout droit sorti de l'univers uchronique d'un jeu de rôle cyberpunk comme *Shadowrun*. Après avoir monté un premier groupe punk, The Spare Mentals, il emménagea à Leeds en 1980 où il s'investit dans l'organisation d'événements artistiques pluridisciplinaires, les « Complex Events », puis il forma Cassandra Complex avec Paul Dillon, en 1984. Celui-ci quitta toutefois le groupe deux ans plus tard, au moment où sortait leur premier véritable album « *Grenade* », qui fut suivi par « *Theomania* » (1988), « *Satan, Bugs Bunny and Me* » (1989), « *Cyberpunx* » (1990), « *the War against Sleep* » (1991) ou encore « *Sex & Death* » (1993), « *tous aussi sombres et enragés les uns que les autres, et de plus en plus proches d'une sensibilité gothic-rock voire métal-indus* ».[110] Bien qu'originaire de Leeds, ville qui vit également naître le groupe Sisters of Mercy qui est devenu la référence en matière de *gothic rock* sépulcral, Cassandra Complex se rapprocha très vite des scènes belges et allemandes et annonça la scène dite *dark wave* allemande qu'ils contribuèrent à faire émerger au sein de la mouvance gothique.

---

[110] *Carnets Noirs*, Acte 1, K-Inite, p.126

C'est durant ces années où Cassandra Complex enchaîna concert sur concert, très souvent aux côtés des Sisters of Mercy, qu'Orpheus, qui étudiait Crowley depuis son adolescence, rejoignit l'Ordo Templi Orientis. Ce fut également lui qui créa et développa la revue occultiste *Pagan News,* avec son ami Phil Hine, proche d'Ian Read, la tête pensante du groupe odiniste Fire + Ice, membre de l'IOT, du TOPY et éditeur de la revue *Chaos International.* On constate combien tout ce petit monde se recoupe. Sur le morceau « Kill your Children », Orpheus ne se privait pas de déclarer avec insistance « *everything is permited* » qui fait référence au credo chaoïste. En 1990, Orpheus alla s'installer en Allemagne où il organisa une branche locale de l'OTO, « the Makhashanah Oasis ». Durant cette période, il monta aussi un projet musical intitulé Sungod avec Patricia Nigiani, une ex de Project Pitchfork, un groupe phare de la *dark wave* alors en pleine émergence. Sungod s'inspirait aussi des travaux de Sallie Ann Glassman, une artiste d'origine juive initiée à la *santeria*, la version cubaine du vaudou, et connue pour avoir dessiné un jeu de Tarot énochien inspiré par John Dee. Rodney Orpheus aurait reçu lui aussi l'initiation de base à la *santeria* par le prêtre Baba Raul Canizares, à l'occasion d'un bref séjour à New York.

Il monta son propre studio d'enregistrement où il produisit les travaux de musiciens goths et indus'transversaux très représentatifs des années 1990 comme Die Krupps, Girls Under Glass ou encore Faith and the Muse. Il apparut en outre dans le film *Kiss my Blood* où il tient le rôle d'un vampire allemand. Le journaliste Mark Dervy l'avait affublé du titre de « technopaïen », soulignant par là son penchant pour le cyberpunk et le transhumanisme. En chaoïste qui se respecte, Orpheus était tout à la fois thélémite et *hacker*, fasciné par les machines et la technologie aussi bien que par la littérature cyberpunk et le jeu de rôle. Il participa en 2007 à la confection de suppléments destinés au jeu de plateau, *Car Wars*, édité par son ami Steve Jackson, un créateur de jeux de simulations qui avait commis le mythique *Illuminati*, à propos duquel on a pu lire de nombreuses infondées sur les sites complotistes qui pullulent sur la Toile. Orpheus avait également contribué à développer en 2001 le jeu vidéo *Neverwinter Nights*. Il soutenait que, lorsque l'on utilise un ordinateur, on utilise son imagination pour en contrôler la réalité et que c'est exactement ce en quoi consiste la sorcellerie : transformer la nature matérielle des choses plastiques en quelque chose de supérieur qui se situe sur un autre plan de réalité. Selon lui, c'est la raison pour laquelle les techniques de *Magick* auront beau être âgées de plusieurs siècles, elles n'en resteront pas moins parfaitement adaptées à l'ère cyberpunk dans lequel nous entrons.

En 1999, Orpheus rejoignit la compagnie Steinberg, éditrice de logiciels de musique assistée par ordinateur, qu'il contribua à développer, puis il s'occupa du design d'un des tout premiers réseaux sociaux du Web, Cubase.net. À l'occasion d'un séjour à Los Angeles à la veille de l'an 2000, il devint membre éminent du Supreme Grand Council de la Grande Loge de l'OTO des États-Unis. Il travailla ensuite en tant qu'ingénieur du son sur des projets musicaux de grande envergure comme « The Future Sound of London ». En 2007, il reforma le *line up* original de Cassandra Complex et, deux ans plus tard, de retour en Angleterre, il fut promu « Deputy National Grand Master General » de la Grande Loge britannique de l'OTO, au moment du solstice d'été. En septembre 2009, il apparut aussi dans le *podcast* de l'OTO *Thelema Now,* diffusé sur Internet où il fit une seconde apparition en août 2011. En mai de la même année, il avait représenté l'OTO dans une émission enregistrée pour Kerrang Radio. Alors qu'il y discutait de l'influence que pouvaient exercer les démons et les entités non humaines, un *bug* se produisit et des dissonances sonores inattendues brouillèrent la station radio durant plus de deux minutes.

Toujours proche de la mouvance chaoïste, nous ne pouvons ignorer le groupe de *gothic rock/grebo* qui porte le nom de **Fields Of The Nephilim**, dont le mentor, Carl Mc Coy, est connu pour son implication dans la Magie du Chaos et pour son intérêt pour l'antique théurgie sumérienne, pour le thélémisme, pour les anges déchus et d'autres sujets occultes. Il développa ces thèmes dans une musique gothique où l'on croit remonter jusqu'aux temps mythologiques où les géants régnaient sur le monde. Notons que le reporter Andrew Collins, auteur d'*À la Recherche du Jardin d'Eden*[111], une enquête très approfondie à propos de l'origine des anges déchus et de l'emplacement de l'Arche de Noé, est le manager et conseiller

---

[111] Collins Andrew, *À la recherche du Jardin d'Eden*, Le Jardin du Livre.

thématique du groupe, en plus d'être un ami fidèle de Carl Mc Coy depuis de nombreuses années. C'est ensemble, semble-t-il, qu'ils ont développé un Ordre magique intitulé « The 24th hour » dont les adeptes se tiennent, selon eux, en contact direct avec les anges déchus et avec les « Veilleurs » mentionnés dans le Livre d'Hénoch, par le truchement du rêve ou à travers les visions que leur procure la prise de substances hallucinogènes comme la datura ou l'ayahuasca. Lors d'interviews, Carl Mc Coy qui — tout comme Jaz Coleman de Killing Joke — ne cachait pas sa passion pour les mythes sumériens et les thèses néo-évhéméristes de Sitchin, affirmait effectuer sur scène des danses de la pluie, allusion voilée aux *tsadiks* mentionnés dans les Manuscrits de la Mer Morte, Saints juifs qui auraient le pouvoir de provoquer la pluie en traçant des cercles magiques sur le sol.

La plupart des sujets traités par Mc Coy avec Fields of the Nephilim sont en étroite corrélation avec ceux développés dans les livres d'Andrew Collins. Avec les Sisters of Mercy, ce groupe fut à l'origine du style « gothique », un terme dont la grande presse usa et abusa, bien que leur style vestimentaire, en réalité inspiré des westerns spaghettis, les identifiait plutôt comme les précurseurs des *grebos*[112]. Des groupes comme The Mission ou the Cult développèrent ensuite ce *look*, qui gagna toute la scène *dance industrial crossover* américaine du milieu des années 90, depuis Nine Inch Nails jusqu'à Die Warzau. Carl M Coy apparaît aussi dans M.A.R.K. 13/Hardware de Richard Stanley, un film cyberpunk avant l'heure, adapté d'une bande dessinée tirée du magazine *2000 Ad*, dans un scénario qui se déroule dans l'univers du personnage Judge Dredd. La BO de ce film[113] était assurée par des musiciens comme Ministry, Motorhead et Public Image Limited, le projet *new wave*/industriel de Johnny Rotten, l'ancien chanteur des Sex Pistols.

Un groupe sensiblement influencé par Fields of The Nephilim vit le jour en Suisse au milieu des années 1990, **Trom**. Bien que ses compositions dégagent également des influences de rock industriel « à la Swans », Trom qualifiait sa musique de *gothic core* sur les flyers

---

[112] Ce style est principalement représenté par Pop Will Eat Itself, qui lança l'expression, et par le groupe anglais Jesus Jones, dans les années 1990.

[113] Ce film inspira considérablement le premier tome du manga *Gunnm* de Yukito Kishiro dont est prévu une adaptation par Robert Rodriguez et James Cameron sous le nom de Alita Battle Angel.

qu'il diffusait à l'époque. Ses membres ne cachaient pas leur intérêt pour Eliphas Levi, Fulcanelli, Robert Ambelain ou Gustav Meyrink. Ils développaient des ambiances radioactives, occultes, sépulcrales et malsaines sur fond d'incantations gutturales et de guitares lacérées que n'auraient pas reniées Godflesh, Treponem Pal ou les Young Gods. Ils n'ont toutefois sorti qu'un maxi, *Balmor*, et un album live *Evil*, seuls témoins et archives sonores de cette trop brève aventure musicale et d'une époque où la musique gothique était encore synonyme de qualité et réservée à un public d'initiés intègres et passionnés.

Dans un autre registre, plus métal et bien plus commercial, il faut mentionner **Thérion**, un groupe de *heavy metal* symphonique et pompeux, dont le parolier Thomas Karlsson dirige l'Ordre du Dragon Rouge. Thomas Karlsson développe au sein de Thérion des thèmes qui ne sont pas sans lien avec les sources antédiluviennes de la contre-initiation, les Rois des royaumes préadamiques d'Edom et les enclos souterrains dans lesquels s'étaient réfugiés les Veilleurs pendant de longues périodes cataclysmiques, jusqu'aux mythiques continents perdus de l'Atlantide et Mu. Karlsson se trouve également derrière Lapis Niger, un projet de *dark ambient* consacré aux rituels Yézidis et à leur cosmogonie singulière où l'Ange-Paon, Melek Tawus, a la part belle. Ce disque, paru chez Athanor, mérite le détour puisqu'il illustre à merveille des atmosphères tout droit sorties d'un livre de Rudyard Kipling. Titulaire d'un doctorat en religions comparées, Thomas Karlsson a consacré sa thèse aux courants cabalistiques suédois du XVIIe siècle. Il occupe aujourd'hui un poste de chercheur à l'université de Yale, aux États-Unis, et il est également directeur de conférences au sein du cercle The Esoteric Crossroads basé à Capri, en Italie. Il est en outre titulaire d'une chaire d'histoire, philosophie et religion sous l'angle d'approche ésotérique à l'université de Stockholm. Il a publié de nombreux livres consacrés à la Goétie, aux runes, au wotanisme, ainsi qu'au luciférisme et à la Gnose Ophite. L'un d'entre eux, sobrement intitulé *Qabale, Qlipoth et Magie Goétique,* a récemment été traduit en français chez Alliance Magique. Adepte de la magie draconique et de l'aryosophie, Thomas Karlsson enseigne et transmet les initiations de son Ordre ésotérique du Dragon Rouge à travers le monde.[114]

---

[114] Voir l'entretien que Thomas Karlsson a accordé au blog Rat Holes, www.chaosophie.net/'?p=3360

Couverture du livre de Thomas Karlsson consacré au Dragon Rouge

Karlsson avait formé l'Ordre du Dragon Rouge sous l'influence du Typhonian Order de Kenneth Grant et suite à sa rencontre avec un groupe d'occultistes basé à Göteborg en Suède qui pratique une magie typhonienne imprégnée d'influences Yézidies dont il recueillit de nombreux arcanes. Selon la légende fondatrice de cet Ordre, c'est lors d'un voyage qu'il fit au Maroc à la fin des années 1980 que, sur la place Jemâa el Fna à Marrakech, Karlsson fit la rencontre d'un certain derviche qui lui annonça prophétiquement : « L'ancien devra être détruit et un temple devra être construit pour le Dragon rouge »[115]. De

---

[115] NdE : Cette filiation très certainement imaginaire est simplement là pour donner du crédit et une filiation à son Ordre. En effet, il n'y a pas de derviches à Jemâa el Fna, mais des musiciens *gnaoui*. Ce fameux « derviche » mentionné par Karlsson était-il l'Homme aux Pigeons, Si Ahmed Cherkaoui, le conteur *hashishin* qui était alors l'une des attractions de la place la plus fréquentée de Marrakech – certes sans aucun lien avec la vieille secte ismaélite ? Ou bien s'agissait-il d'un musicien *gnaoua*, ou encore d'un prédicateur venu du grand Sud ? L'occultiste suédois semble avoir éprouvé quelque peine à faire preuve de discernement s'il s'est fondé sur une révélation de ce genre pour créer un Ordre magique digne de ce nom. La place Jemâa el Fna est une scène publique, un lieu de jeux et de rencontres, mais on n'y délivre pas de prophétie sérieuse.

retour en Suède, il fonda ainsi lui-même l'Ordre du Dragon Rouge, en 1989, en compagnie de sept autres mages noirs. Il développa aussi avec sa femme un projet musical secret qui se situe à la croisée de Death in June et de Dead Can Dance.

Nous avons déjà croisé Michael Ford, dont le groupe Black Funeral s'affiche clairement comme occultiste. C'est une chose plutôt rare parmi les groupes de *black metal*, car, la plupart du temps, ceux-ci n'affichent leurs oripeaux satanistes que pour choquer le public ou envisagent cette étiquette comme un état d'esprit plutôt que comme une croyance au sens rituel et religieux, ce qui serait, au contraire, le cas des adeptes du Temple de Set ou de la Church of Satan d'Anton La Vey. Pour les musiciens, il ne s'agit souvent que du signe de leur révolte adolescente pas complètement assumée et qui les pousse au blasphème et à une expression nihiliste. Ayant dépassé la quarantaine, ceux d'entre eux qui n'ont pas déserté le milieu approfondissent ces convictions pour devenir plus crédibles, comme de vieux loups. Certains de ces groupes sont toutefois immergés dans une quête occultiste sincère ; ils se comptent sur les doigts de la main et n'appartiennent généralement à aucune structure ésotérique officielle, leur préférant des Ordres autonomes qu'ils ont fondés exactement comme on monte un groupe. Lorsque leur style affiche ouvertement une tendance sataniste, il ne s'agit souvent que d'une philosophie de vie impliquant le rejet de Dieu et des dogmes de l'Église. Les opinions varient bien entendu d'un groupe à l'autre, depuis l'athéisme le plus profond jusqu'à la révolte prométhéenne ou luciférienne contre l'autorité divine. Cette attitude n'est toutefois pas très répandue, bien que ce soit parmi ces groupes-là que l'on trouve un réel intérêt pour les sciences occultes.

Il faut comprendre qu'au départ, le *black metal* avait pris racine dans la contre-culture hard rock et *heavy metal* du milieu des années 1980, au moment où les styles *trash* et *speed metal* de formations comme Metallica, Slayer, Possessed ou Megadeth et Venom faisaient fureur parmi les *teenagers* en quête de sensations fortes. Ces groupes-là utilisaient l'imagerie morbide inspirée des films d'horreur, très en vogue à l'époque, lançant ainsi une tendance qui fit émerger à sa suite la scène dite *death metal* avec Deicide et Morbid Angel en tête des groupes se déclarant satanistes. Le premier, Venom déclara jouer du *black metal* : ils avaient en effet incorporé à leur concept scénique certains éléments empruntés aux « arts noirs », tout en déclarant qu'il ne s'agissait que du prolongement musical des films d'horreur et « *qu'ils jouaient leur rôle de suppôts de Satan avec un sens de la mise en scène tout à fait approprié* ».

Un groupe comme Marduk, par exemple, considéré comme l'un des plus blasphémateurs du mouvement à ses débuts, alla jusqu'à utiliser une citation du film *l'Exorciste* en déclamant « *fuck me, Jesus* » en ouverture d'un de ses morceaux. La plupart de ces formations entretenaient une aura de mystère qu'ils développèrent à travers des grimages très clichés et des poses grotesques, s'accoutrant en guerriers des Enfers, s'affublant de pseudonymes de nécromanciens comme s'il s'agissait de *nomen* mystiques, alors qu'ils semblent bien souvent plutôt tirés d'un jeu de rôle horrifique ou d'un roman de Tolkien que véritablement inspirés par la magie de la main gauche. Ces artistes avaient d'ailleurs tendance à toujours faire référence aux mêmes figures de la littérature comme Elizabeth Bathory ou Aleister Crowley, sans même s'être bien renseignés sur leurs biographies réelles. C'est dans cette ambiance qu'Ishahn, du groupe Emperor, déclara un jour à son public que ce dernier n'arriverait jamais à le comprendre, puisqu'il n'était que le spectateur d'un film d'horreur alors que lui se situait sur l'écran, c'est à dire sur la scène — des propos qui font sourire.

Parmi les premiers groupes de *black metal* authentiquement immergés dans le satanisme, on trouve au départ **Root**, un vieux groupe tchèque dont le leader, Jiří Valter, plus connu dans le milieu sous le nom de Big Boss, fut le chef d'une branche tchèque de l'église sataniste Church of Satan, de La Vey. Formé en 1987, Root lança la première vague de *black metal*, fortement influencée par Venom et Bathory. Ses atmosphères dégagent parfois sentiment qui rappelle le *gothic core* de Trom, particulièrement sur certains passages du titre « *Vyslech/666* ». Leur premier album *Zjeveni* paru en 1990 eut une influence certaine sur la scène norvégienne qui allait s'en inspirer.

Bien que ce furent des groupes comme Celtic Frost, Venom et Bathory qui l'inspirèrent, c'est en Norvège que le *black metal* se développa le mieux, en parallèle du *death metal*, et qu'il fit rapidement parler de lui. Les forêts enneigées et l'histoire de leurs ancêtres influencèrent certainement les jeunes musiciens locaux, souvent des marginaux en quête d'identité, rejetés par le système et qui se réfugiaient dans une contre-culture dont ils sous-estimaient les effets pervers, tant ils étaient déconnectés de la réalité. Ces jeunes s'étaient réunis à Oslo sous l'égide de leur *leader*, un certain Euronymous, et ils firent tristement parler d'eux par le biais d'actions terroristes perpétrées contre des églises. Ils se rassemblaient dans le sous-sol du magasin de disques que tenait alors Euronymous, un lieu sobrement nommé « *Hell* », et y squattaient des matelas humides surplombés par des drapeaux nazis. L'atmosphère de donjon décadent qui se dégageait des lieux était renforcée par la présence de ceux qui les hantaient, particulièrement lors des *jams* qui s'y déroulaient, « *de gigantesques cérémonies chaotiques éclairées à la bougie où les dévots portaient des maquillages corporels, des capes noires et des répliques de harnachements vikings. Beaucoup de participants s'entaillaient la chair avec des couteaux ou des bouteilles cassées, et les plus inspirés d'entre eux allaient profaner des cimetières en renversant les pierres tombales ou en taguant des pentagrammes et des 666, le Chiffre de la Bête* ».[116] Euronymous assumait le rôle de *leader* de l'Inner Circle ; c'est lui qui inspirait les jeunes « suppôts de Satan » et il entretenait l'espoir que le *black metal* puisse inciter ces jeunes à la violence. Il tenait de longs discours sur la peur de la souffrance infligée aux victimes de cette violence, qu'il fallait selon lui parvenir à surmonter. Seul devait compter le fait d'être intrinsèquement maléfique. Euronymous entretenait son image de chef et accordait un soin particulier à son apparence : des cheveux longs, un bouc pointu et une moustache aux bouts recourbés. Il déambulait dans les rues d'Oslo revêtu d'une cape noire. On peut lire dans l'article de Darcey Steinke, *Suppôts de Satan*, que « *son penchant pour la chimie l'avait conduit à installer dans le sous-sol de leur maison un labo bien équipé, rempli de béchers, d'alambics, de becs Bunsen et de bouteilles d'acides* » et que, « *pour ses expériences, il enfilait une blouse blanche de chimiste à col orné de boutons dorés. Il passait des heures entières dans son labo à rire comme un dément en mélangeant des substances illégales* ».

Entre 1990 et 1991, juste avant que n'émergent officiellement la scène *black metal* et l'Inner Circle en Norvège, la presse à sensation locale avait déjà signalé quelques actes sataniques qui défrayèrent la chronique : des actes de cannibalisme et des meurtres rituels de nouveau-nés dans le pur esprit de la fantasmagorie des messes noires médiévales. Ces exactions avaient été commises par quelques thélémites déviants appartenant à une certaine loge de l'Ordo Templi Orientis qui auraient trahi leurs supérieurs en commettant

---

[116] Darcey Steinke, « Suppôts de Satan », *Hard Mag* n° 10, Juillet 1996, p.101.

de tels crimes. Selon Simen Midgaard, qui dirige la branche de l'OTO d'Oslo, ces actes sacrilèges et innommables établissaient un lien entre les satanistes et certains thélémites de l'Ordo Templi Orientis. Ils furent la cause d'une campagne diffamatoire envers cet Ordre et la diffusion de ces informations — qui ont fait la une des infos en Norvège — a très certainement influencé la jeunesse désabusée de l'Inner Circle et les premiers groupes de *black metal* norvégien qui développèrent en conséquence leur esthétique satanico-médiévale. Certains de ces groupes avaient d'ailleurs contacté Midgaard entre 1992 et 1995 pour obtenir des informations sur l'OTO. Midgaard aurait aussi rencontré Ishahn, du groupe Emperor, qui s'intéressait personnellement à la philosophie de La Vey et qui lui laissa surtout l'impression d'un sataniste « faustien », plutôt romantique et gothique, un peu dans l'esprit d'un Lord Byron.

En France, la scène *black metal* ne fut pas en reste. En réponse directe à l'Inner Circle, on vit apparaître les Black Légions, ou Légions Noires, un collectif de formations qui fut actif dans un milieu encore très *underground* à l'époque, durant une période s'étalant entre 1993 et 1997. Ses membres étaient tous plus ou moins des activistes dans des opérations miliciennes visant à détériorer des édifices sacrés, mais ils étaient aussi souvent immergés dans l'occultisme de la main gauche. Les formations musicales les plus connues furent Mütiilation et Vlad Tepes. Les légions Noires, ou LLN, affichaient des positions d'extrême-droite, voire carrément néonazies. Elles s'étaient constituées en l'honneur de la mafia norvégienne, représentée surtout par Darkthrone et Burzum, et elles soutenaient Varg Vikernes. Le style musical de Mütiilation était extrêmement torturé et annonçait la phase la plus dépressive du *black metal* qui suivit au XXIe siècle. Dans un reportage récent consacré à la scène française *underground* des années 90 — *Bleu Blanc Satan,* un documentaire de 43 minutes réalisé par Camille Dauteuille et Franck Trébillac que chacun peut facilement trouver sur Internet — son unique représentant, Meyna'ch, se rappelle le bon vieux temps où le *black metal* était encore contre-culturel : « *On voulait être une sorte de révolution, une maladie, une gangrène dans la société* ». Un autre vétéran de ce microcosme, Valnoir de Glaciation et Métatstazis, y déclare : « *On parlait du rejet du christianisme, de la volonté d'anéantir le christianisme et tout ce qu'il y avait autour avec cette espèce de darwinisme social délirant, ce rejet de la faiblesse et toutes les dérives politiques qu'il y a pu avoir autour, comme le nationalisme rattaché au paganisme avec, derrière,*

*une certaine influence, un état d'esprit imprégné de "national romantisme".
Ça mélangeait en fait énormément de choses, à cause du manque de
satisfaction de ce que la société moderne apportait avec une volonté de
revenir à des valeurs beaucoup plus dures, qui ont plus ou moins fait leurs
preuves par le passé — il y a des centaines, voire des milliers d'années. »*

Cependant, à l'aube du XXIᵉ siècle, sans doute grâce au succès populaire
du groupe Cradle of Filth, le style *black metal* se fourvoya toujours davantage dans une mauvaise parodie de film d'horreur. Il attira des milliers
d'ados incultes qui consommèrent les pires produits musicaux qu'ait pu
engendrer cette scène. Seuls quelques fidèles intransigeants continuèrent
de transmettre les perspectives subversives et la philosophie satanique et
nihiliste des origines du genre. Malgré cela, le *black metal* ne se remit
jamais vraiment de son succès public et, bien souvent, les plus
respectables formations des débuts commirent des albums très
commerciaux et bourrés de *gimmicks*, à mille lieues de l'inspiration
primitive et sauvage qui transparaissait dans leurs premières productions.
Ce n'est finalement qu'au sein de la phalange la plus souterraine que
continuèrent d'évoluer les groupes qui surent préserver leur intégrité et
qui font aujourd'hui survivre l'impulsion primitive de cette mouvance.

Les expériences musicales les plus intéressantes furent souvent celles qui
eurent le courage de se dépouiller des clichés lourdingues du *hard rock* et du
heavy metal qui leur collaient à la peau, pour explorer des horizons sonores
plus mystiques, à la périphérie de leurs aspirations occultistes. Une rencontre
s'était vite opérée entre la *dark wave* et le *black metal*, deux branches
émanant de genres musicaux originellement antagonistes qui évoluèrent
pourtant vers des ambiances assez similaires. C'est surtout la scène *dark
ambient*/industrielle apocalyptique inaugurée en Suède par le label Cold
Meat Industry, alors tenu par Roger Karmanik du groupe Brighter Death
Now, qui établit un pont direct entre le *black metal* et ces groupes suédois.
De Raison d'Être à In Slaughter Natives, ceux-ci produisirent des atmosphères rituelles angoissantes et incantatoires teintées d'indus'martiale à en
faire pâlir Dead Can Dance ou Laibach. Les plus célèbres à établir cette
connexion entre la scène *black ambient* suédoise et le *true norvegian black
metal* furent des musiciens comme Mortiis – l'ancien bassiste des premières
démos d'Emperor aujourd'hui considéré comme le fondateur d'un sous-
genre du *dark ambient* sobrement intitulé *dungeon synth* et qui a pignon sur

rue auprès d'un très jeune public nourri aux MMORPG et au Seigneur des Anneaux, –, mais aussi le duo de sorcières Aghast et le groupe MZ 412. Ces derniers venus originellement du groupe d'Electronic Body Music *Poupée Fabrik* qualifiaient leur musique de *true sweedish black industrial* et s'affichaient avec des poses guerrières typiquement *grims* selon le *look* du *black metal*, autour d'un feu de camp. Cette influence industrielle contribua à entretenir dans un cercle restreint de formations *black metal* une créativité intègre et un goût pour l'occultisme qui ne s'arrête pas à une simple passion pour les films fantastiques ou les romans populaires d'*heroic fantasy*, comme c'est souvent le cas parmi leur public. Inutile de préciser que le Hellfest, immense festival qui invite chaque année des centaines de groupes métal tous genres confondus n'a de satanique que le nom, et que des groupes de *metal* commerciaux se prétendant satanistes, comme Ghost, y font partie des têtes d'affiche, frôlant le grand spectacle à la Alice Cooper.

Revenons à la scène française : **Finis Gloria Dei** qui officie dans le *raw black metal*, fait partie de cette frange élitiste. Originellement formé en 2003 par Xapharnaüm, un ancien de Seigneur Voland, ce groupe originaire de Toulon s'était fait remarquer par des profanations de sépultures. On y retrouve des anciens de Blessed in Sin, de Kristallnacht et de Desolation Triumphalis, d'autres formations qui s'étaient fait connaître pour leurs affinités néonazies au sein du Concilium. Finis Gloria Dei a publié deux démos et un album intitulé *Goat : Father of the New Flesh* qui affiche d'emblée une orientation sataniste sans concession. Jean-Marc Tisserant, un auteur traditionaliste dont la plume se rapproche de celle de Jean Parvulesco, avait qualifié les profanateurs de Toulon « *d'adolescents que l'on sait par nature perméables aux influences subtiles* » et qui, au cours de leur interrogatoire de police, s'étaient montrés « *amorphes, comme détachés des faits* ». Pour Tisserant, ces profanateurs « lucifériens », ces « Morts » qui s'en prennent à des cadavres sont « *les auxiliaires de forces qui les utilisent, ne jouant en la circonstance qu'un simple rôle de dupes* ». Selon lui, le stade de solidification du monde sensible est désormais dépassé et ouvre sur la communication avec certaines forces inférieures qui s'insinuent par les fissures de la Muraille.[117] Cette vision du monde est étroitement liée à l'idée selon laquelle sept tours dites « Tours du Diable » diffusent des ondes maléfiques sur le monde.

---

[117] Tisserant Jean-Marc, *La Guirlande de Kali*, Guy Trédaniel, pp.148-149.

D'autres formations comme **Arkhon Infaustus** se proclament aussi satanistes et ils fustigent l'ensemble des « bouffons » qui polluent la scène musicale. Certaines rumeurs circulent selon lesquelles certains membres de ce groupe se rattacheraient à l'Ordre des Neuf Angles. Ce groupe parisien, formé en 1997, a enregistré un EP intitulé *In Sperma Infernum* édité à 666 exemplaires. Ils signèrent avec le label Osmose Productions et sortirent en 2001 leur premier album, intitulé *Hell Injection*. Leur conception du satanisme se rapproche davantage d'une vie centrée sur le péché, sur le rejet de la société bourgeoise et sur la transgression des règles qu'à l'authentique occultisme de la main gauche et la magie cérémonielle. Les thèmes de leurs morceaux se concentrent sur la perversion et la consommation de drogues dures. Diapsquir, qui suivit tout en s'écartant musicalement du *black metal* pour s'inspirer surtout du rap et de la chanson française, accentua cette tendance, avant que son membre principal, Damien/Toxic, ancien héroïnomane qui appartient en plus au groupe de *negative hardcore* parisien Kickback, un groupe subversif dans le sillage provocateur de G. G. Allin et qui fait référence à l'ésoteriste italien Julius Evola, ne renie définitivement ses idées satanistes décadentes, ayant été soi-disant illuminé par la lecture de Léon Bloy qui aurait diamétralement changé sa vision du monde.

Parmi les groupes de la capitale française s'affichant ouvertement satanistes, il faut aussi compter avec les dénommés **BlackLodge** revendiquent explorer une certaine Gnose faustienne et qui avaient déclaré s'inspirer plus directement des « révélations » d'Anna Kingsford[118] à propos de Satan. Cette dernière avait affirmé que la temporalité représente l'expérience humaine de la Chute de l'Esprit dans la matière, sa séparation avec Dieu et la déchéance de Lucifer. Dans cette vision gnostique et alchimique, c'est Saturne qui symbolise le dieu du Temps, ce qui poussa BlackLodge à puiser une partie de leur inspiration dans les images du pôle Nord de la planète Saturne que la mission Cassini-Huygens avait pu photographier en 2004, et sur lesquelles certains crurent repérer un hexagramme. En parallèle des thèmes qui servent de soutien à leurs textes, les membres de BlackLodge vantent leurs expériences des visions obtenues sous l'effet de substances psychoactives.[119] Les

---

[118] Théosophe et hermétiste anglaise (1846-1888) qui est entre autres à l'origine de l'Hermetic Society, fondée par elle en 1884 en scission avec la Société Théosophique, structure qui servit d'antichambre à l'Ordre de la Golden Dawn.

[119] Propos tenus par Blacklodge dans *Métallian*, Janvier 2010

Autrichiens d'Abigor, qui collaborèrent avec BlackLodge, avouent avoir pour leur part vu évoluer leur point de vue au fil du temps, passant d'une révolte adolescente à un engagement radicalement anti-chrétien et blasphématoire influencé par des pamphlets soi-disant satanistes, occultes et magiques, puis à une perception du Diable bien plus riche, fondée sur la façon dont ce dernier est décrit dans les divers Livres saints et la Bible.

En ce qui concerne l'occultisme et le rattachement de certains de ces groupes à des Ordres sataniques ou de la magie de la main gauche, la seule piste un peu sérieuse qui nous soit fournie renvoie en définitive à la Suède, terre d'élection du thélémisme, avec des groupes comme Dissection et Watain, tous les deux affiliés au Misanthropic Luciferian Order, qui a aujourd'hui été renommé en Temple of The Black Light. À ce sujet, il est confirmé que le *leader* du groupe Dissection, Jon Nodtveit, s'est suicidé au terme certain rituel sataniste. La magie pratiquée au sein de cet Ordre s'apparente, selon ses propres termes, à un satanisme gnostique ou « chaosophique » une tendance qui se désigne par le terme de « Current 218 », basée sur le document fondateur de cet Ordre, le *Liber Azerate*, qui n'est officiellement publié qu'en Suédois et qui a été rédigé en 2002 par le Grand Magister du MLO, Frater Nemidial. Cette cosmogonie particulière fait référence à un panthéon caché de onze entités « anti-cosmiques » ou « acausales » désignées par le terme « *azerate* ». Leur praxis gnostique s'oppose au cosmos, tel qu'il existe à l'extérieur de l'univers causal et qui s'apparenterait à une sorte de bulle coincée quelque part dans un océan de chaos. À terme, les satanistes « anti-cosmiques » ont pour projet de « crever cette bulle afin que le Chaos Primordial reprenne totalement et à jamais ses droits ». Des rumeurs courent selon lesquelles les rituels pratiqués par eux impliquent des d'animaux agrémentés d'invocations aux démons et aux entités situées au-delà de notre monde tridimensionnel. Vlad, l'un des trois principaux membres de la secte, aurait même envisagé des sacrifices humains de masse, mais, en réalité, le MLO n'encouragerait pas spécialement le sacrifice, sans non plus le condamner formellement.

Un autre groupe lié au Misanthropic Luciferian Order a pour nom **The Devil's Blood**. Il s'agit d'un groupe de *rock stoner* hollandais sensiblement influencé par l'occultisme. Musicalement, il s'inscrit dans la veine de Blue Oyster Cult et de Black Sabbath, dont le guitariste et tête pensante s'était également suicidé rituellement. La magie de la main gauche semble également avoir eu un certain impact sur Empyrean Throne, nom qui désigne à la fois un groupe de musiciens et un Ordre occulte clandestin. Ses membres se proclament à la fois gnostiques et chaosophes. Quoiqu'étroitement impliqué dans l'occultisme, ce groupe est assez récent puisqu'il n'est apparu sur la scène *black metal* qu'en 2013, l'année où fut enregistré leur premier EP, *Demonseed*. Martinet Press, un éditeur ayant pour particularité d'établir des passerelles entre plusieurs courants ésotériques sombres et sénestres comme le satanisme, mais aussi le vaishnavisme, la *quimbanda,* le soufisme *aïssaouiyya* ou le vampirisme, a assuré la promotion de ce projet musical hors-norme et résolument impliqué dans la magie chaotique et le luciférianisme. Martinet Press publie à tirages confidentiels des grimoires de la main gauche, souvent en lien avec l'Ordre des Neuf Angles, une structure cérémonielle connue pour son approche singulière, assez éloignée du satanisme classique et incluant diverses praxis individuelles. L'Ordre des Neuf Angles est apparu en Angleterre, dans le Shropshire, et s'est fait connaître dans les années 1980-90 pour l'importance qu'il accorde aux épreuves physiques, aux idéologies politiques hérétiques, mais aussi pour sa promotion du sacrifice humain. Le groupe Arkhon Infaustus lui serait lié, tout comme le groupe américain Sol Evil, dont le leader pratique depuis une vingtaine d'années le « *Seven Fold Way* », système d'entraînement spécifique de l'Ordre. Quant au groupe de *black metal* parisien Aosoth, formé sur les cendres d'Antaeus, il utilise certains symboles de l'Ordre des Neuf Angles dans un esprit de folklore, mais n'y a jamais été rattaché.

Il existe aux États-Unis quelques structures ésotériques qui s'inspirent de ce courant développé par l'Ordre des Neuf Angles. Parmi elles, nous évoquerons principalement le Tempel ov Blood qui fait référence à Jim Jones et porte un regard favorable sur le cannibalisme, bien que ne le pratiquant officiellement pas. Les adeptes du Tempel ov Blood cultivent une certaine fascination pour la dictature, l'autoritarisme et la violence, que ces derniers soient par ailleurs de source nazie, communiste, sectaire ou criminelle leur importe peu, seule compte pour eux l'atmosphère dérangeante et malsaine qui en émane. L'une des principales caractéristiques du Templ ov Blood est l'aspect vampirique qu'il développe et qui le différencie de la majorité des autres groupes satanistes d'outre-Atlantique, comme le Temple de Set ou la Church of Satan. Son manifeste s'intitule *Liber 333*.

L'organe externe qui émane de cet Ordre est une formation musicale dénommée **Gulag** qui ne pratique pas le *black metal* à proprement parler, mais officie plutôt dans le genre *power electronics*, un style d'indus'bruitiste assez malsain et ultra-violent hérité de figures du genre comme Whitehouse, SPK ou Genocide Organ. Le *leader* de Gulag développe en parallèle un deuxième projet, moins ésotérique et plus totalitaire, du nom de Division Oméga qui produit une musique industrielle martiale, brutale et sans concession, ainsi qu'un troisième groupe, de *black metal* cette fois, qui n'est pas directement rattaché au TOB et qu'il a baptisé Pestkreuz. Nous renvoyons également le lecteur à Kult ov Azazel, une autre formation plus versée dans le satanisme traditionnel, c'est-à-dire que ses membres vénèrent Satan en tant que dieu du Chaos, de la Mort, de la Violence et du Mal. Il est très probable que leur foi se porte également vers d'autres divinités et démons du même genre. D'autres groupes, comme Malhkebre ou Daäth Shadow, semblent aussi s'orienter plus radicalement vers un *black metal* ritualiste imprégné d'occultisme, et font référence à l'OTO ou au Typhonian Order de Kenneth Grant, qualifiant leur musique d'initiatique et n'en réservant les arcanes qu'aux initiés. **Daäth Shadow** joue un *black metal* rugueux et reptilien aux atmosphères angoissantes. Les membres du groupe, immergés dans la gnose typhonienne et le thélémisme, ont proclamé dans une interview qu'il n'existe pas de religion qui se situe au-dessus de la Vérité, des propos directement empruntés à la *Doctrine Secrète,* le corpus théosophiste de la Blavatskaïa. Ils affirmaient aussi que leur quête de la Gnose est « *centrée sur une déification intérieure et non des prières à un Dieu céleste* ».[120] Quant aux Grecs du groupe **Acherontas**, né des cendres de Stutthof, ils appartiennent eux aussi à un ordre occulte, quoiqu'ils restent silencieux sur sa nature et son identité précise. Leur leader, Acherontas V Priest, qui a aussi fait partie de Demogorgon, affirme étudier la « science de la sorcellerie » et les Arts Noirs. Parmi les influences du groupe, Acherontas V Priest cite Aleister Crowley, Kenneth Grant, Austin Osman Spare, Chumbley, Evola, les philosophes de la Grèce Antique, ou encore les textes anciens d'Égypte et des Sumériens.

Nous n'établirons pas ici de liste exhaustive des groupes de *black metal* authentiquement satanistes, ni celle de ceux qui ne le sont pas vraiment, ni ne ferons une distinction entre la minorités de formations sincèrement impliquées dans des organisations occultistes par contraste avec ceux, tant

---

[120] « Rising Forces » : Daäth Shadow, Métallian, Janvier 2010.

les groupes que leur public, qui n'ont pas cette prétention et qui se contentent, d'afficher un style vestimentaire faisant la part belle aux symboles vampiriques, satanistes ou ésotériques en tous genres dans le seul but d'impressionner les autres. Nous laisserons aux lecteurs le soin d'approfondir le sujet s'ils le souhaitent, plusieurs ouvrages ayant dressé des listes détaillées où figurent une multitude de groupes, leurs influences variées et les nombreux sous-genres qui ont émergé à l'aube du XXIe siècle. Chacun pourra se faire sa propre opinion. Il semble pourtant en fin de compte que l'on a souvent fait beaucoup de bruit pour rien, ou du moins pour pas grand-chose, au sujet du *black metal* et de son public, et que ce dernier a été souvent qualifié à tort de sataniste. Cette mouvance musicale a souvent servi d'épouvantail alors qu'on fermait les yeux sur des crimes bien plus graves. Pour la plupart, ces jeunes, qu'ils soient gothiques ou métalleux, n'ont de satanistes que leur *look*, et force est de constater que, lorsqu'ils s'intéressent à la magie et l'occultisme, leur imaginaire est surtout nourri d'*heroic fantasy* à la Tolkien, de romances adolescentes à la Anne Rice et à la série télévisée *Buffy contre les Vampires,* ce qui les oriente bien davantage vers une *bunny wicca* bricolée ou vers le pseudo-satanisme bon marché qui abonde sur le Web que vers d'authentiques structures initiatiques comme l'OTO, l'ONA et les Ordres de la main gauche qui pratiquent vraiment la Magie cérémonielle — quelle qu'en soit la nature et l'orientation. En définitive, ces thèmes occultes sont surtout traités dans les textes des chansons et cela n'implique pas, dans la majeure partie des cas, que ces musiciens fassent vraiment partie d'assemblées de magiciens actifs. S'arrêter à l'imagerie blasphématoire et y croire sans prendre le recul nécessaire, établir des conclusions hâtives comme le font de nombreux journalistes avides de sensations fortes est donc une erreur d'appréciation en ce qui concerne le style *black metal* et des musiques *hard rock* en général qui constitue, somme toute, qu'une expression contre-culturelle parmi tant d'autres, avec son folklore particulier.

Totalement inédites à ce jour, ces archives témoignent de la réalité du Prieuré de Sion. Cette mystérieuse société secrète qui veille sur les fabuleux trésors de Rennes-le-Château, la famille du Graal et les descendants mérovingiens, selon le Da Vinci code et , selon d'autres sources, sur le tombeau de Jésus et de Marie-Madeleine, en plein pays cathare.

Ces écrits explorent aussi l'univers des symboles et appréhendent diverses énigmes historiques et religieuses. C'est donc une véritable somme où l'on retrouve la famille de Jésus, les mystérieux Mérovingiens, les Templiers, Louis XIV et Fouquet, les énigmes du méridien O, les mystères des îles Canaries, Napoléon et Joséphine, et bien d'autres dans une histoire décryptée par le Prieuré de Sion.

Ces textes accèdent à un plan différent de réalité, régi par la puissance des symboles et ce qu'il est convenu d'appeler les « Supérieurs Inconnus ».

Ces pages riches en révélations remettent en cause croyances et convictions occidentales et entraînent le lecteur sur le long chemin de l'initiation et du véritable savoir.

Couverture : DR.

25 €
ISBN 2-84608-180-8

L'ÁSATRÚ EN ISLANDE, (RE)CONSTRUCTION D'UN PAGANISME NORDIQUE CONTEMPORAIN

par Raoul Zimmermann

L'ásatrú, de l'islandais « croyance en les Ases », réunit de nombreux adeptes à travers le monde. Dans son acception la plus large, il désigne l'ensemble des pratiques liées aux croyances mobilisant les divinités et êtres surnaturels issus de la mythologie nordique et/ou germanique. Au sein de cette mouvance, présente dans de nombreux pays européens, les pratiques sont diverses et s'étendent sur un spectre idéologique allant des « néo-nazis » aux « universalistes ». En Islande, le mouvement se positionne clairement du côté des universalistes.

Lorsqu'on s'intéresse aux pratiques de l'ásatrú, l'Islande apparaît être la terre idéale pour comprendre l'émergence de ce néopaganisme. C'est un cas particulier pour plusieurs raisons :

- L'île porte les stigmates de ce paganisme. Contrairement à d'autres pays comme la France ou l'Espagne, les traces d'un paganisme nordique originel sont visibles et attestées scientifiquement.
- La langue. L'islandais, n'ayant que peu évolué, est la langue la plus proche de celle parlée par les Vikings. Les Eddas et autres textes du « miracle islandais »[121] écrits par des érudits entre le XIIe et le XIVe siècle restent accessibles par les Islandais d'aujourd'hui.
- L'homogénéité de la pratique. L'Islande est le seul pays dans lequel l'ásatrú est présent et ne compte qu'une seule organisation au niveau national.

---

[121] Régis Boyer, *L'Islande médiévale*, Broché, 2002

- La pratique de l'ásatrú est officiellement reconnue par le gouvernement islandais depuis 1973, soit un an après la création de l'Ásatrúarfélag, première et seule organisation religieuse ásatrú.
- L'Ásatrúarfélag compte 4126 membres ce qui, à l'échelle islandaise, est un nombre remarquable. Cela représente 1,2 % de la population et fait de cette pratique la première organisation religieuse non-chrétienne de l'île[122].
- La visibilité aux niveaux national et international est exceptionnelle (retransmission TV de certains rituels, couverture médiatique internationale de la construction d'un « temple » à Reykjavík

Pourquoi un tel succès en Islande ? Qu'est-ce que Thor représente aujourd'hui en Islande ? Pour comprendre, il nous faut d'abord faire un retour dans le passé.

La Constitution de 1874

Les XVIIIe et XIXe siècles européens ont vu émerger différents élans romantiques associés à des problématiques identitaires nationales. Dans de nombreux pays, le sentiment national a été renforcé par la recherche, l'invention ou la mise en valeur d'une culture ou d'un peuple aux racines ancestrales. La richesse d'une nation étant tributaire de sa profondeur historique, certains idéologues, penseurs, hommes de lettres, biologistes, archéologues et autres creusent sur ce terrain. C'est dans ce contexte que le 5 janvier 1874, à l'occasion de la célébration du millénaire de la colonisation de l'île, le Roi de Danemark, Christian IX, accorda à l'Islande sa propre constitution. Celle-ci garantit notamment une certaine liberté de culte[123]. À cette occasion, de jeunes Islandais décidèrent de célébrer un *Þorrablót*. Dans la mythologie nordique, *Þorri* est la personnification du gel, de l'hiver, et donc, dans l'ancien calendrier islandais, le mois de *þorri* correspond à une période qui s'étend de mi-janvier à mi-février. D'après le récit *Hversu Noregr byggðist[124]*, les Kven,

---

[122] Source *www.statice.com*

[123] Article 47 : « Nul ne peut, à raison de ses idées religieuses, être privé de la pleine jouissance de ses droits civils et politiques, ni se soustraire à l'accomplissement d'aucun des devoirs généraux qui incombent aux citoyens »

minorité ethnique de Norvège, pratiquaient chaque année un sacrifice à *Þorri*. En 1874, les étudiants organisèrent un grand banquet au cours duquel les grands textes de la littérature islandaise furent mis à l'honneur. Par cet acte, ces étudiants ont clairement élaboré une cérémonie faisant référence à l'ère païenne scandinave.

Nous retrouvons ici quatre éléments constitutifs du sentiment national : l'identification d'ancêtres (les Vikings), la mise en valeur d'un folklore (le paganisme préchrétien), l'invention de traditions (reconstruction d'un rituel) et la construction d'une culture de masse (ici, à travers les œuvres d'art, les journaux)[125]. Les acteurs indépendantistes construisirent la légitimité de leurs revendications sur l'existence d'une ère précoloniale, celle des Vikings. Cette idée d'une Islande « sous cloche » fut insufflée de l'extérieur, par les érudits, islandais pour la plupart formés à Copenhague, eux-mêmes influencés par les mouvements romantiques européens.

Il est intéressant de noter qu'aujourd'hui, ce rituel aux origines païennes est tout à fait intégré aux traditions populaires islandaises. Si vous vous trouvez à Reykjavík entre mi-janvier et mi-février, vous aurez certainement l'occasion de goûter aux *þorramatur*, une sélection de plats traditionnels islandais. Ce fait témoigne d'une présence du paganisme importante et diffuse au sein de la société islandaise contemporaine. Cette tradition religieuse est associée à l'indépendance de l'Islande, elle est présente dans le quotidien des Islandais à travers les noms de rue, de restaurants, les prénoms, l'enseignement (la mythologie est au programme au lycée). Le paganisme participe également au rayonnement de l'Islande à l'international à travers les films, souvenirs pour touristes, les nombreux couples qui se rendent sur l'île pour célébrer un mariage « paient ».

La popularité et la place de l'Ásatrúarfélag au sein du paysage religieux islandais ne vont pas sans poser de question. La présence des dieux du panthéon nordique dans la société islandaise n'est pas marquée par une dimension religieuse, mais plutôt par le fait qu'il s'agisse d'un symbole partagé par l'ensemble de la communauté nationale. Comment construire une pratique religieuse dans ces conditions ?

---

[124] En vieux norrois « comment la Norvège a été colonisée », récit daté du XIIᵉ siècle, auteur inconnu

[125] Ces éléments sont identifiés par Anne-Marie Thiesse dans *La création des identités nationales – Europe, XVIIIᵉ – XXᵉ siècle*, Seuil, Paris

À partir des années 1960, une douzaine d'hommes se réunit tous les premiers jours de l'été à Þingvellir, haut lieu de l'histoire de l'Islande, car c'est à cet endroit que le Parlement islandais a vu le jour en 930. Cette date marque donc le début de l'État libre d'Islande et du peuple islandais. Et pour célébrer l'anniversaire de la constitution de l'Alþing, ces hommes se réunissent comme le faisaient leurs ancêtres et récitent de longues tirades issues des grands textes de la littérature islandaise. Parmi eux, Sveinbjörn Beinteinsson. Ce fermier quelque peu excentrique était connu pour sa poésie et son aversion pour le monde moderne. En 1972, l'Ásatrúarfélag est créée le premier jour de l'été et Sveinbjörn Beinteinsson est nommé *allsherjargoði*, la plus haute fonction. Après plusieurs mois de négociations, le fermier parvient en 1973, à inscrire officiellement l'Ásatrúarfélag parmi les organisations religieuses du pays. Il raconte d'ailleurs avec humour comment il aurait été aidé par le dieu du tonnerre, Þórr dans sa lutte pour la reconnaissance. Lors d'une énième réunion au Ministère de la Justice, un orage éclata (il faut savoir que ceux-ci sont rares en Islande) et la foudre s'abattit sur le bâtiment, ce qui coupa l'électricité dans tout le quartier. Ce fait divers fut repris par tous les journaux du pays et Beinteinsson raconta plus tard qu'il aimait à penser que cette foudre avait influencé la décision de la Ministre. Le 5 mai de la même année, le groupe se réunit pour sa première assemblée, dans la ferme de Beinteinsson, sous une statue de Þórr, spécialement réalisée pour l'occasion. Ce fut le premier *blót* de l'histoire de l'association. Issu du verbe *blóta*, qui signifie sacrifier, le *blót* dans les anciens textes est un sacrifice. Mais sa définition a été altérée avec, notamment, l'implantation du luthéranisme sur l'île ; le terme *blót* devint ainsi une insulte, une injure. Aujourd'hui, ce mot peut être utilisé sans connotation péjorative. Durant les 20 premières années, la pratique de l'ásatrú resta relativement marginale. Beinteinsson resta *allsherjargoði* jusqu'à sa mort, en 1993. Avec sa disparition, relayée par de nombreux médias, le mouvement gagna en popularité et en nombre d'adhérents.

Aujourd'hui, cette popularité, la présence diffuse de références au paganisme dans la société islandaise, le nombre important d'individus inscrits, la volonté de se rassembler autour d'une seule et même structure, tout cela réuni engendre des difficultés pour saisir l'ampleur d'n mouvement large qui peine à rassembler autour de pratiques religieuses facilement identifiables et qui résiste aux catégories et aux tentatives d'unification. Cependant, quelques thèmes semblent réunir les participants autour de préoccupations communes.

Liberté de croire, de penser et de pratiquer

L'homogénéité nationale de cette pratique (l'Ásatrúarfélag étant la seule organisation ásatrú de l'île) est contrebalancée par une hétérogénéité au sein même du mouvement. Ce qui compte, ce n'est pas d'adopter une panoplie d'attitudes ou de discours propres à cette pratique, mais plutôt de *faire sien* les symboles, les références et les connaissances associés à ce paganisme d'aujourd'hui. Ce mouvement d'appropriation, courant au sein des spiritualités contemporaines et notamment des mouvances *New Age*, est particulièrement présent en Islande. D'après Hilmar, l'actuel représentant de l'association : « l'homogénéité du mouvement se situe dans son hétérogénéité »[126]. Il continue en justifiant cela par l'essence même du mot *félag*, présent dans Ásatrúarfélag, qui en islandais moderne pourrait être traduit par « association, organisation, club », mais qui signifiait auparavant quelque chose de bien précis. En effet, un *félag* désignait le fait de mettre (*lag*, du verbe *leggja* « mettre ») en commun des biens (*fé*, à l'origine désigne le bétail, et, par extension, l'ensemble des biens). À l'époque Viking, un *félag* était ainsi l'association de plusieurs hommes ou femmes qui s'unissaient pour financer des expéditions commerciales ou de pillage, à l'issue desquelles les bénéfices étaient redistribués au *pro rata* de l'investissement de chacun. Pour participer, il faut donc mettre quelque chose sur la table, et c'est grâce à cela qu'existe le groupe. Cela permet de résister à l'homogénéisation du mouvement.

Ici, les *goði*, les « prêtres » ásatrú, ne sont pas des « guides », dans le sens où ils n'indiquent pas le chemin à suivre, mais ouvrent un cadre dans lequel ceux qui le veulent peuvent s'exprimer « à leur façon ». Hilmar explique : « si je disais quoi faire à qui, je me ferais virer du jour au lendemain »[127]. Cinq membres m'ont dit avoir rejoint l'Ásatrúarfélag précisément pour pouvoir avoir leurs propres croyances (*my own beliefs*).

Cet espace de liberté est particulièrement visible dans les *blót*, les rituels organisés par l'association. La structure de ces rituels est relativement simple : une ouverture par le *goði* avec la récitation d'un

---

[126] Interview réalisée le 20 juillet 2016

[127] Interview réalisée le 20 juillet 2016

poème de la mythologie nordique, puis viennent les libations, et enfin la cérémonie se clôture traditionnellement par un repas. Les libations constituent le cœur du rituel. En général, une grande corne remplie de bière ou d'hydromel circule parmi les participants qui, chacun leur tour, peuvent s'adresser librement à la divinité, à l'être surnaturel ou à l'élément naturel de leur choix. L'idée est, une fois encore, de permettre à chacun de s'exprimer. Ainsi, certains chantent, d'autres déclament, d'autres ne disent rien ; certains boivent, d'autres versent le breuvage par terre, la plupart font les deux. Chacun dispose d'un temps qui lui est consacré.

Ce mouvement d'appropriation concerne également les dieux ! Auður, une jeune adepte, très active au sein de l'Ásatrúarfélag, déclare : « Si j'ai un problème et que je demande à Thor de faire quelque chose, je ne m'attends pas à une action tierce sortie de nulle part qui résoudrait tout, mais plutôt qu'il m'insuffle le pouvoir de changer les choses sans cette aide tierce. Donc, dans un sens, je l'utiliserai, il deviendra une partie de moi à ce moment précis où j'aurai besoin de lui et m'aidera à faire cette chose que j'ai à faire, mais il ne résoudra pas quelque chose pour moi ; il le résoudra avec moi ».

Anti-chrétien

Cette démarche, les païens la revendiquent comme étant contraire à celle des chrétiens. Le caractère antidogmatique arboré par les Islandais s'oppose aux « obligations » prescrites par l'Église. Voici pour illustrer cette opposition quelques citations de membres de l'association croisés lors de mon travail de terrain.

Hilmar : « En tant que païen, nous sommes une part de la nature, contrairement aux grandes religions où l'homme est une création de Dieu qui est au-dessus d'une nature qu'il domine et contrôle ».

Páll : « La vision des chrétiens raisonne uniquement en termes de bien ou de mal. Tout leur monde est divisé en deux catégories. Moi je pense que les choses ne sont pas aussi simples que ça. Par exemple, pour faire quelque chose de "bien" parfois, on doit passer par quelque chose de "mal", non ? Cette vision manichéenne ne correspond pas du tout à la vie quotidienne. Regarde nos dieux, il n'y a pas les gentils d'un côté, les méchants de l'autre, chaque dieu a sa part d'ombre et de lumière, c'est un équilibre. Nos dieux sont à notre image, et mortels en plus ! »

Halldor : « Un seul dieu ? Comment veux-tu qu'il gère tout ? Je me méfierais d'un dieu qui dit qu'il gère le vent, les orages, la guerre, l'amour et tout le reste… je suis plutôt pour une division du pouvoir »

Ce désaccord de fond entre polythéisme et monothéisme, entre paganisme et christianisme trouve également une résonnance particulière en Islande où il n'y a pas de séparation entre Église et État et où une petite partie des impôts est reversée à l'Église nationale d'Islande. De nombreux membres m'ont confié avoir rejoint l'Ásatrúarfélag pour quitter l'Église nationale.

L'ancrage local

Faire partie de l'ásatrú, c'est aussi rejeter une religion universelle, c'est aussi dire que les croyances sont relatives aux gens, à l'endroit et à l'environnement. Et c'est également sur ce terrain que les adeptes de l'ásatrú s'opposent aux religions monothéistes : selon eux, ces croyances-là ne sont pas exportables ; elles ne seront donc jamais l'objet d'une volonté de conquête d'autres territoires. C'est d'ailleurs précisément pour faire face aux « religions importées », selon l'expression du fondateur de l'Ásatrúarfélag, Sveinbjörn Beinteinsson, que l'ásatrú a vu le jour. Dans les années 1970, c'est l'arrivée des Églises évangéliques américaines qui fait réagir Beinteinsson et les autres, et qui fut une source de motivation pour créer une « religion islandaise »[128].

Cette volonté de « localiser » les croyances est également visible dans les sources mobilisées. En Islande, les membres de l'Ásatrúarfélag font uniquement référence aux textes islandais, contrairement à d'autres groupes ásatrú en Europe qui mobilisent également des références germaniques, voire celtiques. L'important est de faire

---

[128] Propos de Sveinbjörn Beinteinsson rapportés par Hilmar, interview le 20 juillet 2016.

référence à des dieux locaux, issus de la mythologie nordique : « je ne peux pas croire en un dieu qui serait le même qu'en Afrique par exemple. Il ne saurait pas ce que c'est la vie ici ! »[129]. Ces dieux peuvent revêtir différentes formes, mais ce qui compte, c'est que leurs actions soient visibles ici et pas ailleurs. Kári : « pour moi les dieux sont des métaphores. Je ne crois pas en des dieux physiques, je n'ai pas d'idée claire de leur apparence. Ce qui m'intéresse, c'est leur force. Je les vois dans le vent, les montagnes, les tempêtes, dans la nature en générale. Ce qui m'importe, c'est de pouvoir les voir dans telle montagne, tel éclair, telle vague ».

Tous les païens que j'ai rencontrés s'accordent sur l'idée, issue de la philosophie de Herder, qu'il existe différentes cultures, races, ethnies, selon les différentes dénominations, que « ce qui fait la valeur d'une culture, ce n'est pas sa plus ou moins grande proximité à un modèle dominant, c'est au contraire son originalité, son authenticité »[130]. La pratique du paganisme est une façon de préserver sa différence.

En Islande, cette pratique est qualifiée d'« universaliste », car la seule condition pour faire partie de l'association est d'habiter l'île. Tout le monde est donc un membre potentiel, indépendamment de sa couleur de peau, de son origine, de sa langue maternelle, de son orientation sexuelle, etc. Les frontières d'inclusion/exclusion se confondent avec celles de la nation. Il s'agit d'une différence majeure d'avec les autres pays où l'on pratique l'ásatrú, dans lesquels cette pratique de est souvent synonyme de mouvement contre-culturel, religieux, minoritaire, raciste, idéologique qui construit d'autres frontières basées sur différents critères, selon les groupes. Dans ces conditions, une ou plusieurs menaces sont clairement identifiées et rendues visibles, par exemple les « Noirs », les « Juifs », les « Arabes »[131], et rejoindre l'ásatrú ressemble alors à un acte de résistance nationaliste.

L'ásatrú islandais, tel qu'il est pratiqué par l'Ásatrúarfélag, n'a pas pour vocation de générer de nouvelles identités au sein d'une communauté nationale, mais de rassembler celle-ci autour de certains

---

[129] Halldor interviewé le 5 janvier 2017

[130] Anne-Marie Thiesse, *La création des identités nationales : Europe XVIII* e *– XIX* e *siècle*, Paris, Editions du Seuil, 1999, p. 36.

[131] D'après mes échanges avec des groupes ásatrú en France.

des symboles qui la constituent. Finalement, en Islande, on observe une pratique de ce paganisme nordique qui est dans les faits assez peu marquée par sa dimension religieuse. C'est l'envergure même du mouvement qui empêche toute rigidité dans la pratique, dans les discours et les conditions d'accès. De plus, si l'association compte de nombreux inscrits, dans les faits, seule une vingtaine d'entre eux sont actifs au sein de l'association. L'ásatrú en Islande n'est-il finalement qu'un symbole, un peu comme la tombe du soldat inconnu, saturé d'un imaginaire, mais vide… et que quelques personnes tentent de remplir ?

Rencontres de Berder-sur-Seine 2017
autour de Jean-Charles Pichon

GUÉRIR LE TERRITOIRE,
un objectif commun au néochamanisme et au renouveau païen

par Emmanuel Thibault

Le soin et la guérison sont devenus des thèmes majeurs dans la société contemporaine. Je souhaite, dans cet article, porter la réflexion sur l'origine de cet engouement général, ses motivations profondes et surtout sur l'impact qu'il a sur l'expression de la quête spirituelle en ce début de XXIe siècle. Pour cela, nous verrons d'abord ce que l'on entend par l'idée de guérison spirituelle, un concept qui est loin d'aller de soi, puis nous préciserons comment les thérapies ont pu évoluer vers une application collective, et enfin comment certains groupes se sont emparés du concept dans l'intention de contribuer à résoudre des problématiques de fond comme l'accès à la conscience globale, le manque de lien social ou l'écologie. En examinant plus précisément le cas de la Hongrie, nous comprendrons que les préoccupations de tendances apparemment opposées comme le renouveau païen et le néochamanisme, qui sont en train de devenir des ritualités importantes, se concentrent toutes les deux sur l'idée de guérir le territoire. L'examen détaillé des procédés auxquels ils font appel met en lumière des principes qui se retrouvent appliqués différemment dans l'un ou l'autre de ces contextes rituels.

La guérison spirituelle

Les nouveaux mouvements spirituels sont de plus en plus portés sur la notion de thérapie, de soin et de guérison, au point qu'il est devenu difficile de différencier les deux champs : les mouvements spirituels ne se contentent plus d'élever l'âme d'une manière ou d'une autre, de libérer la conscience ou de sauver les individus. Les thérapies éprouvent, en retour, de plus en plus de difficultés à convaincre leurs patients qu'elles peuvent être efficaces sans inclure le domaine spirituel, comme nous l'avons vu dans une précédente entrevue avec Fredrick Nathanael [132]. Bref, ces deux champs s'interpénètrent de plus en plus et l'on parle désormais de guérison spirituelle, sans trop savoir d'ailleurs de quoi il s'agit. Pour commencer, essayons de mieux définir ce concept et de comprendre en quoi cette notion illustre certaines préoccupations très contemporaines qui ouvrent sur de nouvelles orientations pratiques.

En explorant la pléthore de sites et d'ouvrages qui mentionnent le terme de « guérison spirituelle » ou une expression équivalente, on remarque l'importance accordée à prendre en compte une dimension autre que le corps physique dans le diagnostic, les soins et le processus thérapeutique. En général, la définition est autoexplicative, dans le style : « *De nombreux textes **spirituels** soulignent que la guérison **spirituelle** — définie ici comme guérison d'un problème quelconque selon une approche purement **spirituelle**, c'est-à-dire ne faisant recours à aucun moyen ou adjuvant matériels — existe depuis la nuit des temps*[133] ». D'autres y ajoutent l'intervention d'une « personne spirituelle », ou d'objets spirituels ou porteurs d'énergie spirituelle, mais on n'apprend rien de précis sur la nature du phénomène évoqué. Il s'agit parfois de s'affranchir d'anciens systèmes de croyances, souvent liés à des religions alors considérées comme obsolètes ou néfastes, surtout par comparaison avec les découvertes scientifiques récentes — que les auteurs de tels sites sont très loin de maîtriser, mais ce n'est pas le propos. Parfois, au contraire, il s'agit de revenir à d'« authentiques » systèmes de croyances dans lesquels une foi sincère, telle qu'on a perdu l'habitude d'en éprouver, donnerait accès à un pouvoir de guérison plus ou moins spontané ou divinement inspiré. Ces deux approches voient le modèle du *new age* opposé au modèle néo-évangélique. La seconde tendance s'enracine largement dans une variété de groupes chrétiens ayant pratiqué la thérapie depuis leur apparition (Christian Science, etc.), mais on en trouve également dans de nombreuses cultures du monde : soufisme, bouddhisme, etc., en général dans leurs mouvances les plus contemporaines. Dans tous les cas, l'aspect « énergétique » est important ; il faut comprendre par là que le soin en question n'est pas opéré par le corps, qui est considéré comme

---

[132] « Spiritualité et thérapie - interview d'un psychothérapeute en psychosynthèse norvégien », dans *Historia Occultae* n° 9, Œil du Sphinx, 2018.

[133] site web meditationfrance.com, c'est moi qui souligne.

trop « matériel » pour subvenir à ses propres besoins. On retrouve donc derrière cette question la problématique de la nature de l'esprit et de son rapport avec le corps, un vaste sujet dont nous ne traiterons pas ici. Celle-ci est envisagée dans une perspective contemporaine et, par conséquent, étoffée de références scientifiques vulgarisées. On utilise pour diffuser cette idée des moyens de communication modernes comme Internet et on s'appuie soit sur des revendications antidogmatiques, soit sur de nouvelles interprétations de dogmes anciens. Nous avons ainsi évoqué le champ d'expression typique des nouvelles spiritualités.

Fondamentalement, la question se recentre donc sur la nature de la conscience. La présentation du livre de Maxime Gimenez affirme : *« Si "guérison spirituelle" il y a, cette guérison est plus qu'une guérison "de" l'esprit, et plus encore qu'une guérison "par" l'esprit : cette guérison "est" esprit ! Cela signifie qu'elle fait partie, par sa nature, du processus d'"autodévoilement" du mystère de la vie. Elle manifeste la manière dont la vie, à travers l'obstacle apparent de la maladie, s'éveille à la conscience d'elle-même. Plus qu'une fatalité ou une punition, la maladie pourra apparaître comme un "chemin d'initiation".* [134] *»* Voici assez clairement résumé comment ces approches envisagent avant tout de se guérir pour pouvoir progresser sur la voie d'une évolution spirituelle personnelle vécue comme un nouveau parcours initiatique. Dès lors, devenir thérapeute s'inscrit davantage dans une démarche d'accompagnement, du type « direction de conscience », plutôt que de résoudre une souffrance physiologique ou de sauver une vie en danger immédiat de s'éteindre. Devenir thérapeute s'intègre naturellement dans son propre parcours spirituel, comme une sorte de restitution aux autres qui est attendue comme une étape logique sur la voie et dont le sujet bénéficie au moins autant que ceux qui reçoivent ces soins. On constate d'ailleurs que le fait que la guérison se concrétise ou non a perdu de son importance. C'est l'acte thérapeutique et l'intention positive qui compte ; finalement, le fait que le malade survive ou non devient assez secondaire. S'il ne guérit pas, c'est interprété comme si sa destinée lui avait rendu à ce moment-là cette épreuve insurmontable. S'il guérit, c'est qu'il a été comme « converti » par le haut niveau de spiritualité de son « thérapeute-initiateur », lequel peut alors s'en féliciter.

---

[134] Maxime Gimenez, *La guérison spirituelle*, Ed. Cerf, 2003.

Le concept de guérison spirituelle s'appuie généralement sur celui de
« vision spirituelle », ou de clairvoyance, qui affirme décrire le
fonctionnement du corps vivant, par opposition aux dissections
anatomiques de cadavres dans la médecine hospitalière. Cette
perception subtile revendiquée par certains médiums, guérisseurs ou
chamanes a donné lieu à de nombreuses théories du corps humain,
souvent complexes et contradictoires. Ces visions étant en effet
largement influencées par l'état psychique, la fluidité d'expression et
la culture de ces clairvoyants, il est souvent difficile de bien les
comprendre. On peut malgré cela résumer le principe de la guérison
spirituelle comme l'application par un clairvoyant d'une intervention
impliquant l'énergie vitale. Cette approche évoque, pour l'Occidental,
le modèle fluidique du magnétisme animal de Franz-Anton Mesmer.
Les recours très fréquents aux théories des correspondances propres à
la pensée magique intègrent de nombreuses aberrations anatomiques à
ces théories, ce qui suffit à la médecine scientifique pour les rejeter
toutes en bloc. Le principe consistant à observer le corps vivant pour
mieux le comprendre est pourtant une évidence que les nouvelles
technologies commencent à autoriser dans le contexte médical.

Un peu partout dans le monde, au tournant du XIXe et du XXe siècles,
des approches ésotériques ont développé de telles théories du corps :
théosophie, anthroposophie, rosicrucianisme, martinisme, etc. En
Orient, ces approches revêtent un caractère beaucoup plus traditionnel,
comme les systèmes de santé taoïste ou ayurvédique, par exemple,
mais ces derniers ont également vu leurs pratiques se réformer avec le
changement sociétal. Sans se présenter directement comme des
médiums, les auteurs de telles théories font souvent référence à la
« vision spirituelle » pour expliquer leurs propos. Sur le modèle
classique de l'ange gardien, des guides spirituels ou au contraire du
parasitage démoniaque, des entités désincarnées viendraient aussi,
selon certains, contribuer à la bonne ou à la mauvaise santé du corps.
L'intervention d'entités invisibles fait par conséquent partie de
nombreuses pratiques de guérison spirituelle, le terme « spirituel »
supposant dans ces cas-là la participation d'agents non humains, ou
leur expulsion s'ils se révèlent négatifs, ce qui vient alors justifier
l'intervention de spécialistes rituels.

La notion de capacité d'autoguérison est liée de près à celle de guérison spirituelle, dans la mesure où toutes deux se développent en parallèle de l'individualisme, trouvant dans celui-ci un terrain favorable. Le principe d'autoguérison repose sur l'idée que la nature humaine est intrinsèquement capable de s'autoréguler. D'innombrables théories viennent expliquer ce phénomène ; elles diffèrent notamment entre elles sur l'impact de la volonté dans ce processus d'autoguérison, sur l'utilisation de transes plus ou moins profondes pour accéder à ce pouvoir, sur le rôle attribué à l'âme ou au psychisme par rapport au corps, sur l'intervention d'entités désincarnées, etc. Dans certains cas, leur inscription dans un contexte religieux propose de relier le patient à une puissance thérapeutique idéale appartenant à l'histoire sainte, ou d'essence carrément divine, comme Jésus, la Vierge Marie, les Saints, etc. et de lui permettre de bénéficier de cette puissance guérissante qui prend alors le nom de Grâce.

Selon cette perspective, l'humain se retrouve, en quelque sorte, dans l'obligation de se soigner pour atteindre sa plénitude spirituelle. On peut discuter en quoi ce besoin est lié au mal-être généré par le mode de vie contemporain, notamment en termes d'écologie ou de vie saine (pollution, malbouffe, isolation, sédentarité, etc.). Nous verrons également comment ce sentiment de mal-être est surtout lié à la vie en milieu urbain, surpeuplé et déconnecté de la nature, et comment il se trouve projeté dans une relation exacerbée avec le territoire, à la fois idéalisé et fantasmé par son éloignement physique. Lorsque viennent s'ajouter à cela certaines frustrations identitaires liées à l'histoire, ces préoccupations s'exacerbent et trouvent une expression collective nationaliste plus revendicatrice que directement liée à la quête spirituelle individuelle. Relevons à ce sujet que le parcours traditionnel impliquait lui aussi la notion de collectivité, par exemple dans les rites de passage par classes d'âge, mais que ces pratiques ont disparu dans pratiques spirituelles contemporaines qui se sont, elles, focalisées sur l'individu.

Fonction thérapeutique du groupe :

La thérapie de groupe est une psychothérapie en séances collectives animées par un ou plusieurs thérapeutes qui procèdent à une analyse ultérieure des cas pour déterminer comment faire évoluer leur accompagnement psychothérapeutique. La « groupanalyse » de T. Burrow date des années 1920, tandis que quelques autres psychanalystes américains (Slavson, Schilder, Wenger, etc.) pratiquèrent des psychothérapies en groupe dans lesquelles l'analyse des cas restait individuelle[135]. Ce furent surtout Bion et Foulkes qui étendirent ce principe dans les années 1940, en partie à cause des restrictions logistiques durant la Seconde Guerre mondiale. Quoiqu'exerçant dans le même hôpital londonien, ces deux psychothérapeutes utilisèrent le contexte collectif de deux manières différentes, tout en considérant le groupe comme une entité spécifique. Leurs méthodes impliquaient entre autres une emphase sur les états émotionnels de cette entité collective, car ceux-ci sont particulièrement faciles à observer. Bion considérait que « *l'individu est situé dans un réseau d'interactions où les autres personnes lui sont nécessaires comme support de ses émotions internes* » [136] et Foulkes décrit le groupe comme une « matrice psychique ». Dans les années soixante, Pontalis et Anzieu, deux psychanalystes français, utilisèrent les groupes comme des objets psychiques qui, tout comme les rêves, pouvaient devenir des lieux de réalisation des désirs inconscients des patients. C'est à partir de cette notion qu'Anzieu développa l'appellation d'« enveloppe groupale », qui s'inspire de celle du « moi-peau » qu'il proposa en 1974 et qui se trouve alors complétée par le « soi transindividuel ». On se rapproche ici de la notion hermétique d'égrégore, c'est-à-dire d'entité psychique ou spirituelle collective entretenue rituellement, un terme parfois contesté que Guénon refusait d'employer[137]. « *Le groupe n'est pas seulement ce lieu de rencontre, il est aussi un espace où naissent des émotions et des pensées communes* [138]».

Ce contexte psychologique très spécifique favorise évidemment la prise en compte de l'aspect relationnel plutôt que celle de l'expression personnelle du patient, ainsi que la mise en évidence de dynamiques de communication particulières au sein du groupe. Les rapports de l'individu à l'altérité se trouvent exacerbés dans ce genre de situations. On parle alors de « champ transpersonnel ». On constate rapidement la création spontanée de sous-groupes au sein desquels les patients se

---

[135] sur l'histoire des techniques de psychanalyse de groupe, voir : *Revue de psychothérapie psychanalytique de groupe*, 2001/2 (n° 37), Eres, ISBN : 9782749200590.

[136] ibidem, p. 12.

[137] René Guénon, *Initiation et Réalisation Spirituelle*, Éditions Traditionnelles, 2008, pp. 59-64.

[138] *Revue de psychothérapie psychanalytique de groupe*, 2001/2 (n° 37), Eres, p. 22.

sentent plus à l'aise et dans lesquels ils peuvent s'appuyer sur des ressentis partagés établis sur la base de notions évoquées ensemble — en contexte thérapeutique, il s'agit souvent de traumas ou de souffrances communes. Ces ressentis partagés deviennent dès lors des facteurs de liaison dans les processus de communication, tout autant que des recours identitaires pour se distinguer d'autres sous-groupes. L'importance de faire des efforts conscients pour améliorer la fluidité des rapports au sein de l'ensemble du groupe et la prise de conscience de ces différents processus mènent soit au mieux-être, soit au conflit. Cela devient rapidement un enjeu explicite. En résumé, nous avons là mises en évidence les principales motivations et les principales dynamiques qui animent les différentes orientations des nouveaux mouvements spirituels qui nous occupent dans cet article.

Il est clair que le groupe thérapeutique permet d'aborder *a posteriori* des dynamiques relationnelles qui ont pu être défectueuses durant l'éducation individuelle, par exemple la subjectivation narcissique, le rapport à la mère ou au père — en résumé, le rapport à l'autre en général. Par sa propre dynamique relationnelle évolutive, le groupe constitue effectivement une « aire transitionnelle »[139] qui favorise une symbolisation spécifique contribuant favorablement à la subjectivation des individus qui le composent. Plutôt qu'une thérapie individuelle, qui propose de remettre en actes ces situations primaires problématiques pour les dénouer, la psychothérapie de groupe profite de la dynamique collective pour dépasser la personnalisation de ces processus élémentaires de la subjectivation[140]. Je reste personnellement assez circonspect sur la pertinence — non pas sur les résultats — du processus utilisé dans les groupes de désaddiction comme ceux utilisant les fameuses douze étapes empruntées aux Alcooliques Anonymes américains. Un processus aussi institutionnalisé, utilisant des injonctions strictes basées sur une morale dogmatique, me paraît difficilement pouvoir contribuer en profondeur à la rééducation de personnalités affaiblies. C'est pourtant peut-être précisément ce dont

---

[139] voir Winnicott.

[140] « *En fait le traitement en groupe peut être proposé chaque fois que le transfert ne peut se déployer dans le cadre de la relation thérapeutique individuelle, chaque fois que la prise en compte de la souffrance d'un patient impose que soit en premier lieu établies les conditions d'un contenant psychique.*" dans *Revue de psychothérapie psychanalytique de groupe*, 2001/2 (n° 37), Eres, p 19.

ces personnalités ont besoin avant de pouvoir passer à une évolution plus autonome ; il faut le reconnaître. Par ailleurs, il est clair que l'apprentissage de l'intégration à un collectif favorise la sensibilité à des ressentis non égocentrés auxquels un individu social comme l'humain ne peut se soustraire au cours de sa vie. C'est cette dimension comportementale qui est habituellement éduquée au sein de sa classe d'âge ou à l'école.

Le développement important des recherches en sociologie à la fin du XXe siècle a mis l'accent sur la façon dont la collectivité influence et conditionne la psyché individuelle, venant ainsi à la fois entériner une réalité et rendre, dans la psyché populaire, la société ou les autres en grande partie responsables du mal-être individuel. Non seulement l'individu se sent alors isolé, à force d'avoir trop bien su prendre conscience de sa particularité, mais, en plus, il perçoit les autres comme autant de sources potentielles d'agression — même les personnes les plus proches de lui comme ses parents, ses ancêtres, son conjoint, ses camarades. Il lui reste le recours aux collectifs de victimes qui rassemblent d'autres individus vulnérables qui, eux, se montreront bienveillants, mais davantage par peur de souffrir de vengeance que par inclination profonde.

Il est cependant intéressant de comparer ces groupes psychothérapeutiques aux collectivités qui se constituaient jadis autour de fonctions ou de travaux assurés en commun : le puits, le lavoir, le moulin, la garde des enfants, pour les plus féminines ; la pêche, le travail corporatif, les travaux de force et d'autres rassemblant plutôt les hommes, selon les structures sociales, mais aussi certains autres, comme les moissons, généralement accompagnés de rites et de fêtes qui rassemblaient tout le monde. La constitution de collectifs au sein desquels les relations se trouvent reconfigurées, où certaines difficultés peuvent être évoquées et médiatisées, mais qui se centrent de surcroît sur une activité constructive bénéficiant à tous, apparaît comme éminemment positive par comparaison au pathos exacerbé du contexte psychothérapeutique contemporain. De telles activités ne sont toutefois pas totalement comparables avec la médiatisation à l'œuvre dans la plupart des groupes thérapeutiques, précisément parce qu'elles n'ont aucun objectif thérapeutique et qu'elles sont destinées au bien-être de la société en dehors du groupe agissant. Cette dynamique tournée vers l'extérieur — on peut dire ici « altruiste » — est sans doute justement ce qui permet aux collectivités classiques de dépasser l'enfermement typique des groupes thérapeutiques[141].

On peut distinguer plusieurs tendances en psychothérapie collective : une tendance psychanalytique, une tendance comportementale (dont l'accent se porte surtout actuellement sur un suivi bref et orienté vers une solution pragmatique bien identifiée comme objectif du suivi thérapeutique) et une tendance systémique qui recherche la source du trouble surtout, voire exclusivement, dans l'organisation déficiente de la structure familiale du patient. Dans ce dernier cas, le collectif impliqué se limite à la famille du patient et il n'obéit pas aux mêmes dynamiques internes qu'un groupe mixte. Le cercle de parole, espace d'expressivité devenu emblématique des rituels contemporains à réfraction [142], est directement emprunté aux psychothérapies de groupe.

À partir des dynamiques propres aux groupes s'élaborent de nouvelles formes de sentiment d'appartenance, du type même — ou venant remplacer – celles qui se sont trouvées annihilées au sein de la société moderne, puis postmoderne. Il est évident que les nouveaux mouvements spirituels remplissent des fonctions sociales similaires aux religions qu'ils sont venus remplacer ou compléter, tout comme les syndicats du début du XXᵉ siècle avaient remplacé les corporations professionnelles, et comme les tribus des balbutiements d'Internet dans les années 90 remplaçaient les bandes de quartier. Aujourd'hui, les collectifs s'organisent de manière beaucoup plus fluide, débordant les frontières et s'appuyant davantage sur la communication à distance — souvent qualifiée à tort de virtuelle — que sur des rencontres physiques, du moins dans un premier stade. Les rencontres physiques interviennent alors comme un engagement plus poussé. « *Le travail*

---

[141] Certains groupes de thérapie s'efforcent de pallier cette lacune en organisant des expositions ou des ventes d'objets, mais l'insistance sur la solidarité envers les plus faibles, la nature psychothérapeutique du processus artistique et son aspect mercantile font généralement l'effet contraire : ils isolent les patients davantage qu'ils ne les intègrent. Rappelons qu'à l'origine, la médiatisation opérative devait servir et faciliter le processus de symbolisation au sein du groupe psychothérapeutique, ce qui n'est plus le cas de telles activités sociales collectives.

[142] voir modèle des ritualités contemporaines proposé par l'anthropologue Michael Houseman, dans Emmanuel Thibault, "Une approche anthropologique contemporaine du rituel", *Historia Occultae* n°9, Œil du Sphinx, 2018.

sur le groupe, sur sa constitution en tant qu'espace ayant un dedans et un dehors, participe à un mouvement de mise en place d'une enveloppe limitante qui va permettre d'aménager un lieu de pensée, une aire de symbolisation. Le groupe comme objet contenant et protecteur permettra d'offrir un espace qui favorisera la perception commune des choses apportant un étayage pour supporter que les pensées soient différentes ou étrangères. Ainsi, le sentiment d'appartenance va contribuer à conjurer les angoisses de morcellement et de perte d'identité, le groupe pourra être utilisé dans un premier temps comme la base d'une sorte de néo-identité, une prothèse, soutenant le sentiment défaillant d'identité personnelle. » [143]

C'est en effet dans la nature profonde du sentiment d'appartenance que l'on peut situer la différence entre les nouveaux mouvements spirituels de tendance localiste, profondément liés à un territoire, à ses particularités culturelles et souvent à sa population originelle qui est généralement fantasmée — tous aspects qu'ils s'efforcent de rassembler autour d'un symbolisme clair, quitte à le réinventer ou à l'inventer tout à fait — et ceux qui se concentrent sur l'appartenance à une collectivité de nature beaucoup plus diffuse, quoique bien réelle, comme par exemple l'humanité, les végans, les *reborn* évangélistes, etc.

Le groupe, thérapeute de l'humanité ou de la planète

De la notion de thérapie de groupe, accolée à celle de conscience collective qui a été mise en avant dans le caractère de l'« ère du Verseau » et dans les spiritualités typiques de la mouvance *new age*, a émergé l'idée qu'un collectif est capable d'agir en tant que thérapeute et d'influencer la « santé spirituelle » d'une société ou d'une nation, quelles que soient les définitions qu'on donne à ces dernières.

La notion de prière pour autrui était déjà présente, aussi bien dans les spiritualités occidentales que dans les spiritualités orientales. Dans ces derniers, on utilise préférentiellement la méditation de compassion, c'est-à-dire une sorte de rayonnement d'une qualité de cœur lors d'une pratique de méditation dont l'objectif n'est pas sa propre libération

---

[143] *Revue de psychothérapie psychanalytique de groupe*, 2001/2 (n° 37), Eres, p 21.

(*mokṣa* ou *nirvāṇa*). Dans tous ces cas, l'objectif consiste à détourner l'attention de l'égo vers autrui pour amener celui qui prie ou médite à s'impliquer dans une perception non égocentrique du développement spirituel, c'est-à-dire à développer de la compassion. Il y a toutefois dans ces pratiques davantage qu'une simple *benevolentia* : on y vise l'effacement profond du soi, notion qui exige d'être explicitée et ajustée par les enseignants spirituels. J'éprouve toujours un léger agacement à entendre galvauder les termes de compassion, de bienveillance, de gratitude, d'amour universel, etc. par des gens certes pétris de bonnes intentions, mais qui peinent gravement à tenir compte de la simple existence des autres dans leur proximité immédiate, leur préférant nettement une altérité très éloignée, très exotique et souffrant suffisamment pour attiser cette « compassion » qui n'est alors que de la sensiblerie. Nonobstant, la capacité à relativiser ses propres souffrances et à s'intéresser effectivement à celles d'autrui et aux manières dont on peut participer à ce qu'elles s'atténuent fait sans aucun doute partie de l'évolution spirituelle. À ce titre, l'investissement dans des actions solidaires reflète la maturité d'une société et l'on peut se réjouir de l'apparition des ONG et des actions d'entraide collective.

Ainsi, la passion pour le soin et la guérison se trouve naturellement reportée, projetée de l'individu lui-même vers l'environnement et la collectivité. L'individu ne se satisfait pas de se soigner, il lui faut également s'efforcer de soigner les autres, avec le sentiment intime que ceux-ci doivent bénéficier de la même expérience que lui. On peut voir les choses par le mauvais bout de la lorgnette et se dire qu'il s'agit là d'une façon « à bon marché » de procéder à la transition patient→ thérapeute qui caractérise le développement personnel et autres pratiques du *new age* [144], mais on peut aussi considérer que l'individu — étant parvenu à évoluer et à régler certains de ses problèmes existentiels — dispose d'une nouvelle vitalité quelque peu débordante et que, par conséquent, il est tout à fait positif de le voir souhaiter en faire ainsi bénéficier son entourage.

Un congrès organisé autour du thème « soigner l'homme, sauver la Terre » s'est tenu à Aix-les-Bains en février 2018, soulignant le lien entre ces deux notions de soin et de territoire — plutôt celle de terroir dans le cas de ce congrès. Cette thématique commence à préoccuper

---

[144] voir *Les Magiciens du nouveau siècle*, Pygmalion, 2018, p. 973 & 1049.

sérieusement notre société, surtout au vu de la dégradation rapide de l'environnement en conséquence de la surpopulation humaine et des pollutions extrêmement diverses qui l'accompagnent. Les deux questions de la qualité de vie humaine et de la gestion des ressources planétaires préoccupent le monde. Il semble que des réformes profondes s'imposent dans notre mode de vie consumériste dont les effets pervers deviennent ingérables. Dans le même temps, la frustration s'installe, révélant que le bien-être matériel ne répond pas à tous les besoins de l'humanité. C'est un lieu commun que de rappeler que le confort ne fait pas le bonheur, même s'il y contribue ; sachant la grande pauvreté d'une part encore importante de l'humanité actuelle, c'est un langage qui doit toujours être contextualisé. En fin de compte, on comprend que l'intention de guérir le territoire est motivée à la fois par l'état alarmant de l'environnement social et naturel, et par le symbole que ce territoire représente en tant que racine d'une communauté et d'une identité locales. Selon que l'on se sente davantage concerné par l'une ou par l'autre de ces préoccupations, on s'implique alors plus volontiers dans l'un ou l'autre type de ritualité. Dans les deux cas, le groupe est déterminant, car il agit là où l'individu se sent impuissant à changer les choses. Dans cet article, nous tentons de déterminer quels sont les processus qui favorisent les deux orientations rituelles qui viennent répondre à de telles préoccupations. Je tiens à montrer qu'il s'agit de préoccupations générales et globales, même si elles trouvent aujourd'hui surtout des expressions localisées. L'une ne perturbe pas l'autre ; nous constaterons que, même s'inscrivant dans des engagements politiques opposés, ces deux approches sont complémentaires et visent le même objectif : mieux vivre en lien avec une culture et un environnement vivants.

Deux tendances complémentaires : renouveau païen et néochamanisme

Selon la sensibilité particulière de chacun, le désir d'intervenir pour le bien commun s'exprimera de préférence soit en faveur de son entourage immédiat : famille, proches, village, région, coreligionnaires, voire nation, soit au contraire, dans une ouverture humaniste influencée par la notion de conscience planétaire, vers une contribution à l'élaboration de cette conscience globale qu'il s'agit alors de co-construire. Dans cette seconde perspective, la fameuse histoire du

centième singe [145] intervient comme un mythe moderne en incarnant le
« basculement des consciences » : lorsqu'un nombre suffisant
d'individus dans l'humanité aura su évoluer spirituellement, le niveau
de conscience global évoluera lui aussi en basculant d'un coup. Nous
trouvons là le contexte typique d'une guérison spirituelle collective
pour l'espèce humaine. Cette démarche vient apporter un complément
spirituel à la notion de globalisation, ce processus dont on se plaint
beaucoup aujourd'hui des travers économiques, démographiques,
culturels, etc., et qui pourrait trouver là un contrepoids positif. Plus
encore : l'état général alarmant de la biosphère incite les esprits à se
préoccuper de plus en plus de l'avenir de l'humanité en son sein. Si l'on
s'acharne à suivre une stratégie purement anthropocentrique dans
laquelle l'humain exploite les ressources naturelles pour son seul
bénéfice, il est de plus en plus évident que nous provoquerons notre
propre extinction. Ce qui n'était qu'un méchant épouvantail il y a une
cinquantaine d'années est devenu une profonde source d'angoisse pour
les générations nées au XXIᵉ siècle. Face à tant de détresse, les
survivalistes envisagent le pire et préparent le lendemain de l'effondrement
du système en accumulant des provisions et en se creusant des abris qui ont
tout de tombeaux. Mais d'autres, plus actifs, se tournent vers la
construction d'un avenir pour éviter cet anéantissement. Une pensée
non anthropocentriste émerge peu à peu, accompagnée par l'espoir de
revivifier l'environnement que l'on a tant précarisé en moins de deux
siècles. Cette pensée s'approprie la notion de thérapie et on parle alors
de guérir la nature, ou la planète symbolisée sous les noms de Gaia ou
Pachamama.

La première de ces deux sensibilités, elle, se focalise sur les racines
culturelles liées à un territoire précis, une région. Il s'agira donc pour
elle d'étayer sa propre construction identitaire sur celle de ce terroir et
de la culture qui s'y rattache [146]. On cherchera à réhabiliter une histoire
locale, des traditions, un langage vernaculaire, des ritualités parfois
oubliées qui remontent avant l'apparition des religions dont le dogmatisme s'est vu remis en question avec la venue du *new age*. Le passé

---

[145] voir Ken Keyes, *The hundredth monkey*, 1984 ; cette histoire est mentionnée à l'origine par
le fortéen Lyall Watson dans *Lifetide, a biology of the Uncounscious*, 1979 ; trad. française *La
Marée de la Vie*, Albin Michel, 1981.

[146] Suivant le processus psychologique explicité dans la citation relative à la note n° 11.

oppresseur de ces religions importées sert alors de prétexte pour les remettre en question et leur préférer d'anciens cultes dont le sens authentique a souvent été oublié, mais que l'on s'acharne à reconstituer avec plus ou moins de pertinence. L'idée n'est pas nouvelle : c'est ce qui s'est passé avec la résurgence du celtisme sous l'influence de la Franc-maçonnerie au XVIIe siècle, ou celle de la gnose, toujours dans les milieux ésotériques, au moment de la découverte archéologique de textes apocryphes disparus. Pourquoi ce désir d'authenticité serait-il plus critiquable que celui de tendances religieuses visant un meilleur respect de leurs textes fondateurs ? On trouve là, au fond, l'expression d'une sincérité des plus respectables, mais il appartient aux responsables de ces ritualités émergentes — car elles ne sont pas anciennes, mais résolument contemporaines — de mettre en place des rites dépouillés de tout archaïsme et qui correspondent aux attentes et aux mœurs de leurs adeptes d'aujourd'hui. Bien entendu, c'est souvent là que le bât blesse, car ces responsables doivent conjuguer d'excellentes connaissances historiques, des compétences rituelles et une maîtrise de la psychologie du temps présent. Ce sont d'ailleurs ces mêmes qualités que l'on est en droit d'attendre tant des responsables re-ligieux modernes — car il faut bien connaître l'histoire pour la faire évoluer — que des créateurs de nouveaux rituels, car le *patchwork* improvisé de la grande époque des années 1960-70 a fait son temps et a prouvé qu'un minimum de sérieux en matière de ritualisation est indispensable.

L'adhésion à une foi ou à un système de croyances constitue un recours naturel contre le désespoir que suscite l'instabilité sociale, la perte de sentiment identitaire ou encore l'excès de normalisation découlant du processus de mondialisation que nous subissons actuellement, renforcé par l'usage systématique de statistiques et d'algorithmes pour réguler notre quotidien. Comme le souligne l'anthropologue Viola Teisenhoffer, il devient alors nécessaire pour certaines personnes de « raviver les croyances, les valeurs et les coutumes qu'ils attribuent aux sociétés dont ils se considèrent comme les descendants directs »[147]. Le préfixe allemand *ur* — indiquant l'ancienneté, l'archaïsme, le caractère originel d'une chose exprime particulièrement bien cette idée, volontiers utilisée par l'écrivain Ernst Jünger, parmi tant d'autres. Le

---

[147] Présentation du contexte des nouvelles ritualités en Hongrie, EPHE, 2018.

nom *Ur* désigne en allemand l'aurochs, c'est-à-dire un animal touché par l'extinction et porteur d'un symbolisme d'ancienneté et de puissance, animal symbolique auquel on a souvent fait référence dans les rites anciens et en iconographie paléolithique. Partant de son étude du contexte hongrois, notamment d'un mouvement ésotérique lié au culte de la Sainte Couronne[148], Viola Teisenhoffer dégage des notions comme la « préservation de la tradition » et la reconstitution d'une « culture organique » ancestrale — dont il s'avère important en Europe qu'elle soit préchrétienne. Ces motivations s'intègrent dans une tendance générale vers un retour aux sources culturelles qui ont précédé les spiritualités majoritaires du temps présent. Teisenhoffer souligne la récupération, voire la réinterprétation de données empruntées à l'archéologie, à l'histoire et au folklore, la revivification de techniques locales anciennes, comme certaines pratiques artisanales ou martiales, et mentionne l'existence en parallèle, dans la même région, mais dans d'autres groupes, d'un renouveau des rites apparentés au chamanisme, sous une forme réinventée qui justifie dès lors l'appellation de néochamanisme[149].

En Hongrie, ce groupe ésotérique consacré à la Sainte Couronne considère sa fonction comme un « réaccordage de la patrie » qui vient s'insérer dans un contexte particulièrement nostalgique relatif à l'ancienne « Grande Hongrie » telle qu'elle existait avant le Traité de Trianon [150]. Cette dislocation officielle de l'Empire Austro-hongrois, état récent issu du compromis austro-hongrois de 1867, avait alors réduit des deux tiers l'ancien territoire impérial et imposé des frontières scindant certaines communautés culturelles et linguistiques. De fait, comme dans toutes les guerres, le « droit des peuples à disposer d'eux-mêmes [151] » a été appliqué différemment aux vainqueurs, à leurs protégés et aux perdants du conflit. La société magyare porte par

---

[148] voir László Péter, "The Holy Crown of Hungary, Visible and Invisible", dans *The Slavonic and East European Review*, Vol. 81, N° 3 (juillet 2003), p. 425.

[149] Sur la notion de chamanisme traditionnel et sa pluralité, nous renvoyons le lecteur à l'œuvre de Roberte Hamayon. En ce qui concerne la mutation récente des pratiques se revendiquant du chamanisme et, par conséquent, la variété qui les concerne également, voir Emmanuel Thibault "Innovations formelles et sens du chamanisme contemporain", dans *Historia Occultae* n° 8, Œil du Sphinx, 2017.

[150] signé le 4 juin 1920, à Versailles, après la fin de la Première Guerre mondiale.

[151] Wilson, 1918.

conséquent depuis cette date une frustration importante qui n'est pas sans influencer l'engouement nationaliste local, comme on peut le constater dans la préparation de la commémoration du centenaire de ce traité.

On observe, sur ce terrain et les terrains similaires de par le monde, le développement de nouvelles pratiques rituelles de gestion de la contingence, élaborées à partir d'un substrat, réel ou fantasmé, emprunté au patrimoine local. En général, l'abandon par le passé de ces pratiques spirituelles sous l'influence de cultures ou de religions importées au cours de l'histoire est considéré comme l'origine d'une déchéance culturelle à laquelle ces mouvements spirituels émergents s'efforcent désormais de pallier. C'est pourquoi il leur est difficile de ne pas se positionner politiquement. Pourtant, si l'on observe avec d'attention, il s'agit moins de rectifier d'éventuels errements historiques que de répondre à des angoisses très actuelles suscitées par la modernité et la mondialisation qui l'accompagne, comme nous l'avons expliqué. Rappelons toutefois que leur objectif avoué est d'aboutir à un idéal de politique spirituelle, c'est-à-dire de spiritualiser la politique, et non de politiser la spiritualité.

D'autre part, le questionnement autour de la guérison de la Terre s'applique aujourd'hui avant tout aux problématiques de transition agricole vers des méthodes plus respectueuses et moins polluantes comme la permaculture, l'agriculture naturelle, etc. Les enjeux se concentrent sur la pollution des sols, celle des aliments éventuellement celle directement appliquée à l'humain, autant de dommages directement causés par les mêmes multinationales productrices de produits chimiques. Ne devrait-on pas considérer l'élan hystérique qui consiste à saturer l'environnement de déchets, de bruits, d'odeurs, de rythmes frénétiques, etc. comme l'expression pathologique d'un grave excès de tensions internes et de déséquilibre structurel dans notre société ? Il semble que oui ; en effet, dans la nature, tout organisme en surnombre voit ses fonctions écologiques s'emballer, puis saturer l'environnement jusqu'à le rendre inhospitalier, voire inhabitable. Cet organisme s'autodétruit, laissant ainsi place, un peu plus tard, au retour d'autres espèces qui disposent du temps nécessaire pour s'adapter au terrain toxique et le refertiliser. C'est exactement ce que l'on observe avec l'humanité actuelle ; rien donc que de très classique et très naturel dans ce phénomène, mais ce n'est ni flatteur ni optimiste pour l'avenir de notre espèce. La saturation des images dans l'environnement urbain correspond, dans cette perspective, à une projection vers l'extérieur du contenu d'un mental conscient, et surtout subconscient, lui-même saturé (invention de la photographie, du cinéma, de la télévision, puis d'Internet), et suscitant une forme de toxicité subliminale qui passe souvent inaperçue. Par ailleurs, la saturation du milieu par des substances chimiques toxiques extraites du sol au moyen de procédés industriels de séparation et de purification engendrant des déchets dangereux rappelle exactement l'emballement démographique d'une espèce végétale vénéneuse. Les faits démontrent qu'il faut en finir avec l'illusion que l'humanité domine la nature ; c'est à l'humain de s'adapter à son environnement ou de disparaître, comme toute autre espèce qui se trouverait en expansion incontrôlée. Tout cela fait partie des inquiétudes majeures que l'on retrouve dans le discours des nouveaux mouvements spirituels, mais nous laisserons le lecteur se renseigner sur les perspectives d'avenir en la matière auprès d'acteurs et d'auteurs comme le physicien Vandana Shiva, Masanobu Fukuoka, Pierre Rahbi et bien d'autres.

Le besoin de soigner et de guérir inaugurerait-il un regard plus lucide sur l'état de notre planète et de notre société ? On a parfois l'impression paradoxale que plus l'être humain se sent malade, plus il voudrait guérir la planète. Je pense que l'élan néochamanique répond effectivement à une perception plus ou moins confuse de ce phénomène, ainsi qu'à un désir très sain d'éviter d'en arriver au stade de l'extinction. Dans cette considération, les préoccupations se font nettement plus globales et environnementalistes que locales, et elles impliquent des collectivités généralement ouvertes sur le monde et motivées par l'établissement d'une conscience planétaire. Les nouveaux chamanes adhèrent à des ritualités consacrées à la Terre-Mère et aux esprits végétaux ou animaux. On peut ajouter à l'hypothèse esquissée par l'ethnobiologiste Romuald Leterrier selon laquelle la biosphère, essentiellement sa partie végétale, interviendrait dans ce sens au titre d'une forme de conscience alternative, par le biais des pratiques rituelles chamaniques utilisant des plantes psychoactives. Nous aurons l'occasion d'en reparler avec lui dans un prochain numéro de notre revue. Dans tous les cas, la nécessité de renouveler le modèle social actuel se fait clairement ressentir, dans une ouverture qui mette en valeur le territoire, quel qu'il soit, dans une perspective globale, mais aussi autour de la notion d'écosystème local. Cela inclut non seulement la nature sauvage, mais aussi le développement qualitatif humain et culturel. Toutefois, comme le souligne Virgine Maris[152], la préservation du milieu naturel ne doit pas s'effacer derrière l'idée d'« anthropocène », car la nature ne peut être mise au service d'une seule espèce. Par définition, l'écologie, science des interactions au sein d'un milieu naturel, doit être considérée comme intégrante et intégrale.

Politique ou spiritualité ?

Dans un entretien récemment accordé au quotidien *Le Monde* [153], le philosophe Bruno Latour a lui aussi attiré l'attention sur la proximité d'intérêts entre écologie et territorialité : « *Dans la plupart des cas, les deux alertes* [protection de l'environnement et sécurité du territoire] *pointent vers des phénomènes qui sont strictement les mêmes* ». Dans son optique, ce rapprochement est avant tout une stratégie de communication visant à capter l'attention du public qui se montre beaucoup trop fataliste et trop passif à propos des enjeux écologiques, mais qui réagit énergiquement dès lors que son territoire est menacé. Latour propose donc de réexprimer les alertes écologiques en termes de territorialité. Le philosophe serait-il en train de virer souverainiste ? Certainement pas ; il précise lui-même : « *C'est dangereux de dire les choses ainsi, parce que cela flirte un peu avec la pensée dite réactionnaire, mais c'est un passage essentiel* ». Latour a raison de souligner que ces deux préoccupations se rejoignent, tout comme de souligner que l'accent identitaire adopté par de nombreux défenseurs de la territorialité prend sa source dans l'incapacité que ressent le consommateur postmoderne à définir son environnement vital, là d'où il tire sa subsistance et, de ce fait, là où il se sent de réelles attaches — bref dans une lacune identitaire qu'il ressent alors la nécessité de combler par des revendications fortes, ce que la notion de protection

---

[152] Maris, Virginie, *La part sauvage du monde*, Seuil, 2018.
[153] *Le Monde*, 22-23 juillet 2018.

globale de l'environnement ne peut lui assurer. D'autres insistent sur le danger consistant à sous-estimer la force du sentiment de détresse liée à une culture et à un territoire précis pour ne se préoccuper que d'enjeux globaux. Si « l'impérialisme occidental » est aujourd'hui attaqué par des mouvements réactionnaires de multiples tendances et provenances, alors qu'il était auparavant la cible privilégiée de l'extrême gauche, c'est bien qu'il représente à la fois l'origine et le symbole du libéralisme outrancier qui met aujourd'hui en danger ces cultures dans leur variété autant que l'environnement dans son ensemble.

À force de questionner l'individu, il faut bien constater que la notion de lien social se perd [154]. On se retrouve alors écartelé entre l'impression que l'idéal de perfectionnement individuel est devenu inaccessible — confort, indépendance et développement personnel — et un fort sentiment d'isolement et de déficit identitaire. Le tissu social s'est émietté en une myriade d'individus qui cherchent à recréer des liens sociaux autour d'une palette d'idéaux assez variée et politiquement diversifiée. En critiquant une certaine « gauche identitaire » qui se serait, selon lui, trop focalisée sur la défense des droits individuels au détriment du progrès collectif, l'essayiste Mark Lilla met en lumière un des travers flagrants de la société néolibérale : *Le mouvement identitaire ne vise plus que la découverte de soi et la reconnaissance sociale de l'identité choisie par chacun. La conscience identitaire a remplacé la conscience politique, particulièrement auprès des jeunes gens. [155]*» On remarque ainsi qu'à gauche et à droite, la notion d'identité s'applique à des champs légèrement différents, mais que l'origine du sentiment de déficit identitaire procède du même manque de lien social et de connexion avec l'environnement. L'humain y répond soit par un repli sur des valeurs anciennes, soit en se projetant vers un avenir collectif aux formes encore mal définies, car il reste à inventer. Il me paraît important de souligner que le souci de « guérir » le territoire — et, par là, la société qui y vit — est commun à la grande majorité de ces mouvements. Il faut toutefois rester vigilant, car le repli vers des enclaves utopistes représentera certainement dans le futur proche un danger, tant pour les nationalistes que les écologistes qui

---

[154] Emmanuel Thibault, « La notion de lien transpersonnel comme base sociétale », dans *Historia Occultae* n° 7, Œil du Sphinx, 2016.

[155] *Le Monde*, 02.10.2018.

cherchent à s'inventer de nouveaux modes de vie. L'idée de créer de nouvelles sociétés s'exprime même parmi les ultra-libertariens, avec des projets comme les micro-États *offshore* de Bluefrontiers, par exemple. Chez eux aussi, un basculement politique radical, dans un sens ou dans l'autre, est possible.

Je souhaite par conséquent aller beaucoup plus loin que Latour dans l'analyse de la complémentarité entre mise en valeur du territoire local et construction d'une conscience globale. À mon sens, il ne s'agit pas que de façons de parler — ce qui réduirait le propos à une sorte de manipulation politique, une de plus dans le brouhaha des discours actuels —, mais au contraire d'une réelle complémentarité d'action. Bien davantage que les affrontements politiciens, le terrain des spiritualités émergentes est révélateur à cet égard. Les orientations déjà existantes parmi les nouveaux mouvements spirituels permettent de distinguer le terrain de collaboration possible entre ces deux tendances que l'on pourrait croire opposées, mais qui, sur le fond, visent le même objectif : à travers le soin apporté au territoire, que celui-ci soit envisagé localement ou globalement, c'est la société que l'on souhaite guérir de son égarement dans l'excès d'individualisme. Il est tout à fait possible dès lors de collaborer, ou pour le moins de reconnaître dans l'effort de l'autre une expression différente, mais complémentaire de cet élan de co-création ou de reconstruction — - appelons cela comme on veut. Ceux qui préfèrent agir en vivifiant une tradition locale ne s'opposent pas par principe à ceux qui œuvrent pour l'humanité globale ou pour la préservation de la biosphère. Au contraire, ils peuvent travailler ensemble, à différents niveaux. On pourrait aussi exprimer cela en disant que les esprits des lieux ne combattent pas ceux de la nature et de la planète. Il s'agit d'un projet commun dont certains aspects pratiques s'appliquent localement, et d'autres globalement. Par conséquent, ces deux tendances du renouveau païen et du néochamanisme me paraissent représenter l'avenir proche des spiritualités émergentes, et je souhaite qu'elles puissent désormais se respecter et mieux comprendre cette complémentarité d'action. Sur la grande majorité des territoires, on constate une coexistence de deux tendances néopaïenne et néochamanique ou, pour le moins, de ritualités centrées soit sur la culture vernaculaire soit sur la nature, comme cela a été mis en évidence en Hongrie par Viola Teisenhoffer. Il s'agit essentiellement de faire vivre une tradition en lien direct avec l'environnement et la société qui y vit. Or, un gardien de la tradition est-il quelqu'un qui perpétue des dogmes rigides, une pensée et un langage archaïque ou, au contraire, quelqu'un qui fait vivre ces principes en les adaptant au contexte vivant, en perpétuelle évolution ? Nous nous trouvons face à une double dynamique qui vient nourrir toute chaîne initiatique : l'enracinement et la vitalité. Malgré ce que l'on croit souvent et en dépit d'efforts sincères, on ne reproduit jamais parfaitement la forme d'un rituel ; il s'agit avant tout de faire vivre son essence. Une conscience claire de la fonction remplie par les diverses orientations et pratiques spirituelles leur permettra de se respecter mutuellement, de collaborer et de s'épanouir en évitant le repli vers un sectarisme qui se révèle toujours néfaste.

La confusion sur ce terrain n'épargne pourtant pas certains pionniers de l'écologie profonde, ce qui illustre bien la proximité de telles préoccupations. Un ardent défenseur de l'environnement comme James Lovelock, le père de l'hypothèse Gaïa, dans ce que certains qualifient d'errements dus à son grand âge[156], s'autorise même à envisager que le passage par des politiques autoritaristes s'avère nécessaire pour assurer l'avenir de notre planète. Relevons également à cet égard l'ambiguïté dans l'engagement de l'ésotériste Dion Fortune. Cette figure fondatrice du *new age,* dont la manière de présenter et d'utiliser les pratiques ésotériques a très nettement influencé les mouvements spirituels de la seconde moitié du XXe siècle, mena pendant la Seconde Guerre mondiale une croisade magique nationaliste colorée d'emprunts au celtisme et à la mythologie anglo-saxonne. Sa démarche visait à défendre le territoire anglais contre l'envahisseur nazi, condensant à la fois des motivations identitaires, des pratiques rituelles collectives et un idéal dans lequel le bien commun est représenté par la défense de la démocratie et par la conscience globale, contre ce que Fortune considérait clairement comme une agression du règne du Mal. On se souvient de cet épisode comme « la bataille magique d'Angleterre »[157]. Cet exemple démontre que, dès l'émergence des spiritualités contemporaine, se sont rencontrés des enjeux, des applications

---

[156] Virginie Maris, *La part sauvage du monde*, Seuil, 2018, p. 102.

[157] Dion Fortune, *The Magical Battle of Britain: The War Letters of Dion Fortune* (edited by Gareth Knight), Golden Gate Press, 1969.

et des motivations qui sont pourtant habituellement considérés comme opposés : une préoccupation protectionniste locale et une aspiration à l'unification spirituelle de la conscience humaine qui suppose démocratie et écologie profonde. Il apparaît ainsi que le souci de guérir le territoire — qu'on envisage celui-ci comme extrêmement localisé ou comme une globalité planétaire — est un enjeu majeur de notre temps, et surtout qu'en modérant un peu l'obsession pour les affrontements politiques, ces préoccupations légitimes peuvent trouver un terrain pour des actions de typologies très variées, mais qui servent un même objectif.

Pour conclure, observons comment ces réflexions peuvent être mises en œuvre concrètement sur le terrain. Un petit spot vidéo publicitaire consacré à la Méditerranée a récemment attiré mon attention, en ce que justement il réussit à condenser efficacement des arguments que l'on oppose généralement dans le cadre que nous venons d'étudier : l'identité liée à un territoire, le souci de préserver et surtout de cultiver la nature en tant que patrimoine global, et l'humanisme comme essence de la vie en commun[158]. Étonnamment, cette vidéo est le fait d'une entreprise qui l'utilise pour vendre des produits de la mer ; il s'inscrit par conséquent pleinement dans le circuit consumériste, ce qui tendrait à donner raison à Latour qui considère comme principal le rôle de la communication par rapport à celui du sens. J'essaie pourtant d'y percevoir autre chose, c'est-à-dire la possibilité de rencontre et de collaboration entre ces deux objectifs, dans une perspective commune de mieux vivre à tous les niveaux. Espérons que les activités commerciales ou politiques de cette entreprise ne viennent pas contredire cet espoir, ce que je n'ai pour l'instant pas réussi à vérifier ; nonobstant, l'argument et la symbolique mobilisés dans cette vidéo illustrent parfaitement mon propos. Dans ce petit film se côtoient patrimoine naturel et biodiversité comme sources de valeurs traditionnelles, familiales et artisanales locales, une fierté pour l'histoire d'un lieu[159] que l'on souhaite transmettre comme héritage, mais aussi le sens du partage, cet environnement favorisant explicitement le lien entre les êtres autant que celui entre le corps et l'esprit. Bref, les deux propos se rejoignent et cette vidéo vouloir

---

[158] https://www.youtube.com/watch?v=cKlabgQw_Ww

[159] Lieu que l'on sait déjà à la fois unifié et pluriel : le bassin méditerranéen.

souligner cette unité. Sans tomber dans l'angélisme à propos d'un simple spot publicitaire, je veux montrer par là combien ces objectifs se complètent davantage qu'ils ne s'opposent lorsqu'on les considère à partir du terrain. La diversité — qui est le principe même de la vie sur notre planète — stimule le respect de l'autre et des différences. Cela n'empêche pas, mais, au contraire favorise la co-construction dès lors que l'on ne considère pas le potentiel énorme de communication ouvert par la mondialisation comme un danger, mais comme une opportunité de créer, et que l'on ne se renferme pas sur soi, sur ses idées, sur sa foi, sur son mode de vie ou sur ses productions locales. La vitalité d'une culture locale nourrit le partage et la vitalité de tous. Cultiver de manière respectueuse et durable un territoire local n'est finalement qu'une contribution à la sauvegarde de l'environnement global. Pourquoi, dans ce cas, continuer d'opposer l'un à l'autre ? Ce qui manque au dynamisme de cette collaboration est la conscience de cette unanimité d'objectifs et la reconnaissance d'une éthique partagée qui permette à l'élan commun de s'exprimer dans les actes.

Les Éditions de l'ŒIL DU SPHINX,

ont le plaisir de vous annoncer la sortie de :

LA RÉVOLTE DES VIGNERONS DANS LE MIDI VITICOLE

DE CHARLY SAMSON

Collection Edite / Théatre

09 juin 1907, plus de 600 000 personnes manifestent dans les rues de Montpellier alors que la ville ne compte pas plus de 80 000 habitants. Des vignerons et leurs familles, menés par Marcelin Albert et Ernest Ferroul, hurlent leur colère et défient la république. Le Midi viticole est en crise. Mais qui se souvient encore de ces événements qui engendreront les plus grandes manifestations jamais vues depuis la révolution ? Pourtant, par son ampleur et ses effets, la crise de 1907 marquera durablement l'histoire viticole française. Elle sera notamment à l'origine de la naissance du système coopératif viticole, de la création du service de répression des fraudes, et de la définition légale du « vin » naturel

Ainsi s'exprime Nicolas Bon de « vin-terre-net » qui a accepté de compléter, sur le plan documentaire, le travail de mémoire réalisé par Charly Samson sous forme de pièce de théâtre.

Afin que nul n'oublie.

Par correspondance où sur la boutique en ligne des éditions :
https://boutique.oeildusphinx.com/
Au prix de vente public de 12 €

LA VIGNE EN TOUS SES ÉTATS

par Jean-Marc Brocard

*Jean-Marc Brocard est l'un des grands producteurs de Chablis, l'un des vins les plus singuliers et recherchés de Bourgogne. Ses vins, réputés, sont le fruit d'une longue aventure amoureuse entre la terre, la vigne et sa famille de viticulteurs. Un tiers de sa production respecte les règles de l'agriculture biodynamique, initiée par Rudolf Steiner. J'aime tout particulièrement l'entendre parler de la vigne et du vin. Il se montre à la fois poète, érudit et un technicien hors pair, lui qui revendique avant tout d'être reconnu comme paysan. Ce texte est la synthèse de deux interventions qu'il fit dans le cadre privé d'un cercle culturel. J'ai pensé qu'il convenait de les partager avec les lecteurs d'*Historia Occultae*, soucieux de tradition.*

Rémi Boyer

La vigne et les Éléments

Le vin, le divin breuvage, issu de la vigne, est lié depuis l'origine à l'histoire de l'humanité. Nous commencerons naturellement par la vigne avant d'aborder la sujet du vin. Voici quelques fragments de son histoire et de son fonctionnement à travers les éléments.

Noé, le cultivateur, commença de planter la vigne.
Ayant bu du vin, il fut enivré et se dénuda à l'intérieur de sa tente.

Ce bref passage de la Genèse, première mention viticole dans la Bible, évoque tout à la fois la vigne, le vin et ses effets sur l'homme. Dès son entrée dans l'univers biblique, la vigne se trouvait porteuse d'une valeur symbolique de première importance. Créés au troisième jour, avec les autres plantes, ses fruits comme tous les produits végétaux furent désignés par Yahvé comme nourriture de l'espèce humaine.

La vigne ne connaissait donc aucun privilège au paradis et ne sortit de l'anonymat qu'après le péché originel et l'installation d'Adam et de sa descendance sur la Terre.

À la fin du déluge, sanction divine des errances humaines, le premier geste du rescapé fut de planter la vigne. Le Cep noueux, porteur de lourdes grappes devint ainsi le signe de la Nouvelle Alliance conclue entre Yavhé et l'humanité.

La vigne prit racine en Arménie, au pied du mont Ararat, avant de partir à la conquête du monde. Les traductions concordent sur deux points : la viticulture naquit en Orient, et l'homme apprit la taille des animaux, deux informations qui semblent correspondre à la réalité.

Bien que les vignes sauvages se soient répandues dans l'hémisphère Nord dès la fin de l'ère tertiaire, on note la présence de nombreuses espèces en Amérique du Nord, seule l'espèce *Vitis vinfera* produit un raisin comestible susceptible d'être vinifié. Des amas de pépins retrouvés sur les sites néolithiques d'Europe centrale, notamment au Tyrol du Sud ou sur les rives du lac de Neufchâtel, permettent de penser que nos lointains ancêtres tiraient déjà une boisson du raisin sauvage, mais également d'autres baies. Les agriculteurs des zones caucasiennes inventèrent probablement le vin au 4ᵉ millénaire av. J.-C., un vin qui connut un vif succès auprès des premières civilisations. En Mésopotamie et dans la vallée du Nil, des égyptologues ont retrouvé des jarres à vin au nom des Pharaons de la première dynastie, qui régnèrent vers 3000 ans av. J.-C.. La longue histoire du vin commençait.

Cette liane, communément appelée lambrusque, devint soumise à l'homme. Mutilée par la taille, liée aux échalas, ou enserrée dans les fils de fer, elle n'est plus elle-même. Sa quête incessante de lumière, qui la fait s'élever en s'agrippant aux arbres, allait cesser. Elle sera désormais incessamment ramenée près du sol pour nous donner son meilleur fruit. Ainsi avant d'en récolter le fruit, destiné par ses transformations alchimiques au divin breuvage, l'homme, au prix d'un travail acharné, s'implique fidèlement au rythme des saisons dans les soins de sa vigne. Le terroir en devient sa patrie ! Hugues Johnson ne disait-il pas avec justesse : « *Paysan et Artiste, homme de peine et visionnaire, amoureux du plaisir autant que de l'effort, alchimiste et comptable, le vigneron conjugue toutes ces qualités depuis le déluge* » ?

Notre vigne exprime en chacune de ses parties les quatre états de la matière. Associée aux quatre éléments, elle est l'identification des quatre règnes de la nature. La vigne dépend entièrement de son environnement. Elle est composée des quatre parties suivantes : les racines — la tige et les rameaux — les feuilles et les fleurs — le fruit.

On ne saurait parler des éléments qui contribuent à l'optimisation de l'expression du terroir sans les rapprocher des influences célestes. Les douze régions zodiacales sont chacune en affinité avec l'un des éléments fondamentaux qui constituent la base de l'univers : le Feu, la Terre, l'Eau et l'Air, formant ainsi quatre groupes d'impulsions de même nature, régulièrement distribuées. Ces impulsions agissent de façon spécifique sur une partie déterminée de la plante. Au fur et à mesure de son passage devant chaque constellation, la Lune fait jouer ces différentes forces, les capte, les imprègne des siennes propres et les réfléchit sur la Terre, comme elle réfléchit la lumière du Soleil.

L'élément Terre s'exprime par les constellations du Taureau, de la Vierge et du Capricorne. Il est en affinité avec la partie enterrée de la vigne, la racine. Le vigneron essaiera de biner ses vignes lors du passage de la Lune devant ces constellations. Avec l'élément Terre, nous abordons le minéral intimement lié à la racine. Le minéral est la partie dure de la terre. C'est aussi la roche, la pierre.

La terre comprise dans le sens de terroir est cette notion complexe qui englobe un fonctionnement que nous essayons d'analyser. Cette notion de minéral est essentiellement concentrée dans les racines. Celles-ci plongent dans le centre de la Terre, leurs forces sont centripètes, tournées vers l'intérieur, manifestant ainsi une lourdeur et une dureté. Ces forces, qui alourdissent, qui condensent et qui convergent, permettent à la matière d'apparaître, aux éléments de s'agréger entre eux. Le minéral est un état solide, pétrifié, dont la vie s'est en grande partie échappée. Néanmoins, le minéral est le véhicule de la mémoire.

L'élément Eau est animé par le Cancer, le Scorpion, et les Poissons. Il influence particulièrement la vie et le développement des parties les plus aqueuses de la plante. Bien que soumise aux lois de la gravité, l'eau garde une certaine indépendance, une marge de liberté. Elle agit comme un intermédiaire entre deux mondes différents. L'élément Eau se manifeste par la sève. Le Vigneron profite du retrait de la sève dans les racines pendant le repos hivernal pour tailler les sarments, si possible en lune descendante. Après l'hiver, la vigne va entrer en végétation, les racines absorbent de grandes quantités d'eau. Ce phénomène se traduit par l'écoulement, aux sections des sarments d'un liquide désigné sous le nom de pleurs.

L'élément Air est en affinité avec les Gémeaux, le Verseau et la Balance. Il s'exprime dans et par les parfums. Ce troisième état de la matière, plus subtil et moins visible que les deux premiers, manifeste la lumière, nous entoure continuellement et circule en de vastes mouvements autour de notre globe presque insoumis aux lois de la gravité. Une question se pose : l'atmosphère en mouvement serait-elle animée comme nous ? Serait-elle porteuse d'âme ? Aurions-nous intériorisé une atmosphère emplie de forces planétaires agissantes ? Au niveau de la plante, la lumière est extériorisée par la fleur. La finesse, les arômes, manifestent ce troisième état de la matière plus fragile, mais aussi plus respectable. Contrairement aux racines, les forces d'une fleur sont centrifuges, tournées vers l'extérieur. Il se produit alors sous nos yeux une réelle dissolution de la matière avec des dégagements d'odeurs et de pollens presque invisibles. Ce sont autant de qualités, au-delà des éléments minéraux, que le viticulteur souhaite concentrer dans son vin.

L'élément Feu se trouve en accord avec le Bélier, le Lion, le Sagittaire. Il apporte à la plante la chaleur nécessaire. L'état de chaleur est le moins terrestre. Il fuit la matière ou tend à la dissoudre, à la faire disparaître, il la dilate toujours. La chaleur génère la vie, c'est ce qui explique le lien étroit qui l'unit à la vigne. Dans ma région de Chablis, fortement septentrionale pour la vigne, nous nous efforçons de renforcer son action. L'énergie de cet état de chaleur permet, si elle est exprimée dans des limites raisonnables, la fécondation de cette sensibilité fraîche qu'est la fleur. Cette fleur a la particularité d'éclore par le bas, contrairement aux fleurs qui s'ouvrent en corolle. Le capuchon floral se détache par la base et dévoile les organes reproducteurs. La fleur de la plupart des variétés *vitis vinifera* est hermaphrodite, possédant à la fois les organes mâles et femelles bien formés. À cet état de chaleur, correspond donc la force qui engendre le fruit. Indépendamment de son action sur la matière, c'est la force ascendante.

La lumière et la chaleur sont les conditions indispensables à la vie végétale. La lumière est la matière première qui se transforme en produits
agricoles et la chaleur est la force qui actionne le mécanisme de la
plante. La perception des quatre états de la matière, liée aux quatre
éléments, est essentielle à la compréhension de ce double mouvement
qui habite la plante : un mouvement vers le bas, avec une extrémité
marquée par la loi de la gravité et une matière plus intense (les racines),
et un mouvement vers le haut, à l'autre extrémité, avec un début de
dématérialisation (odeurs, pollen de la fleur) et une tendance à la quête
qui favorise les rameaux.

Observons désormais le comportement de notre vigne et les travaux
qui s'y rapportent. Après la récolte, pendant la période de repos
végétatif, d'octobre à mars, passé l'Équinoxe d'automne, les
températures baissent, les jours diminuent, les pluies sont abondantes.
Notre vigneron fouille sa terre avec sa charrue équipée d'un coutre
rigide qui agit comme un vil. Ce travail effectué en Lune descendante
ouvre le sol à l'atmosphère, sa vitalité en est stimulée. Si besoin, dans
certaines vignes maigres, des fertilisants organiques seront apportés.
Notre Terre-mère, féconde à cette époque d'inspiration, les absorbera.

Après cette première façon, l'homme taillera sa vigne. Comme je
l'évoquais, c'est la plus grande soumission de notre vigne. Dépourvue
d'une grande partie de ses sarments, elle n'en conservera qu'un ou
deux par pied, porteurs de bourgeons fructifères. Cette opération de
taille dure quatre mois, jusqu'en mars, pendant que la sève est
intériorisée dans les racines.

Passé l'Équinoxe de printemps, nous entrons dans la période
végétative. Les températures remontent, les jours grandissent,
l'humidité présente dans le sol et l'atmosphère, sous l'effet de la chaleur, provoque le débourrement. C'est l'épanouissement des feuilles
rudimentaires. La vigne utilise alors les réserves qu'elle a accumulées
dans sa souche et ses rameaux à la fin de l'été. La vigne ne peut elle-
même fabriquer ses aliments avec la sève brute que les racines lui
fournissent, car elle n'a pas encore de feuilles, donc pas de laboratoire
pour préparer sa sève élaborée.

Après le débourrement, les jeunes pousses ont un développement d'autant plus grand que la température s'élève davantage. Les racines plongent dans le sol avec une force particulièrement puissante. Dans notre région, la Bourgogne, terre de Chablis, elles peuvent s'enfoncer à des dizaines de mètres sous terre. Cette faculté prouve à quel point la vigne est liée aux forces de gravité. À l'inverse, elle n'a pas la faculté de s'élever et de saisir cette force de lévitation qui rapproche du soleil. Nous sommes les spectateurs d'un petit drame : la vigne est prisonnière de la terre. C'est pour cette raison que nous l'attachons, ou la conduisons sur un palissage. Elle s'agrippe à ce dernier « comme une épouse à son homme » dit la représentation populaire. Comme toute liane, elle est dominée par des forces spiralaires d'une autre origine. Les pousses se développent tellement rapidement lorsque les températures dépassent vingt à vingt-cinq degrés, qu'il est nécessaire de les rogner.

La nature offre tout de même à la vigne la chance de satisfaire son aspiration solaire. La vigne sait retenir sa fleur jusqu'au solstice d'été, à cette époque les jours sont les plus longs. Cette conjugaison est unique dans les régions septentrionales.

Lorsqu'elle ouvre sa fleur, elle a enfin accès à ce qu'elle cherchait avec tant de vigueur. Elle est fécondée par une lumière estivale et non pas printanière, une lumière plus durable, davantage verticale, plus virile également. Quel magnifique symbole de féminité ! Cette fleur, qui a attendu l'été pour éclore, est discrète, minuscule, presque retenue à l'intérieur de la grappe et au cœur du Cep. Contrairement au lys, totalement tourné vers l'extérieur, la fleur de la vigne est introvertie. Son geste invite la lumière solaire à pénétrer le Cep et, comme pour nous faire partager son intériorisation, elle dégage une odeur très puissante.

La vigne qui pendant ce temps nous a obligés à la palisser, à la rogner et à la protéger contre les maladies cryptogamiques, semble maintenant s'assagir et se tourner vers l'extérieur. Après cette noce d'été, elle arrête la croissance de ses rameaux pour se concentrer presque exclusivement sur celle de son bébé le raisin. Nous retrouverons dans ce dernier un concentré d'expression d'éléments minéraux, avec un marquage de la climatologie annuelle. Dans notre région septentrionale, nous pourrons parler de millésime chaud ou froid ou équilibré. De ces oppositions Terre-Soleil naissent les oppositions salé-sucré que nous retrouverons dans notre vin.

Les rythmes de croissance de la vigne soulignent bien son affinité particulière pour le soleil qu'elle suit dans sa course. Nous revoici au solstice d'automne, notre départ, la vigne nous livre ses fruits qui, si la fécondation estivale s'est bien manifestée, seront lourds et savoureux. Reste à faire le vin, c'est encore un long cheminement alchimique en présence de notre vigneron qui guidera, sans contraindre, les différentes phases de cette élaboration.

Représentation cette fois du masculin, nous pouvons observer que, contrairement à son pendant féminin, le vin fuit l'air la lumière, la chaleur. Il va de soi aussi que l'eau est son ennemie. La cave, creusée en terre, reste son temple. Là, il se bonifiera au fil du temps et mûrira pour nous confier une histoire, celle de la création, nous rendant heureux par son partage avec l'autre, les autres. Inspirons-nous de Saint Bernard qui nous enseigne : « *Il n'y a pas de plus grand maître que la nature.* »

Le vin et ses effets — Recours au poème

Après avoir vendangé la treille du symbolisme de la vigne, la treille des éléments, nous voici rendus à l'étape sublime de la consommation du vin, et de sa perception dans l'histoire par des anonymes comme des célébrités, depuis sa création.

Pour rappel, la viticulture naquit en Orient, et l'homme apprit la taille des animaux. Bien que les vignes sauvages se soient répandues dans l'hémisphère nord dès la fin de l'ère tertiaire, avec de nombreuses espèces en Amérique du Nord, nous avons vu que seule l'espèce *vitis vinifera* produit un raisin comestible susceptible d'être vinifié. Nos lointains ancêtres avaient déjà appris à tirer une boisson du raisin sauvage comme d'autres baies. Toutefois, ces breuvages ne recevaient certes pas le nom d'appellation !

La vigne apparaît comme un présent divin, mais l'homme doit retourner à la nature et à l'animal pour en maîtriser la culture. Le vin induit aussi des effets élévateurs et dégradants. Il réchauffe et réconforte, égaie, excite l'imagination comme la sensibilité, élevant le buveur sage. Mais il peut abrutir et rendre irresponsable et asocial, entraînant l'ivrogne dans l'animalité.

De ces effets, on peut observer une mystérieuse ambivalence, allant du plus sacré au plus dangereux. Ces judicieux équilibres valent pour cette chaîne d'union que constituent la vigne, la vinification, le vin, le buveur. Ainsi, pour ne parler que du vin, nous constatons qu'il occupe dans les mondes de la littérature et de la poésie une place importante depuis belle lurette ! Aucune boisson n'a suscité autant de respect et d'intérêt. Le vin a toujours été une source d'inspiration créative pour les écrivains, les artistes. Il donne vie à des œuvres empreintes de poésie et d'originalité.

L'art et le vin sont les joies supérieures des hommes libres, confie Aristote. *L'art et le vin servent au rapprochement des hommes* complète Goethe comme en écho. Les fêtes de Dionysos en Grèce et de Bacchus à Rome étaient littéralement un hymne à l'ivresse, laquelle, croyait-on, permettait de se rapprocher de leur Dieu.

L'ivresse, si elle est véritable, te fera fort ; si elle est feinte, elle peut être utile suggère Ovide quand Horace interroge : *Qui après avoir bu, parle des rigueurs de la guerre ou de la pauvreté ? .*

La poésie et la littérature ont permis aux historiens de mieux rechercher les origines et retracer l'évolution du vin à travers l'Histoire et sa place dans les cultures. Ainsi, quelques siècles avant Jésus-Christ, Homère cita les crus renommés de l'antiquité Grecque, prenant soin de détailler la façon de les boire. De plus, grâce à des auteurs tels que le poète Hésiode et l'historien Hérodote, la connaissance quant à la répartition des vignobles dans l'Antiquité est venue jusqu'à nous. Platon aurait même affirmé que de nombreuses leçons de son maître Socrate furent données à l'occasion de repas bien arrosés. Le vin aurait-il aidé au développement de la philosophie en Occident ?

De nombreux poètes de l'Antiquité ont fait l'apologie du vin et ont loué ses vertus :

Le vin met à jour les secrets cachés de l'âme.
Horace (65-8 av JC)

Le vin vous fait un cœur d'homme.
Homère (vers le 9e siècle av JC)

Le vin nous invite à la danse et nous fait oublier nos maux.
Sans vin, il n'y a pas d'amour.
Euripide (480-406 av C)

Le vin, bien sûr cité dans la Bible, l'est d'ailleurs dans presque toutes les religions. La vigne et le vin sont associés au monde divin. La symbolique de la vigne comme du vin est omniprésente dans l'Ancien Testament. Bien que la Bible mette en garde contre les effets de l'alcool en narrant l'histoire de Noé qui s'enivre au vin de Mossul, elle offre généralement une image valorisante du vin. Elle met en évidence les vertus de ce breuvage lorsqu'il est consommé avec modération, le comparant au sang de la vie, et l'associant à la symbolique de l'eucharistie. Dans l'évangile selon Saint Jean, Jésus déclare : « Je suis le vrai cep, et mon père est le vigneron. Tout sarment qui ne porte pas de fruit, il retranche, et tout sarment qui porte du fruit, il l'émonde, afin qu'il porte encore plus de fruits. ». Toujours très riche, la symbolique chrétienne du vin se développpa dans d'autres directions, car le vin, loin d'être prohibé, participait à la liturgie et avait la faveur des gens d'Église. Jacques de Vitry écrivit au Moyen Âge :

Le vin, en tant qu'il découle de plusieurs raisins, représente l'unité de l'Église et, en tant qu'il a de la chaleur et une couleur rouge, il désigne la charité de l'Église.

Une légende autrichienne semble traduire dans les faits cette pieuse métaphore. La vendange de 1456 fut tellement mauvaise, et le vin si acide, que les vignerons viennois décidèrent de le jeter dans le Danube. L'Empereur Frédéric III s'y opposa, affirmant que le vin, même très acide, était un don de Dieu et que le jeter serait un péché. Ce vin imbuvable servit donc à mouiller le ciment utilisé pour les travaux de la Cathédrale.

Seule entre toutes les religions, l'Islam a proscrit le vin et les boissons fermentées. Ils connaissaient pourtant bien le vin et cultivaient la vigne dans les sites favorables. Les hauts plateaux septentrionaux du Yémen comme les vallées de l'Oman produisent encore aujourd'hui du bon raisin de table. Les Mecquois contemporains de Mahomet buvaient et s'égaraient parfois dans l'ivresse. La tradition rapporte que l'oncle du Prophète, Abd al-Muttalib, mutila un jour les chameaux d'Ali dans un accès de colère éthylique. De tels excès ne manquèrent pas d'inquiéter Mahomet et furent probablement à l'origine d'une évolution qui conduisit à la condamnation sans appel du vin. Si la seizième sourate du Coran proclame : *Et des fruits de la vigne et du palmier, vous obtiendrez une boisson enivrante, et aussi un bon aliment.* D'autres jettent l'interdit.

La riche société commerçante des villes d'Arabie, dont les caravanes convoyaient épices et aromates vers la Méditerranée, aimait le vin, les jeux, les plaisirs terrestres : *Ils te questionnent sur les boissons fermentées et sur le jeu de hasard. Réponds : dans les deux, il y a pour les hommes une grande faute et un mince avantage, une faute plus grande que l'avantage.* (Coran II, 219).

Le comportement de certains des premiers fidèles de l'islam choquait Mahomet : *Vous qui croyez, n'approchez pas de la prière quand vous êtes ivres, pas avant de savoir ce que vous dites.* (Coran IV, 43-46).

La cinquième sourate condamne définitivement le vin, qui appartient comme le jeu et les pratiques païennes, au registre des abominations diaboliques : *Par les boissons fermentées et le jeu de hasard le Satan veut vous inciter à l'inimité et à la haine, vous écarter de vous souvenir de Dieu, vous écarter de la prière.*

Si tous les grands docteurs de l'Islam s'accordèrent à voir dans le vin un ennemi du croyant, les princes, les poètes et certains mystiques continuèrent d'y goûter avec plaisir. Ce quatrain du Persan Modjir (XIIe siècle) reflète bien l'imperfection de l'homme, déchiré entre le Coran et la carafe :

> *Tenant d'une la coupe, de l'autre le livre Saint,*
> *Tantôt respectant la loi et tantôt la transgressant,*
> *Dans ce monde nous voici, êtres d'imperfection,*
> *Ni païens complètement ni tout à fait musulmans.*

Plus provocateur, le sultan de Séville Al Mutadid aurait écrit : « *Il faut boire quand vient l'aurore : c'est un dogme religieux et celui qui ne le croit pas est un païen.* » Le prince rejoignait là les poètes bachiques héritiers d'une longue tradition qui plongeait ses racines dans la littérature de l'Arabie préislamique. Un alchimiste des *Mille et une nuits* pouvait ainsi chanter : « *Jeune fille, viens ! Le sage est celui qui laisse la joie seule occuper sa vie. Que les gens religieux gardent l'eau pour la prière. Toi, verse-moi de ce vin qui rendra plus exquise la rougeur de tes joues. J'en veux boire jusqu'à perdre la raison ! Mais bois d'abord, bois sans crainte, et donne-moi la coupe que tes lèvres parfument. »*

Le grand Hafiz célébrait le vin comme un initiateur :

La nuit dernière, j'ai vu les anges qui frappaient à la porte du cabaret,
Qui pétrissaient l'argile d'Adam pour en façonner des coupes.
Ceux qui résident au-delà du voile sacré, les purs de l'univers angélique,
M'ont tenu compagnie, à moi, le mendiant des rues, pour boire le vin de
l'ivresse.
Les cieux n'ont pu supporter le fardeau du secret.
Ils en ont fait échoir le lot à ce fou que je suis.

La taverne devenait ainsi supérieure à la mosquée, car d'accès plus difficile, étant réservée aux initiés du secret mystique. Distante du pouvoir et de l'argent, la taverne échappait également à la corruption, comme le rappelait Eraqi de Hamadan au XIIIe siècle :

Ce n'est pas ici la mosquée que l'on ouvre à tout instant et pour que tu
coures partout, te mettre vite au premier rang.
Ici, des mages la taverne ! On y trouve cœurs en éveil, bel objet, vin,
chandelle, luth, et chants et poèmes d'amour.
L'or n'a point place à cet asile.
Les biens d'ici-bas ne sont point de mise en ce lieu de retraite : on y gagne
en perdant réciproquement.

Si Mahomet interdisait le vin à ses fidèles, il le promettait aux justes dans l'au-delà : « *Tu verras sur leur visage le reflet du délice. Ils boiront un vin rare, cacheté d'un cachet de musc et ceux qui en auront envie y auront droit, et mêlé à l'eau du Tasnîm, source dont boivent les Proches.* » (Coran LXXXIII, 24-26)

Signe merveilleux d'abondance et de paix, le Paradis d'Allah est traversé par des « ruisseaux d'eau incorruptible, des ruisseaux de lait inaltérable, des ruisseaux de vin délicieux, des ruisseaux de miel pur ». De quoi rassurer le poète Manoutchehri, mort en 1040, qui avait souhaité : « *Au jour de résurrection, si Dieu m'admet au paradis, je demanderai de sa grâce un ruisseau toujours plein de vin.* »

Ainsi, comme vous l'entendez, aucun espoir n'est perdu entre l'Islam et le vin. Toutefois, pour vivre heureux nos moments présents, nous nous en tiendront à une citation de Francis Blanche : « *Nous préférons le vin d'ici que l'eau au-delà.* »

Plus près de nous, la vigne, les vendanges, le vin, n'ont cessé d'inspirer de nombreux auteurs. Colette écrivit : « *La vigne et le vin sont de grands mystères. Seule, dans le règne végétal, la vigne nous rend intelligible ce qu'est la véritable saveur de la terre. Quelle fidélité dans la traduction ! Elle ressent, exprime par la grappe les secrets du sol. Le calcaire, par elle, nous fait connaître qu'il est vivant, fusible, nourricier. La craie ingrate, pleure, en vin, des larmes d'or.* »

Rien qu'en nommant les noms de nos provinces et nos villes, nous chantons la louange des vignobles révérés. Il est profitable à l'esprit et au corps croyez-moi de goûter le vin chez lui dans un paysage qu'il enrichit. J'accorde, qu'à ce prix, les leçons de géographies ne sont pas à la portée de tout le monde.

Incontournable, Charles Baudelaire n'a pas tari d'éloges sur le vin. Enivrez-vous !

Il faut être toujours ivre, tout est là, c'est l'unique question. Pour ne pas sentir l'horrible fardeau du temps qui brise vos épaules et vous penche vers la terre, il faut vous enivrer sans trêve.
Mais de quoi ? De vin, de poésie, ou de vertu à votre guise, mais enivrez-vous !
Et si quelquefois, sur les marches d'un palais, sur l'herbe verte d'un fossé, vous vous réveillez, l'ivresse déjà diminuée ou disparue, demandez au vent, à la vague, à l'étoile, à l'oiseau, à l'horloge, à tout ce qui fuit, à tout ce qui gémit, à tout ce qui roule, à tout ce qui chante, à tout ce qui parle, demandez quelle heure il est. Et le vent, la vague, l'étoile, l'oiseau, l'horloge, vous répondront, il est l'heure de s'enivrer ; pour ne pas être les esclaves martyrisés du temps, enivrez-vous, enivrez-vous sans cesse de vin, de poésie, de vertu, à votre guise.

Souvenons-nous également, toujours de Baudelaire, de ce poème tiré des
Fleurs du Mal :

Le vin des amants

Aujourd'hui l'espace est splendide !
Sans mors, sans éperons, sans bride,
Partons à cheval sur le vin
Pour un ciel féerique et divin !

Comme deux anges que torture
Une implacable calenture,
Dans le bleu cristal du matin
Suivons le mirage lointain !

Mollement balancés sur l'aile
Du tourbillon intelligent,
Dans un délire parallèle,

Ma sœur, côte à côte nageant,
Nous fuirons sans repos ni trêves
Vers le paradis de mes rêves !

Quant à notre cher Rabelais, il glorifiait les crus de Touraine et parlait
avec amour de la « dive bouteille ». Il écrivit d'ailleurs dans Gargantua :
« *Buvez, vous ne mourrez jamais.* ». Montesquieu et Lamartine étaient
propriétaires de vignobles ! Alphonse Daudet écrivit *Trois jours de
vendanges* et Gustave Flaubert *Vin : sujet de conversation entre
hommes*. Sans oublier ce petit poème de Paul Verlaine :

Vendanges

Les choses qui chantent dans la tête
Alors que la mémoire est absente,
Écoutez, c'est notre sang qui chante...
O musique lointaine et discrète !

Écoutez ! c'est notre sang qui pleure
Alors que notre âme s'est enfuie,

D'une voix jusqu'alors inouïe
Et qui va se taire tout à l'heure.

Frère du sang de la vigne rose,
Frère du vin de la veine noire,
O vin, ô sang, c'est l'apothéose !

Chantez, pleurez ! Chassez la mémoire
Et chassez l'âme, et jusqu'aux ténèbres
Magnétisez nos pauvres vertèbres,

Après ce premier pressurage de l'histoire, je ne peux pas manquer de vous tirer quelques rebèches des meilleures citations :

Le vin nourrit, rafraîchit et réjouit... Que le vin manque, les médicaments deviennent nécessaires.
Extrait du *Talmud*

Une barrique de vin peut faire plus de miracles qu'une église remplie de saints.
Proverbe italien

Il y a plus de philosophie dans une bouteille de vin que dans tous les livres.
Louis Pasteur

Prenez de l'amour ce qu'un homme sobre prend du vin, ne devenez pas un ivrogne.
Alfred de Musset

Comme observateur, il était indigne de moi d'ignorer les effets de l'ivresse. Je devais étudier les jouissances qui séduisent le peuple, et qui ont séduit, disons-le, Byron après Shéridan, et tutti quanti. La chose était difficile. En qualité de buveur d'eau, préparé peut-être à cet assaut par ma longue habitude du café, le vin n'a pas la moindre prise sur moi, quelque quantité que ma capacité gastrique me permette d'absorber. Je suis un coûteux convive.
Honoré de Balzac

Boire sans soif et faire l'amour en tout temps, Madame, il n'y a que
cela qui nous distingue des autres bêtes.
Pierre-Augustin Caron de Beaumarchais

Le vin crée une triple communion, communion avec la terre dont il
est issu, communion avec soi-même quand on le goûte, communion
avec les autres quand on en parle.
Paul Claudel

Jamais peuple n'a péri par excès du vin ; tous périssent par le désordre
des femmes. La raison de cette différence est claire ; le premier de
ces deux vices détourne des autres ; le second les engendre tous !
Jean-Jacques Rousseau

Heureux qui, loin des tourments de la terre,
Baise les petits culs,
Et boit dans un grand verre,
Emplit l'un, vide l'autre,
Et passe avec gaieté,
Du cul de la bouteille, au cul de la beauté.
Pierre de Ronsard

Pas de vin, pas de soldats.
Napoléon Bonaparte

Il n'y a pas de pays ivre où le vin est bon marché,
Le bon vin est pour moi une nécessité quotidienne.
Thomas Jefferson

Le vin est fort, le roi est plus fort, les femmes le sont plus encore.
Martin Luther

Le vin est ce qu'il y a de plus civilisé au monde.
Ernest Hemingway

C'est la pénicilline qui guérit les hommes,
Mais c'est le bon vin qui les rend heureux
Alexander Flemming

Je regarde la carte des vins pour éviter les bouchons.
Raymond Devos

Les hommes sont comme les vins, lorsqu'ils deviennent meilleurs en vieillissant, c'est qu'ils sont d'une grande qualité.
Philippe Bouvard

La seule arme que je tolère, c'est le tire-bouchon.
Jean Carmet

Pour savoir qu'un verre de vin est de trop, encore faut-il l'avoir bu !
Olivier de Kersauson

Boire peu pour boire longtemps,
Guy Bedos

Les hommes naissent libres et égaux et puis... ils se mettent à boire. Un alcoolique c'est quelqu'un que vous n'aimez pas et qui boit autant que vous.

Coluche

Les bons crus font les bonnes cuites,
Si la vérité est dans le vin, qu'elle y reste !
Pierre Dac

L'ivresse de la jeunesse est plus forte que l'ivresse du vin.
Proverbe Persan

À la première coupe, l'homme boit le vin,
À la deuxième coupe le vin boit le vin,
À la troisième coupe le vin boit l'homme.
Proverbe Japonais

Le vin est innocent si l'ivrogne est coupable,
Le Christ, n'a pas changé le vin en eau, mais l'eau en vin,
Quand les cheveux blanchissent, laisse la femme et prend le vin.
Proverbe Français

Traduction : *Quand les cheveux blanchissent : Ferme ta braguette,
ouvre ta cave.*

Ce sera la fin de cet égrappage de citations. Toutefois je n'oublie pas
notre ami Jacques Lacarrière qui a fréquemment écrit sur le vin ;
lors de l'une de ses dernières visites à la cave, il était accompagné
de son ami Luis Mizon, poète Chilien. Ce dernier a consacré à
Jacques un petit ouvrage, intitulé *Sacré bricolage de l'esprit.* En
voici un extrait en guise de conclusion, la scène se passe chez nous
à Prehy :

« *Dans* L'été grec *la nature apparaît dotée d'une forte personnalité.
Au-delà du seul paysage, c'est l'antre, le piège, le labyrinthe, la
terre couleur de cendre volcanique, le royaume des Atrides,
fantômes toujours vivants.
Dans le monde que décrit-récrit Lacarrière, nous sommes loin de la
morale. Et pourtant une éthique puissante se dégage, centrée sur un
comportement spécifique : être à l'écoute de l'humain, tourné vers
l'autrui.
Jacques Lacarrière murmure, mais sa voix résonne contre le grand
mur de calcaire.
Autour d'une table souterraine, nous sommes à l'abri. Nous buvons
un vin raffiné par des couches de terres préhistoriques. Un vin qui
jaillit du fond des âges et de grappes de raisins poussant
directement dans la mer desséchée du Jurassique.
Le fond de la cave est la terre même, telle qu'elle est, creusée à vif
et en profondeur.
Ainsi dévoilée, elle montre le paysage caché de la Bourgogne. Sa
mystérieuse intimité. Cette terre, cette cave, nous aident à mieux
comprendre notre part secrète, clandestine — et sa possibilité de
survie. En vérité, nous faisons partie d'un complot permanent pour
sauver cette chose étrange qu'on appelle l'esprit.
Dès mon arrivée, je fus surpris par la beauté du ciel et des nuages.
Couches de nuages étalées à l'horizon, à la même hauteur, couches
animées, théâtrales, emplies de comédiens éphémères. Têtes,
sabots, crinières qui ne durent qu'un instant. Villes disparues au
loin, quand toutes les traces s'effacent. Les dieux sont fragiles. Ils*

ont besoin de la parole humaine pour nous dire le miroir de leurs amours. Sur la falaise, nous faisons l'archéologie des nuages. Histoire silencieuse. Il y a des escaliers invisibles entre le ciel et la terre. Comme les vignes, les nuages plongent leurs racines dans la terre.

Jacques, moi-même, notre hôte, nous sommes à présent les parties constituantes d'un même instant, fait d'écoute et de regards jetés vers le ciel et le sous-sol.

Comme des particules élémentaires tournant dans l'Anneau du Grand Collisionneur, nous restons infiniment liés dans la subtile complicité de cette déflagration. »

Je vous écris ces quelques mots, cher lecteur, dans le souci de vous abreuver, pas convaincu de vous avoir enivré, mais davantage saoulé.

KŌAN INÉDIT

<u>étape un</u> :

Une grenouille vorace qui mange sans faim tue tous les bœufs et tous les bouddhas, puis s'avale elle-même.

L'élève :   Je pense qu'elle veut mettre fin à la souffrance dans le monde.

L'enseignant :   Qui souffre dans ce monde ?

L'élève :   Tout le monde souffre.

L'enseignant gifle violemment l'élève et répète : Qui souffre dans ce monde ?

*

NOTES DE LECTURE

Les chroniques du Crocodile par Rémi Boyer :

Montésinos, Christian, *Les étranges symboles des cathédrales, basiliques et églises de la France médiévale*, Dervy, 2018.

Christian Montésinos est historien, membre de la Société française de mythologie. Il met à notre disposition un travail considérable d'analyse symbolique des cathédrales. Il y a longtemps en effet que nous ne savons plus lire ces « livres de pierre ». Cet ouvrage nous propose de nous réapproprier le langage particulier, synthétique et puissant des cathédrales, que peu connaissent aujourd'hui hors de certains cercles du compagnonnage.

En introduction, il précise le sens de sa démarche. Il constata que la richesse des cathédrales était généralement ignorée « au profit de l'anecdotique laïque, scolaire et républicain ». « Ces constats m'incitèrent à rédiger un ouvrage, comme ceux que j'aurais voulu avoir en main alors que je découvrais sans les comprendre voici de nombreuses années les cathédrales et basiliques de France. La lecture du grand Émile Mâle fut pour moi une révélation. Ses ouvrages m'incitèrent à me plonger au cœur des auteurs anciens, puis à confronter les remarques du grand historien de l'art à d'autres ouvrages, en particulier ésotériques. Je remarquai, après bien des années, que chaque auteur, Mâle à part, avait surtout travaillé pour sa "boutique". Le Mystère des Cathédrales de Dujols, alias Fulcanelli, ne voyait dans les quatre-feuilles d'Amiens, ou dans les écus de Notre-Dame de Paris, que des symboles alchimiques. Or, ces images, pour reprendre l'expression consacrée aux bas-reliefs médiévaux, ne sont pas exclusives. Elles sont à la fois profanes, religieuses, alchimiques et apologétiques, parce qu'au temps où elles furent créées, les clercs possédaient une telle vision. S'écarter de la mentalité médiévale pour interpréter des ornementations lapidaires peut conduire parfois à dire des banalités, ou pire, des sottises. » C'est la distinction de ces niveaux logiques qui constitue la force de l'ouvrage et permet une lecture circonstanciée et différenciée des ensembles symboliques inscrits sur les murs des cathédrales. Christian Montésinos cherche à plonger dans les sources les plus anciennes pour retracer les chemins, souvent de détour, qui ont conduit aux images qui demeurent aujourd'hui sous nos yeux.

Si les Lumières ont méprisé nos cathédrales, elles font heureusement aujourd'hui partie du patrimoine mondial de l'humanité. Édifiées en deux siècles seulement, elles témoignent d'une volonté spirituelle exceptionnelle dans l'histoire de l'humanité qu'il nous est difficile de comprendre. Christian Montésinos évoque un art sacré. Les images choisies, dont Émile Mâle a retrouvé le plus souvent l'origine préchrétienne, s'adressent non à la vue, mais à l'esprit à travers un glissement temporel fascinant des mythèmes. Pour l'auteur, le plus grand mystère des cathédrales c'est celui de la Résurrection du Christ, car tout l'ensemble symbolique proposé concourt à la mise en œuvre de la « Vie Nouvelle », à l'édification du « Nouvel Homme » par une « Nouvelle Alliance ». « Les cathédrales, confie l'auteur, sont les vaisseaux de ce voyage fabuleux. Elles donnent véritablement les clés du royaume à ceux qui savent les trouver. Elles offrent aux pénitents, aux repentis, aux borgnes, aux aveugles, aux boiteux et à tous les infirmes de corps ou d'esprit la possibilité de la guérison. Elles proposent à l'homme la véritable transmutation, au sens propre, le changement au travers. Elles sont encore porteuses d'autres mystères comme celui de la Trinité, de la Communion, de la transmission de l'Esprit Saint… »

Christian Montésinos nous offre des repères pour entreprendre le voyage : langue des oiseaux, orientation, marques, zodiaques et calendriers, avant de développer les grands thèmes présents comme les vices et les vertus, les arts libéraux, les Vierges allégoriques, et le foisonnement d'étranges créatures du hérisson d'Amiens à l'ouroboros en passant par les sirènes. Mais il traite aussi du labyrinthe, des emblèmes de l'alchimie chrétienne, des jeux d'ombre et de lumière, des couleurs et des matériaux… Un petit chapitre est consacré au regard des francs-maçons sur les cathédrales afin de dissiper quelques illusions courantes. Ce livre érudit, agréable à la lecture, très bien illustré, sera un guide précieux pour explorer nos cathédrales et en extraire les connaissances traditionnelles que ceux qui les ont conçues et édifiées ont voulu transmettre à travers les temps.

Bartholo, Jean, *Méditations sur les hauts grades du Rite Écossais Ancien et Accepté*, Télètes, 2014.

Ce livre propose une série de médiations sur les hauts grades du REAA afin d'en approcher les mystères qui ne se déploient que dans une intimité spirituelle. Jean Bartholo évoque cette chambre du milieu, point de départ du voyage : « Puisque nous sommes en chambre du milieu, réfléchissons, invite-t-il, si vous le voulez bien, à ce que nous sommes, Maîtres, en pèlerinage incessant de la circonférence au centre du cercle en tentant de "rassembler ce qui est épars", en l'occurrence nos ossements pour reprendre vie. Vous le sentez bien, il ne s'agit plus ici de tâche à remplir, de compétences à acquérir. Oui, vous le sentez bien, il y a autre chose. Pour saisir ce qui est en jeu il nous faut aller au cœur du Mystère qui nous rassemble. La mort et la résurrection d'Hiram en chacun de nous nous permettent de rassembler nos ossements desséchés et de reprendre vie. Si nous ne rentrons pas au cœur de ce Mystère nous ne comprenons rien. »

Au fil des pages, grade après grade, il conduit le lecteur au-delà de ce qui se donne à voir, au-delà des formes qui sont une matière à travailler. « Il y a donc autre chose, dit-il plus loin. C'est sur cette foi, sur cette confiance, que le Franc-maçon accepte de vivre les Tenues. Et il ne vient pas en loge pour jouer, mais pour découvrir, pour recevoir, avec les autres Frères, ensemble, quelque chose que l'on nomme Lumière, Parole Perdue, Vérité. Toutes ces appellations sont symboliques et évoquent un élément non humain, doué de permanence, c'est-à-dire hors du temps et de l'espace, et dont le dépôt existe en chacun des Frères. Voilà pourquoi il y a une initiation, des grades, des formes à respecter pour ouvrir et pour fermer les travaux en loge, pour transmettre une connaissance et éveiller le permanent qui repose en chacun d'entre nous. Pourtant la rédaction du récit est une protection forte, car seuls ceux qui ont des oreilles entendent. Essayons de franchir ce premier obstacle et d'oublier le plan moral, plan relatif par rapport à un sens plus secret. »
Les développements des interactions entre les symboles que propose Jean Bartholo portent la possibilité d'une pratique opérative. Il en est ainsi quand il évoque, à propos de l'Élu des Neuf, le fait de trancher la tête comme « symbole de la déconnexion du mental, du Moi » ou encore, à propos du Chevalier du Serpent d'Airain, quand il en appelle à « une démarche spirituelle qui fait mourir et renaître le serpent en nous ».

Au fil des pages, Jean Bartholo ne cherche pas à apporter des connaissances, il confie au lecteur des moyens de connaissance, un renouvellement du rapport à ce qui se présente faisant d'un objet sans vie un vecteur de connaissance. « Le but de la démarche, dit-il, est de tenter, d'abord pour nous-mêmes, une correction de trajectoire. On peut ainsi trouver un fil conducteur à la fabuleuse aventure du cosmos, de la vie et de la pensée. L'étoffe de l'Univers n'est pas uniquement matérielle. C'est ici que la Révélation maçonnique par les rituels prend tout son sens. Aussi la Franc-maçonnerie ne doit pas être considérée uniquement à vue humaine, comme l'une des institutions du corps social de l'humanité. C'est dans l'intime relation des frères avec l'Esprit maçonnique et dans la Lumière que résident pour la Franc-maçonnerie la source et la règle de son action. Le sens de l'Initiation à l'éclairage des rituels, des symboles et des outils, est loin d'avoir épuisé toute sa force. Et cela transcende la variation des temps et des cultures. Les insondables richesses de nos rituels ne sont pas encore dévoilées : le travail à accomplir reste entier, nous n'en sommes qu'au début. Nous devons d'autant plus garder nos sens en éveil afin que l'Esprit ouvre nos intelligences et nos cœurs au discernement afin de pouvoir agir. »

Bartholo, Jean, *Méditations sur l'Espace et le Temps Maçonniques dans le Rite Écossais Ancien et Accepté,* **Télètes, 2017.**

Nous savons que notre rapport au temps est l'un des meilleurs signes de notre avancée sur les voies d'éveil. Cette question est centrale, à la fois culturellement et opérativement. Jean Bartholo expose tout d'abord l'architecture de l'espace et du temps dans l'histoire humaine. Nous oublions souvent que notre rapport moderne au temps et à l'espace diffère considérablement de celui établi par les êtres humains dans le passé. Il y avait alors des temps favorables, des temps hostiles, des temps sacrés, des temps festifs, de même pour les espaces. Les divers modèles du monde et du temps qui structuraient nos croyances et nos comportements d'alors ont déterminé grandement notre relation à la nature, considérée comme favorable, neutre ou hostile, selon les traditions, ce jusqu'à la Renaissance qui permet un nouveau paradigme.

Jean Bartholo distingue la Tradition cosmique, la Tradition prophétique et la Tradition messianique : « La Tradition cosmique, c'est la Pierre de fondation qui place l'homme dans l'univers, et que l'on découvre en loge symbolique. Le rituel d'ouverture des travaux en loge symbolique reprend le texte de la création de l'Ancien Testament : lumière primordiale, création du soleil et de la lune et des étoiles au 4ᵉ jour, etc. L'Éternel crée le cosmos et la nature, la Vie, l'Homme. La Tradition prophétique se manifeste du 4ᵉ au 14ᵉ grade. Elle associe Alliance et Révélation. La Révélation procède par "étapes" ; David et Salomon pièces maîtresses de la Loge de Perfection, qui conduisent à la construction du Temple, ont eu comme ancêtres Noé (l'Arche, l'Arc-en-Ciel), Abraham (alliance de l'Éternel avec un homme), Moïse (alliance avec Israël). La Tradition messianique du 15ᵉ au 33ᵉ grade, découle logiquement de la précédente, comme phase finale de la Révélation dans le Nouveau Testament. Ces trois étapes associées représentent le temps du passage du Temple de pierre au temple de l'Esprit incorporé au Temple de chair. »

Nous voici donc dans une voie du Corps de Gloire, les prophéties étant, rappelons-le, non des prédictions de l'avenir, mais bien d'un plan à suivre pour rejoindre le divin. Jean Bartholo développe ces trois Traditions à travers l'enseignement symbolique et mythique des grades du REAA qui voient progressivement la lumière s'imposer et l'initié échapper tant à la temporalité qu'à l'espace pour pressentir l'Éternité, éventuellement l'actualiser, dans cette Chambre du Milieu qui n'est qu'axialité. Il s'agit bien d'actualiser le « déjà et pas encore » dans un « entre-deux » qu'Henry Corbin a désigné comme « imaginal ».

Beauregard, Mario, *Un saut quantique de la conscience*, Trédaniel, 2018.

Le Dr Mario Beauregard est chercheur en neurosciences, affilié au département de psychologie de l'Université de l'Azizona. Pionnier dans son domaine, spécialiste de la conscience extraneuronale, il publie aussi des ouvrages de vulgarisation scientifique. Il a également coécrit un « Manifeste pour une science post-matérialiste ».

C'est dans l'esprit de ce manifeste que s'inscrit ce livre passionnant « pour se libérer enfin de l'idéologie matérialiste ». L'ouvrage commence par la présentation de son programme de recherche. Il rappelle que « la vision du monde scientifique moderne » est basée largement sur des postulats scientifiques » issus de la pensée des présocratiques, mais ceci est ignoré d'une majorité de scientifiques, ce qui entraîne un retard dans l'investigation de l'intériorité humaine. C'est au XIXe siècle que s'est forgée une idéologie matérialiste oublieuse de toute métaphysique. Les certitudes matérialistes furent bousculées par la mécanique quantique qui mit en évidence, entre autres, « l'effet de l'observateur » et la non-localité ou non-séparabilité aux conséquences multiples : « Ce principe, nous dit l'auteur, repose sur l'intrication (ou enchevêtrement), qui réfère aux connexions instantanées persistant entre les particules (par exemple, des photons ou des électrons) ayant interagi ensemble avant d'être séparées. Étonnamment, ces connexions persistent même si les particules en question sont séparées par des distances gigantesques (par exemple des milliards d'années-lumière). Cet aspect contre-intuitif de la nature, qui était décrit par Albert Einstein comme une "action surnaturelle à distance", a été confirmé expérimentalement dans plusieurs laboratoires depuis les années 1970. La non-localité et l'intrication suggèrent que l'univers est un tout indivisible. Comme je le démontrerai dans cet ouvrage, le principe de non-localité ne semble pas être confiné au domaine microphysique puisqu'il existe aussi dans le monde de la *psyché*. »

Mario Beauregard a rassemblé une « panoplie d'évidences empiriques » qui ne sont pas compatibles avec les dogmes matérialistes et qui autorisent un nouveau paradigme, post-matérialiste. Chapitre après chapitre sont étudiés les pensées qui transforment le corps, les perceptions par-delà l'espace et le temps, l'influence de l'esprit sur la matière, le pouvoir non local de l'intention du vivant, la conscience délocalisée, et quelques autres dimensions qui interrogent nos croyances matérialistes, comme la communication post-mortem induite, la transcommunication instrumentale ou les expériences chamaniques et les enthéogènes. « Les données empiriques examinées tout au long de cet ouvrage, nous dit le chercheur, nous indiquent qu'il est maintenant temps de nous défaire du carcan matérialiste, et d'élargir notre conception de la réalité. Même si nous n'avons pas toutes les réponses à nos questions en ce qui concerne la conscience et les relations esprit-cerveau, nous pouvons tout de même présenter quelques éléments clés du paradigme postmatérialiste. L'un de ces éléments clés est le suivant : l'esprit est irréductible, et son statut ontologique est tout aussi primordial que celui de la matière, de l'énergie et de l'espace-temps. Cela veut dire que l'esprit ne provient pas de la matière, et qu'il ne peut être réduit à quelque chose de plus fondamental. À ce propos, le philosophe David Chalmers et le physicien et cosmologiste Andrei Linde ont postulé que la conscience, l'une des principales fonctions de l'esprit, constitue une composante fondamentale de l'univers. »

Tant au niveau microphysique qu'au niveau macrophysique, le concept d'esprit permet une compréhension plus complète de la réalité. Mario Beauregard parle de « l'indivisibilité de la *psyché* et du *physis* ». « En plus de nous permettre d'expérimenter subjectivement notre environnement interne (psychique) et notre environnement externe (situé à l'extérieur de notre corps physique), l'esprit agit comme une force, c'est-à-dire qu'il possède la capacité d'affecter l'état du monde physique. Cette constatation représente un autre élément clé du paradigme postmatérialiste. » Il nous faudra revoir le rôle du cerveau, instaurer un autre rapport à l'environnement, modifier nos représentations de l'être humain. En faisant voler en éclat, non sans mal, les superstitions matérialistes, c'est une révolution à la fois scientifique et ontologique qui s'offre à nous.

Charbonnier, Jean-Jacques, *La conscience intuitive extraneuronale*, Trédaniel, 2017.

Le Dr Charbonnier, anesthésiste-réanimateur, est connu pour ses recherches sur les états modifiés de conscience et les NDE ou EMI pour expérience de mort imminente. Ce livre très clair et accessible est le fruit de trente années d'observations et d'analyses. Il propose un nouveau modèle du fonctionnement de la conscience. Après avoir rappelé brièvement la conception classique de la conscience, CAC pour conscience analytique cérébrale, basée sur les relations complexes entre organes sensoriels et neurones, il présente la CIE, conscience intuitive extraneuronale.

Jean-Jacques Charbonnier rappelle qu'une thèse de doctorat portant sur les EMI fut validée brillamment et reçut la mention très honorable, celle de François Lallier, médecin au CHU de Reims, qui étudia 118 dossiers de patients ayant été réanimés d'un arrêt cardiaque. L'étude fait état d'une fréquence de 15,3 % d'EMI chez les victimes d'arrêts cardio-respiratoires et écarte le lien avec une maladie psychiatrique ou un traitement psychotrope. Plus encore, note Jean-Jacques Charbonnier, il découle de l'étude que « certains expérienceurs sont en mesure de décrire leur réanimation avec une singulière acuité alors que leur cerveau ne fonctionnait plus ».

D'autres témoignages et expériences vont dans le même sens et tendent à démontrer l'existence d'une conscience indépendante de l'activité cérébrale, une conscience dite délocalisée. Le modèle de conscience intuitive extraneuronale proposé vise à expliquer dans un modèle global nombre de phénomènes, non seulement les EMI, mais aussi la médiumnité et d'autres expériences qualifiées parfois de métapsychiques.

Jean-Jacques Charbonnier illustre son propos de nombreux cas cliniques et de témoignages qui mettent à mal le concept classique de la conscience. Il analyse les relations entre cette conscience neuronale, liée à l'activité cérébrale, et la conscience extraneuronale. Une CAC activée et très puissante rend difficile la réception d'informations de la CIE. Quand la CAC est inhibée, la CIE peut pleinement s'exercer. C'est le cas lors de situations exceptionnelles comme le coma, l'anesthésie générale, l'arrêt cardiaque, mais plus naturellement pendant le sommeil physiologique ou pendant des séances d'hypnose, de méditation, de transe chamanique… Jean-Jacques Charbonnier décrit des protocoles permettant de s'ouvrir volontairement à la CIE et de passer outre le filtre de la CAC et il met en avant les applications cliniques possibles.

Messadié, Gérald, *La Conspiration Jeanne d'Arc*, De Borée, 2018.

Nous devons à Gérald Messadié, qui vient malheureusement de nous quitter, de remarquables ouvrages, notamment sur le christianisme. Nous pensons bien sûr à *L'homme qui devint Dieu* consacré à la vie de Jésus, *Jésus dit Barrabas, L'affaire Marie-Madeleine, Histoire générale du Diable*, entre autres. Outre la qualité d'écriture, nous apprécions chez cet auteur les appareils de notes, très fournis, indiquant des sources souvent peu exploitées.
Il était naturel, sinon attendu que Gérald Messadié rencontre Jeanne d'Arc, cette haute figure historique, entre mythe et réalité. L'histoire, aussi scientifique soit-elle, n'est jamais une histoire du réel, mais une histoire sur les discours sur le réel. Les interprétations, les distorsions, les omissions, volontaires ou non, offrent des tableaux souvent très éloignés de la réalité ou parfois du simple bon sens. Gérald Messadié a fait le choix du roman historique pour mettre au sol les

images d'Epinal enseignées à l'école ou dans les cours de catéchisme, les préjugés et les stéréotypes et tenter d'approcher certaines réalités encore accessibles au sujet de ladite Pucelle d'Orléans. « L'histoire de Jeanne d'Arc, nous dit-il dans une note liminaire, a souffert jusqu'à récemment de pareilles dérives tandis que l'immense majorité des auteurs, y compris Jules Michelet et Gabriel Hanotaux, exaltaient le personnage jusqu'aux limites de l'emphase et de la mythologie, d'autres s'acharnaient à lui refuser toute dimension exemplaire, voire la traînaient dans les caniveaux de la fureur républicaine. »

Au fil de l'intrigue, passionnante, Gérald Messadié pointe plusieurs faits historiques qui permettent de mieux comprendre qui était Jeanne d'Arc et quelle fut sa fonction. Parmi ces faits, neuf sont de première importance. « Neuf faits indiscutables, annonce l'auteur, démontrent que Jeanne d'Arc ne s'introduisit dans les cercles fermés du pouvoir et n'atteignit à la notoriété que parce qu'elle était la demi-sœur du Dauphin Charles. La popularité que lui valut sa défense du sol national et de la royauté de droit divin correspond certes au récit des traditionalistes, mais elle fut soutenue par des acteurs dont ces derniers ne semblent même pas avoir soupçonné l'existence ; ainsi de Yolande d'Aragon, reine sans couronne de France, et banquière de l'Ordre de Sion, héritier de l'Ordre des Templiers. »

Parmi ces faits nous trouvons les liens particuliers entre la famille d'Arc et la famille royale, la dissimulation de la naissance d'une fille de sang royal, l'hostilité envers Jeanne d'Arc à la cour du futur Charles VII, les interventions politiques de Jeanne d'Arc incompatibles avec un statut de bergère, une lettre de Jeanne d'Arc où elle s'affirme et apparaît bien comme « chef de guerre », etc. Le récit proposé au lecteur par Gérald Messadié nous présente une autre Jeanne d'Arc que celle inventée par l'histoire officielle. Il permet d'interroger les discours convenus et d'établir de nouvelles hypothèses et de nouvelles responsabilités. Les témoignages de l'époque sont souvent contradictoires, ils sont aussi, comme tout témoignage, sujets à caution. Le croisement des informations recueillies, la logique également, permettent d'envisager une autre Jeanne d'Arc, en mission politique, sûre de ses prérogatives, habile en politique et en diplomatie et incontestablement préparée, notamment au combat, probablement par Yolande d'Aragon et ses proches.

Nous relèverons toutefois quelques erreurs notamment sur l'histoire templière. Gérald Messadié omet de préciser que la charte Larménius est un faux et ignore le rôle du Portugal, essentiel à la suite de la dissolution de l'Ordre du Temple. Ces erreurs n'enlèvent rien à la dynamique et à l'orientation générale de l'ouvrage.

Harvey, Percy-John, *Le Chevalier de Royale-Arche. La légende d'Enoch*, Cépaduès-Editions, 2018.

Nous retrouvons au grade de Chevalier de Royale Arche, 13ᵉ grade du Rite Écossais Ancien et Accepté, un thème majeur de la Franc-maçonnerie, la Parole retrouvée. En effet, la parole est perdue lors du grade de Maîtrise et la queste commence alors. Lors de ce grade, le Delta d'or du Tétragramme est découvert sous le neuvième Voûte du Temple d'Enoch. Il est gravé des quatre lettres du Nom divin : Iod-Hé-Vav-Hé. Percy-John Harvey détaille les mécanismes du symbolisme du grade en les inscrivant dans le cycle salomonien et le cheminement commencé avec la Maîtrise pour retrouver la Parole perdue.

Le symbolisme de la voûte tient une place centrale dans ce grade, évoquant aussi bien la crypte que la caverne. Percy-John Harvey prend appui sur la typologie des temples, tabernacle de Moïse, la « Tente de Rencontre », Temple de Jérusalem, Temple d'Enoch, Temple de Salomon… Enoch lui-même s'inscrit dans une typologie, celle d'Hermès et de ses trois apparitions mythiques, soulignées très justement par Percy-John Harvey. La première manifestation est assimilée à Enoch et se situe avant Noé. La deuxième se situe après le Déluge à Babylone. La troisième nous est plus connue par les ouvrages qui lui sont attribués. À chaque apparition correspond un enseignement, la dernière traite des sciences occultes.

Le récit mythique énochien comporte aussi une typologie de l'arche qui conduit à la voûte sacrée. Salomon fit construire une crypte au sein du Temple, une voûte sacrée à laquelle on accédait par un passage formé de neuf voûtes. Le ternaire tient une place centrale dans ce grade pour conduire au quaternaire du Tétragramme. Le travail, toujours aussi clair et pertinent, appuyé par de nombreux diagrammes, de Percy-John Harvey intéressera bien entendu tous ceux qui sont concernés par le grade de Chevalier de Royale Arche, mais aussi ceux qui pratiquent au sein du Régime Écossais Rectifié le grade de Maître-Écossais de Saint-André. En effet, la queste du Tétragramme sur le Delta d'or est également au cœur de ce grade. Les ensembles de mythèmes des deux grades peuvent ainsi susciter un dialogue fécond.

Suard, François Maurice, *Sous le sceau templier. Chronologie de 1095 à nos jours*, Dervy, 2018.

Le livre de François Maurice Suard soutient l'hypothèse d'un héritage templier, au moins spirituel, au sein de la Franc-maçonnerie, particulièrement dans le cadre de la Stricte Observance Templière, à laquelle l'auteur rend hommage, et du Régime Écossais Rectifié de Jean-Baptiste Willermoz, dont l'histoire est pour une part commune avec celle de la SOT.

Cette chronologie se présente en trois parties. La première partie rend compte de l'histoire de l'Ordre du Temple de 1095 à la Grande Maîtrise tragique de Jacques de Molay en 1314, date de la disparition officielle de l'Ordre, mais non de la fin des Templiers, fort nombreux à l'époque en une grande partie de l'Europe. La deuxième partie, de 1314 à 1751, évoque les prolongements réels ou hypothétiques de l'Ordre du Temple et surtout de l'action de certains de ses membres. La troisième partie de 1751 à nos jours présente l'édification et la survie de la Stricte Observance Templière.

La première partie replace les faits importants de l'histoire de l'Ordre du Temple dans les contextes historiques, économiques et religieux qu'il traversa, marqués par les différentes Croisades en Terre Sainte. Nous découvrons les principales étapes du lent processus qui aboutit à la fondation de l'Ordre du Temple à partir d'une milice. 1128 est la date de création officielle de l'Ordre par Bernard de Clairvaux, mais l'Ordre existait auparavant. L'Ordre ne cessera par la suite de s'étendre pour devenir une puissance financière et économique multinationale, attirant aussi les convoitises.

À partir de 1314, les Templiers seront autorisés à rejoindre d'autres ordres chevaleresques. Il est particulièrement difficile de les suivre alors d'autant que mythes et légendes n'ont cessé de brouiller les pistes. Si la situation de l'Ordre du Christ au Portugal est claire, celle des ramifications éventuelles en Écosse est plus confuse. C'est à celles-ci que vont prétendre se rattacher cependant certains courants maçonniques peut-être à travers des lignées familiales. En 1742, Karl von Hund est reçu Franc-maçon. C'est le début de l'histoire de la Stricte Observance Templière : « En 1742, précise l'auteur, il prend contact avec des francs-maçons à Paris, où les loges se veulent une continuation de l'Ordre des Chevaliers du temple. Il est ainsi promu Chevalier du Temple, puis admis par Lord Kilmarnock, Grand Maître des maçons d'Écosse, dans l'Ordre du Temple proprement dit. Avec Heinrich von Marschall, von Hund constitue alors une fédération de loges : la Stricte Observance. Sous son impulsion, naissent aussi plusieurs loges de ce type à Dresde, Leipzig, Altenberg, Sachsenfeld, Naumburg. Il rattache même la loge mère de Berlin : *Aux Trois Globes !* »

Mais la date déterminante pour la SOT est 1751 avec le décès de W. Marshall et la nomination de von Hund à la tête de la VIIe Province. Il va écrire les rituels et mettre en place véritablement l'Ordre dans le contexte de guerre entre les deux familles des Stuart et de Hanovre. C'est une histoire complexe et encore à venir. De nouvelles recherches apporteront de nouveaux éclairages.

La dernière partie propose des repères jusqu'à nos jours et rend compte en 1782 de l'affirmation du Régime Écossais Rectifié par J.B. Willermoz et son renoncement à toute prétention de filiation avec l'Ordre du Temple. Cela marque la séparation entre RER et SOT.

L'ouvrage n'est pas exempt d'erreurs ou d'approximations, par exemple Louis-Claude de Saint-Martin n'est pas à l'origine du Rite Écossais Rectifié comme il est écrit en page 196. Toutefois, ce travail, considérable, a le mérite de donner une perspective à l'idée templière plutôt que des arguments pour de prétendues filiations dont, si elles existaient, il resterait à démontrer l'intérêt.

Collectif, *Actes du Colloque Papus — Colloque organisé par l'Ordre Martiniste à l'occasion du centième anniversaire de la mort de Dr Gérard Encausse, dit Papus*. La Tarente, 2018.

Le 22 octobre 2016 se déroula ce colloque pour le centenaire de la mort de Papus en 1916. Papus fut l'une des figures marquantes de la scène initiatique de la fin du XIXe siècle et du début du XXe siècle. Son influence, multiple et considérable, perdure. Cependant, si le personnage est familier, il reste mal connu. Fondateur de l'Ordre Martiniste (1887-1891), il participa à de nombreux projets ésotériques dont celui de l'Ordre Kabbalistique de la Rose-Croix avec Stanislas de Guaita, du Rite swendenborgien, du Rite de Memphis-Misraïm, de l'Église gnostique pour ne citer que les principaux. Il fut, avec ses amis des Compagnons de la Hiérophanie, l'un des principaux animateurs de la scène ésotérique française et européenne. Il fut également un grand vulgarisateur, sans que le terme ne soit péjoratif, et fonda deux revues phares de l'époque, L'Initiation et le Voile d'Isis. Les contributions de Serge Caillet, Roger Dachez, Antoine Faivre, Jean-Pierre Laurent, Michelle Nahon et Jean-Marc Vivenza permettent d'approcher la complexité du personnage comme de l'œuvre.

Serge Caillet revient sur la relation privilégiée entre Papus et Maître Philippe. Leur rencontre se situerait en 1893 ou 1894. Elle bouleversa Papus et donna sans doute une orientation nouvelle à l'Ordre Martiniste, que nous appelons encore la voie cardiaque. Jean-Pierre Laurent dresse un portrait contextué du Papus militant qui incarne à lui seul l'occultisme de la Belle Époque et son rayonnement. « Papus, nous dit-il, a prolongé le rêve romantique de réconcilier la science et la religion dans sa lutte antimatérialiste en utilisant les matériaux disponibles à l'époque ou hérités de la science catholique. Son travail de vulgarisation a été gigantesque, plus de cent livres et brochures (…) opposant "la science contemporaine" qui étudie les phénomènes physiques à l'occulte qui par l'analogie s'efforce de s'élever vers l'invisible… » Papus rassembla autour de lui, mais fut aussi clivant et rejeté. Il fallut attendre Robert Amadou pour assister à une forme de réhabilitation qui demeure incomplète.

Jean-Marc Vivenza s'intéresse à la communauté formée par Papus et ses compagnons. Il s'intéresse à des personnalités moins citées que les habituels Marc Haven, Sédir, Guaita et autres, mais aussi aux intimes et aux femmes qui comptèrent dans sa vie. Michelle Nahon traite de Papus, biographe de Martinès de Pasqually tandis qu'Antoine Faivre analyse la place de Louis-Claude de Saint-Martin dans l'œuvre de Papus. Roger Dachez, en connaisseur, s'intéresse au médecin Papus et à ses méthodes qui, aujourd'hui, peuvent nous sembler fort curieuses. Il restitue le milieu médical de cette période de mutations : « Dans cette brève évocation, conclut-il, nous souhaitions simplement suggérer que Papus médecin, comme Papus mage ou Papus historien, si déconcertant qu'il puisse parfois nous paraître, fut un homme de son temps. Passionné, mais brouillon, éperdument soucieux de comprendre sans toujours disposer des instruments intellectuels les mieux adaptés, jusque dans sa marginalité, Papus fut le témoin d'une époque et d'un basculement de la pensée. L'ignorance de ce contexte a souvent produit de lui une image en grande partie fausse. » L'ensemble des contributions permet de résoudre en partie l'« énigme » Papus. Surtout, les approches, plutôt dimensionnelles, du personnage, substituent des réalités complexes aux raccourcis et préjugés courants véhiculés par la « petite histoire de l'occultisme ». Ce livre marque ainsi une nouvelle étape des études papusiennes. Ajoutons, qu'en marge de ce colloque anniversaire, Emilio Lorenzo a transmis la Grande Maîtrise de l'Ordre Martiniste à André Gautier qui, depuis, en assure le renouveau.

Padmanabhan Krishna, *Krishnamurti, mon ami. Un joyau sur un plateau d'argent*, Almora, 2018.

Krishnamurti, parfois considéré comme le Socrate du siècle dernier, demeure à bien des égards une énigme. Son influence continue de grandir, son enseignement ne cesse de réveiller, mais il reste largement insaisissable. Le témoignage très riche du professeur Krishna rendra le lecteur plus proche de cet être d'exception. Membre de la Société Théosophique, le professeur Krishna fut proche de Krishnamurti pendant plusieurs décennies. C'est de « Krishnamurti tel que je l'ai connu » dont il nous entretient, conscient que « Sa conscience était d'une toute autre dimension et nous ne pouvons véritablement la connaître tant que nous n'avons pas découvert cet état en nous-même. »

L'ouvrage propose des regards très variés. Il commence par les contacts personnels de l'auteur avec Krishnamurti. Le professeur Krishna connut une brillante carrière universitaire. Il fut notamment directeur d'études au département de physique de l'Université de Bénarès jusqu'en 1986, date à laquelle Krishnamurti lui demanda de rejoindre la Fondation Krishnamurti de l'Inde en tant que recteur du Centre éducatif de Rajghat. À maintes reprises, il côtoya Krishnamurti et travailla avec lui. Que cela soit dans un dialogue avec trois scientifiques ou dans les multiples anecdotes relevées au fil de sa vie, Krishnamurti étonne par son attention totale à l'autre et ses modes de questionnement qui visent toujours la profondeur ou l'élévation évitant les glissements latéraux stériles. Une partie de l'ouvrage rassemble de longs témoignages de personnalités ayant fréquenté Krishnamurti : Achyut Partwarthan, Vimala Thakar, Rhada Burnier, Mark Lee. Tous rendent compte de l'énergie singulière que transmettait Krishnamurti par son simple contact.

De nombreux points de son enseignement sont également abordés de manière synthétique, sur la question du bonheur, de la violence et de la paix, de la guérison, de la responsabilité individuelle, de la vérité, entre autres. Deux chapitres évoquent les relations de Krishnamurti avec la Théosophie et plus particulièrement avec Annie Besant. L'auteur pose également cette question essentielle : L'enseignement de Krishnamurti a-t-il un caractère pratique ? Il semble que Krishnamurti, à maintes reprises, signale que le traitement seul des symptômes ne permet pas une restauration véritable. « On se rend compte, souligne l'auteur, que si notre mode d'éducation n'est pas le bon, si nous ne parvenons pas à penser de manière globale, si nous ne mettons pas un terme à toutes les illusions qui encombrent nos esprits il ne nous sera jamais possible de connaître un monde qui ne soit qu'un seul monde, où règnent la fraternité universelle, la paix et l'harmonie. Tout cela restera à l'état de concepts, d'idéaux et ne deviendra jamais réalité, parce que c'est l'illusion qui nous divise. Nous ne sommes pas divisés par les faits, mais par notre attachement à l'illusion. »

L'enseignement de Krishnamurti est une contribution exemplaire à la mise en œuvre des voies d'éveil, mais nous y trouvons aussi les bases d'une éducation à la paix pour les décennies futures, une « éducation juste », suggère l'auteur. Krishnamurti : « Quand vous êtes dans l'observation, que vous voyez la boue sur la route, le comportement des hommes politiques, votre propre attitude envers votre femme, vos enfants, et tout le reste, la transformation est là. Comprenez-vous ? Apporter un certain ordre dans la vie quotidienne, c'est la transformation. Il ne s'agit pas de quelque chose d'extraordinaire qui n'appartient pas à ce monde. Quand vous ne pensez pas de manière, claire, rationnelle, soyez en conscient et changer cela, détruisez-le. C'est la transformation. Si vous êtes jaloux, observez-le, ne laissez pas ce sentiment le temps de s'épanouir, changez-le immédiatement. C'est cela la transformation. Quand vous êtes avide, violent, ambitieux, quand vous essayez de devenir une sorte de saint, voyez comme cela crée un monde terriblement futile. Je ne sais pas si vous en êtes conscient. L'esprit de compétition détruit le monde. Le monde devient de plus en plus compétitif, de plus en plus agressif ; et si vous changez cela, c'est la transformation. Si vous pénétrez bien plus en profondeur dans ce problème, il vous devient clair que la pensée est la négation de l'amour. Par conséquent, il nous faut découvrir si la pensée a une fin — sans nous mettre à philosopher ou à discuter, mais le découvrir. En vérité, la transformation, c'est cela, et si vous plongez très profondément en elle alors la transformation signifie qu'il n'y a plus la moindre pensée de devenir, de comparer. C'est n'être absolument rien. »

Charbonneau-Lassay, Louis, *Le Vulnéraire du Christ*, Gutemberg Reprints, 2018

Louis Charbonneau-Lassay (1876-1946) est connu pour son célèbre *Bestiaire du Christ*. Il a voulu, sa vie durant, rassembler les réponses iconographiques et symboliques à une « obsession du Christ » qui dura quinze siècles et qui imprègne nos arts. Érudit et visionnaire, respectueux de la discipline de l'arcane, membre de l'Étoile Internelle, société initiatique aussi réservée que discrète, son œuvre, essentielle, connut bien des aléas. Louis Charbonneau-Lassay rencontra René Guénon dans le cadre de la revue *Regnabit* à laquelle il contribua de 1922 à 1929. Ils demeurèrent très proches. Le manuscrit original du *Vulnéraire* fut subtilisé aux légataires par un prétendu représentant de la revue *Plaisir de France* qui disparut dans la nature. D'autres textes préparatoires au *Floraire* et au *Lapidaire* furent dérobés au domicile de Louis Charbonneau-Lassay quelque temps avant sa mort. Nous devons à Gauthier Pierozak, spécialiste de Guénon, qui étudie actuellement des archives retrouvées de Louis Charbonneau-Lassay, la reconstitution du *Vulnéraire du Christ*.

C'est la troisième tentative de reconstitution du *Vulnéraire* depuis la perte du manuscrit original. La première réside dans la réédition dans les années 1980, par Gutemberg-Reprints, des articles de Louis Charbonneau-Lassay parus dans *Regnabit* de 1922 à 1926 puis *Le Rayonnement intellectuel* de 1934 à 1939 dans lesquels le thème du Cœur et des blessures du Christ étaient central. Puis, PierLuigi Zoccatelli publia en trois volumes, en italien, la matière des articles réorganisée pour correspondre aux projets de Louis Charbonneau-Lassay : *Floraire*, *Lapidaire*, et *Vulnéraire du Christ*. C'est sur cette base augmentée de nouveaux documents, correspondances et articles, que Gauthier Pierozak a réalisé ce travail remarquable, la plus proche réalisation possible de l'original, abandonnant l'organisation chronologique pour mieux correspondre à la pensée de l'auteur.

Dans cette version, l'ouvrage est organisé en grandes parties intitulées : *Les représentations des cinq plaies du Christ dans l'art chrétien primitif – Figurations de la plaie latérale de Jésus – Les représentations de l'effusion du sang rédempteur – Les plantes emblématiques des cinq plaies du Christ – Les pierres emblématiques du Christ vulnéré – L'emblématique du cœur vulnéré du Christ – L'iconographie du cœur de Jésus dans les armées contre-révolutionnaires de la Vendée – Figurations diverses afférentes ou étrangères au culte du cœur de Jésus.* Les nombreuses tables et index proposés font de ce livre un véritable outil de travail pour qui s'intéresse au symbolisme chrétien et à la manière dont le christianisme s'est approprié en les réorientant les symboles non chrétiens. Érudit, Louis Charbonneau-Lassay est également un artiste véritable dont témoigne la qualité de ses gravures sur bois : « La magie de l'œuvre de Louis Charbonneau-Lassay, nous dit Gauthier Pierozak, tient à la fois dans la qualité de ses sources iconographiques et archéologiques et dans la qualité des gravures sur bois qu'il a effectuées pour accompagner ces informations d'images emblématiques. Une grande partie des références de l'auteur dans ses travaux sur les Cinq Plaies et le Cœur vulnéré du Christ provient d'ailleurs de sa propre collection personnelle d'objets anciens, qu'il a découverts au cours de ses recherches. » La qualité des bois et donc des illustrations participe à l'intérêt du travail de Louis Charbonneau-Lassay. En effet, sans la qualité iconographique, ses précieux commentaires perdraient pour beaucoup de leur pertinence.

Voici, à propos du Saint Graal, un extrait, court, mais marquant l'importance de ce livre : « Il est aussi une autre coupe dont j'ai déjà parlé au chapitre précédent en étudiant le symbolisme christique des pierres précieuses, celle des confrères de l'*Estoile Internelle*, qui est au moins aussi ancienne que les documents que je viens de citer. Dans les écrits qui concernent ce groupement et qui m'ont été communiqués, il n'est point directement question du Saint Graal et pourtant l'insigne principal de cette institution n'est point une étoile, mais un ciboire dans lequel une pierre rouge doit être placée. Nous avons vu précédemment que le Rubis-escarboucle, l'Hématite, la Cornaline, le Jaspe sanguin, le Corail, et toutes les pierres de couleur rouge étaient rangées par nos pères du Moyen-Âge au nombre des emblèmes du sang divin. Le dessin du recueil de l'Estoile Internelle qui représente cette coupe et sa pierre est très explicite, car au-dessous nous lisons : *Unus militum lancea, latis ejus aperuit et continuo exivit sanguis et aqua*, un soldat lui ouvrit le côté, et il en coula du sang et de l'eau. C'est à propos de cette pierre rouge de l'Estoile Internelle que je reviens à ce que Wolfram von Eschenbach a dit du Graal dans *Parzival*, car, pour lui, le Graal est une pierre qu'il appelle *Lapsit exillis*, expression proprement intraduisible que certain sont interprétée par *lapis e coelis*, "la pierre tombée du ciel" ce qui évoque l'émeraude tombée du front de Lucifer ; d'autres font dériver *Lapsit exillis* de *exilium* et traduisent par "pierre exilée" — exilée du ciel — ce qui revient au même. Sur cette pierre, W. d'Eschenbach nous dit que chaque Vendredi-Saint une colombe descendait du ciel en planant et venait y déposer une petite et blanche hostie, et c'est celle-ci qui donnait à la pierre la vertu que toutes les autres versions de la légende du Graal attribuent au "saint Vessel", d'être source intarissable de tous biens, de toutes choses délicieuses et confortantes, et d'être aussi ferment de toute pureté, de toute chasteté. » Il convient de remercier Gauthier Pierozak pour son travail exceptionnel et d'insister sur l'importance de cet ouvrage, magnifique et indispensable.

Vanloo, Robert, *Les Rose Croix du Nouveau Monde*, La Tarente, 2018.

Robert Vanloo travaille depuis longtemps sur ce sujet controversé. Il avait présenté en avant-première son travail lors des Rencontres Singulières de juin 1995, à Paris. Nous avions déjà apprécié la rigueur de ce chercheur et sa volonté d'éclairer une époque sur laquelle peu d'études sérieuses existent. Depuis, il n'a cessé d'approfondir, complété, étayé sa recherche. Robert Vanloo comble une lacune. Il manquait une étude exhaustive des mouvements rosicruciens contemporains, dont la plupart furent créés aux USA à la fin du siècle dernier, cette étude existe désormais, rééditée et augmentée. Elle servira de référence à tous ceux qui veulent comprendre la genèse des mouvements rosicruciens nord-américains et comment ces derniers ont brouillé les enseignements des vieilles traditions européennes se référant à la Rose-Croix.

L'ouvrage, préfacé par Serge Caillet, aborde la question des courants américains par Kelpius et la Fraternité du Wissahickon. L'influence de Kelpius qui émigra aux USA et y installa une communauté est déterminante pour l'éclosion, bien plus tard, d'un grand nombre d'organisations rosicruciennes. L'auteur étudie dans le détail l'histoire, ou plutôt la contre-histoire de P.B. Randolph et la Fraternitas Rosae Crucis, Max Heindel et la Rosicrucian Fellowship, Harvey Spencer Lewis et l'AMORC, mais aussi des mouvements moins connus comme la Societas Rosicruciana in Civitatibus, La Societas Rosicruciana in America, ou Builders Of The Adytum qui demeure l'expression la plus active et du courant de la Golden Dawn. Robert Vanloo traite également du conflit Clymer/Lewis, FUDOSFI/FUDOSI, et met bien en évidence les abus, ou les tricheries, d'un Harvey Spencer Lewis dont ont souvent été dénoncées les manipulations. Surtout, il démontre concernant l'AMORC, que cette organisation n'a rien à voir avec le courant rosicrucien, nécessairement hermétiste, mais puise son origine dans les groupes précurseurs du mouvement Nouvel Âge. Il est aujourd'hui ahurissant de lire

H.S. Lewis affirmant que l'AMORC est le plus ancien ordre initiatique au monde et faire de la Franc-maçonnerie une simple branche de l'AMORC. Certes, il faut des mythes fondateurs à un ordre initiatique comme le rappelle justement Serge Caillet, mais pour que ce mythe demeure fécond, il ne doit pas prétendre à une quelconque réalité historique et ajuster ses mythèmes aux procès opératifs.

Bien entendu, l'agitation rosicrucienne nord-américaine du début du XXe siècle n'est que le symptôme des dysfonctionnements et des crispations toxiques de la scène ésotérique en général. L'analyse de Robert Vanloo devrait ainsi nous permettre de penser les procès mis en œuvre par le triangle archaïque pouvoir-territoire-reproduction au sein même du champ de la spiritualité, soit dans le lieu même où l'action de ce triangle doit être réorientée à plus haut sens. Plutôt que de maintenir contre les évidences, les mensonges fondateurs qui engendrent des croyances stérilisantes, il conviendrait de se concentrer sur le procès initiatique lui-même et sa mise en œuvre opérative. Au crédit de ces mouvements rosicruciens nord-américains, il convient de reconnaître leur compréhension, à des degrés divers, de la nécessité des pratiques et exercices, les rituels et les instructions étant très insuffisants à un véritable cheminement spirituel. Un ouvrage indispensable pour tous ceux qui s'intéressent à l'histoire des ordres rosicruciens contemporains.

de Caluwe, Christian, *Théâtre et Initiations* suivi de *Le lieu d'où l'on regarde* de Michel Langinieux. La Tarente, 2018.

Les deux textes qui sont rassemblés dans ce livre, tout à la fois exigeants et pertinents, renouent avec la fonction primitive du Théâtre, exaltée tant en Inde ancienne qu'en Grèce antique, mais présente en toutes les cultures traditionnelles, quand le Théâtre demeurait le tout premier des arts initiatiques, avec la grammaire. Il rappelle, à celui qui n'est pas encore l'un de ses cadavres ajournés que désigne Fernando Pessoa, la liberté immédiate de la conscience et le devoir de liberté de l'individu, celui qui refuse de se constituer esclave volontaire.

Le théâtre, en libérant les corps, désigne la liberté intrinsèque de l'esprit. L'usage, tant traditionnel qu'avant-gardiste, du masque, peut régler la problématique de la forme à donner aux visages tout en évoquant « l'homme sans tête » de Douglas Harding ou encore l'acéphalité explorée par Georges Bataille. Cependant, le masque suscite aussi l'imagination, le masque de l'acteur, fut-il visage, étant miroir du masque, souriant, neutre ou grimaçant, du monde. Entre les deux, la dimension de l'imaginaire offre l'opportunité de l'instant présent. Le théâtre décloisonne les arts. En stupéfiant, il rend « idiot », soit, selon une étymologie grecque ancienne, « éveillé ». Le théâtre, même dit « de boulevard », demeure éminemment subversif par nature. Il éveille. Il peut rassurer jusqu'au vertige et, par renversement, mettre en évidence nos mascarades. Il éclaire la profonde spiritualité (la vie de l'esprit) de la banalité. De la même manière que nous parlerons d'une esthétique du grotesque, nous évoquerons une transcendance du commun, geste, parole et sentiment…

Le théâtre met d'abord en scène la puissance poétique du vivant, celle qui fait et défait la réalité, ouvrant l'intervalle où l'esprit libre peut s'immerger et se déployer. Au théâtre de l'illusion du monde, des voies se découvrent, accès au Grand Réel. Toutes conduisent sur les rives de l'imaginal, selon Henry Corbin, au bout du bout de l'imaginaire, selon Gilbert Durand, là où l'autonomie est possible afin de se donner à soi-même sa propre loi, selon Cornélius Castoriadis.

Le théâtre est rituel par excellence. Il est aussi l'île des métamorphoses, souvenir d'un âge d'or ou reconnaissance d'une réalité autre, inclusive de toutes les réalités particulières tout en les transcendant. Le théâtre s'estompe dans sa mise en scène pour laisser vivre l'écrit, mais, il est bien le feu qui permet d'inscrire l'écrit, le mot, le sens dans la parole et la mémoire du vivant. La sacralité du théâtre, portée d'abord par l'acteur, est confiée au spectateur comme révélateur de sa propre sacralité, de l'archaïque au sublime. Face au monde prométhéen de la rentabilité et de la quantité, le théâtre demeure voix d'Orphée et voie de Psyché, porteur de la fonction imaginale et opérateur de changements créatifs au cœur même de la psyché. Le théâtre, ce monde éminemment magique, s'adresse à la dimension mystérique de l'être, celle qui se saisit sans besoin d'explicitation ou de commentaire, celle qui traverse la personne et ses codes, émanation de la part indivisible de l'être, celle qui demeure.

Michel Langinieux, éveilleur et lanceur d'alertes, a fait le tour du monde avec un spectacle intitulé *Le Fou de Rien*, destiné à faire saisir au passant pressé de ce monde qu'il était tout à la fois, l'unique spectateur, l'unique créateur, l'unique réalisateur et l'unique acteur de son propre spectacle. Solipsisme désespéré ? Bien au contraire, félicité de l'Un. Ce spectacle qui n'en était pas un, heureusement décalé, voie d'Éveil en soi, qui non seulement ne pouvait laisser indifférent, mais rendait différent, avait pour fonction de créer, dans l'opaque et terne dualité, une brèche, un intervalle, pour laisser passer la lumière. « Bienheureux les *fêlés*, car ils laisseront passer la lumière » nous disait Michel Audiard qui, sans le savoir peut-être, invitait ainsi à la folie créatrice et libertaire. Cette brèche, cet intervalle, cet entracte, cette pause inattendue et spontanée dans la fuite du monde vers l'accident de vitesse, Michel Langinieux n'aura eu de cesse que de l'agrandir, la répéter, l'indiquer, mettant en perspective nos contradictions, nos lâchetés, voire nos aberrations.

C'est bien la même attention au Soi et la même intention originelle qui se sont manifestées dans son combat *mano a mano* contre l'État-tueur, l'État-assassin, quand il dénonça le scandale de l'amiante. Imaginez ! Un homme seul, de théâtre, et un homme du Théâtre de l'Éveil sur les scènes grises et poussiéreuses de nos tribunaux, bousculant les règles et montrant du doigt les criminels assis dans leurs fauteuils ministériels. Combat inégal d'un David artiste contre un Goliath qui se serait fait lui-même Golem afin de ne pas penser. Arpenter les tribunaux endormis pour y chercher en vain la justice et n'y trouver pas même la loi ! Éveilleur et lanceur d'alertes. Les deux temps d'un même mouvement salutaire, destiné à nous extraire de la torpeur, nous extirper de nos médiocres rêveries pour choisir le Songe. Michel Langinieux revendique, pour tous ceux qui ont renoncé, le droit de rêver si cher à Gaston Bachelard. Il demande à l'homme ordinaire de croire en ses rêves extraordinaires. Et de les réaliser. Michel Langinieux invoque, sur la scène du monde tel qu'il est, la liberté et la beauté de l'être en soi.

Christian de Caluwe aborde lui aussi le thème de l'identité entre le spectateur et le spectacle, sous d'autres rapports, celui des mythes, celui de l'imaginaire, celui des neurosciences. Il nous rappelle que « lorsqu'on va voir une pièce de théâtre, on va se « voir ». Replongeant le lecteur dans les racines du théâtre, de l'Inde à la Catalogne, passant par la Grèce, la Chine, le Japon, parmi d'autres contrées, il identifie les composants dynamiques d'une « culture secrète » qui sous-tend le théâtre rituel et sacré, serpente à travers les cultures communes et officielles tout en les nourrissant. En interrogeant « le théâtre et son double », il renouvelle la problématique, finalement faustienne, du *doppelgänger*. Sur la scène de théâtre, ce qui est caché peut sortir de l'ombre, le non encore conscient peut apparaître et se laisser traverser. Symboles, métaphores et autres procès thérapeutiques, c'est-à-dire qui réconcilient avec soi-même, l'autre et le monde, s'ordonnancent opérativement selon les principes de l'alchimie. Il n'est pas anodin de retrouver le personnage du fou, mis en scène si brillamment par Michel Langinieux dans les analyses et les explorations subtiles de Christian de Caluwe. La folie orientée « à plus haut sens » libère des multiples masques de la farce du monde, seul lieu de l'entendement, et permet l'émergence d'une connaissance ésotérique de soi-même.

C'est une chance de découvrir conjointement ces deux arpenteurs, l'un de l'acte à la pensée, l'autre de la pensée à l'acte, sur la double scène du livre et du monde. Si le théâtre est un regard, il veut embrasser toutes les directions et inclure les dimensions cachées. Avec l'un et l'autre, nous métamorphosons la triste farce de ce monde en Théâtre vivant de l'Éveil.

de Changy, Valérie, *Fils de Rabelais*, De Borée, 2018.

Alors que les inépuisables études rabelaisiennes sont légion, Valéry de Changy a fait le choix judicieux du roman pour mieux révéler les multiples facettes de ce François Rabelais auquel nous nous référons à de nombreux titres sans toujours bien saisir la portée de l'héritage profond qu'il nous a laissé.

Dans un XVIᵉ siècle pénétré lentement mais sûrement par les idées de la Renaissance, Rabelais a déclenché de nombreuses hostilités à son égard dont celles d'une Sorbonne monolithique au service du dogme catholique. En 1543, La Sorbonne condamne *Pantagruel* et *Gargantua*. La protection des Du Bellay lui évite des ennuis majeurs. *Le Quart Livre* lui vaudra une nouvelle condamnation et cette fois, peut-être, des ennuis bien tangibles. Il a recueilli un orphelin de treize ans, Justus, qu'il considère comme son fils, un fils qui baigne dans l'effervescence rabelaisienne et s'imprègne des idées libertaires de ce père adoptif. Nous pourrions dire de Rabelais qu'il incarne à son époque l'alliance entre tradition et avant-garde, la tradition étant cet incessant rappel à l'essentiel au sein des modernités successives. Cette posture est par nature intenable, suscitant adversités et incompréhensions dans tous les milieux. L'adversaire est ici le chevalier de Puis-Herbault, sorbonnard rigide qui se pense missionner pour protéger la foi. Il compte frapper Justus pour atteindre François l'humaniste et ses pairs.

Le roman est porté par une belle langue qui restitue le rythme rabelaisien de la vie. Le lecteur se plonge avec délectation dans l'intrigue et se confronte avec les idées portées par Rabelais. Au cœur des valeurs rabelaisiennes se trouve la liberté, liberté d'être, de penser et d'agir, une liberté qui doit s'inventer et se réinventer au quotidien par un affranchissement à la fois des conditionnements de l'époque et de conditionnements plus personnels. Il est intéressant de noter que Justus étant passionné d'arts culinaires, la saveur tient une place essentielle dans le roman. Or, le goût et l'odorat sont les plus immédiats des sens après le toucher, se prolongeant par l'ouïe et la vue jusqu'à la pensée. Cette approche sensorielle donne à l'expérience une indispensable assise « ici et maintenant » permettant de partir en quête du « déjà et pas encore », quête si singulière chez Rabelais.

Nous retrouvons dans la relation entre François et Justus le projet éducatif humaniste de Rabelais, soucieux d'embrasser les disciplines afin qu'elles se nourrissent les unes les autres. Nous parlerions aujourd'hui de transversalité. Le roman met également en lumière la place de la femme chez Rabelais. Il voudrait les libérer du fardeau sociétal qui les contraint dans la tenaille des mâles. Pour cela, il ne cherche pas à les idéaliser, mais les voudrait chair et esprit quand les uns ne les prennent que chair et les autres pur esprit. Valérie de Changy nous offre deux belles figures de femmes rebelles, Blanche et Eulalie, qui refusent le carcan dans lequel les préjugés communs les maintiennent et choisissent la marginalité d'une communauté.

Le roman reprend les thèmes rabelaisiens intemporels : la lutte contre les institutions qui, toujours, enferment, la vivance ou la survivance des idées nouvelles, la relation avec la nature, la question des affranchissements, celui du fils face au père, celui de la femme devant l'homme, nécessaires pour co-créer dans une véritable relation, celle de l'amour par conséquent. Il s'agit toujours, conclut Valérie de Changy, d'élever à la liberté. Sans oublier l'éclat de rire au cœur du tragique sans lequel Rabelais ne serait pas Rabelais. Comme toujours avec Rabelais, il apparaît furieusement actuel. Il est salutaire de se retourner vers lui pour nous réveiller de l'engourdissement sombre qui envahit aujourd'hui notre monde. Il y a un recours à Rabelais comme il y a un recours à Spinoza ou un recours aux forêts. Ce livre, d'abord publié en Belgique, a déjà reçu le prix Rabelais et le prix Contrepoint. Mais le plus beau prix pour Valérie de Changy, en véritable fille de Rabelais, est sans doute celui du lecteur qui sort de ce roman plus vivant qu'il ne l'était avant d'en ouvrir la première page. Rabelais sera toujours un renouvellement de l'intensité. À ne pas manquer. Et nous attendons la suite annoncée avec impatience…

Pozarnik, Alain, *Philosophie, méthode et pratiques initiatiques*, Dervy, 2018.

Alain Pozarnik est l'un des plus éminents penseurs de la Franc-maçonnerie. Il le démontre une fois de plus avec cet ouvrage très approfondi en mettant son expérience, non pas seulement maçonnique, mais surtout son expérience de vie dédiée à l'initiation et à la queste de l'Être, au service d'une pensée et d'une pratique. « Il est évident, confie-t-il, qu'au-delà de tous nos mouvements égotistes, il y a en nous un quelque chose de non affecté, d'immuable. C'est au centre de cette conscience d'Être que la vérité sur le mystère de la vie se révèle par un état d'Amour, et c'est ce chemin des initiés et des philosophes que je voudrais que nous empruntions ensemble… » Les temps ont changé, nous dit-il, la méthode de transmission initiatique ne doit plus être réservée. La jeunesse doit y avoir accès au risque d'une perte de l'Être dramatique et en corollaire de la perte d'une sagesse du quotidien indispensable à l'évolution. La tradition, loin d'éloigner du monde tel qu'il est, persiste, encore et encore, à ramener l'essence humaine dans les modernités successives. « La tradition est vivante, nous dit-il, parce qu'elle concerne des hommes vivants, voyageant sur un chemin qui conduit à la déification naturelle de l'humain. » Et d'insister sur la notion de fraternité, bien mal comprise aujourd'hui : « La fraternité est le chemin vers… ce que nous pourrons atteindre d'amour ou d'Amour avec un A majuscule. La fraternité qui deviendra peut-être Amour est l'essence naturelle de la vie humaine, du devenir humain en Homme accompli. L'évolution darwinienne de l'homme-animal passe par la fraternité et devient Amour. Devenir jusqu'à l'Amour, est l'évolution de l'homo-sapiens. »

Nous distinguons clairement, derrière les mots, la finalité non-duelle du procès initiatique, l'Amour étant la saisie immédiate de la non-séparation, expérience qui s'affranchit des règles, des normes, des représentations et des croyances. « Pour devenir ce que nous sommes, alors que nous sommes autre chose que ce que nous pouvons devenir, il ne faut pas vouloir ce que nous croyons être. L'absolue réalité se gagne, dans un premier temps, par la conquête volontaire de la vie de l'Être alors qu'ensuite l'Esprit se fait connaître à partir de l'Être réellement en vie. Autrement dit, l'attention à soi-même des initiés n'est pas une introspection qui découvrirait la cause de ce que nous sommes ou de ce que nous pourrions être d'autre. Ce que nous pouvons devenir d'autre ne peut être découvert qu'en le vivant, c'est-à-dire uniquement en l'expérimentant, en l'exerçant, en appliquant concrètement à notre manière de vivre ce qui est actuellement sous forme de potentialité et, dans un deuxième temps, lorsque nous serons en harmonie, nous nous laisserons agir par l'énergie universelle. »

Inlassablement, Alain Pozarnik nous ramène à une ascèse initiatique éminemment pragmatique, mettant en garde contre « l'initié d'un soir » au verbe facile, mais aussi contre la carence de la pratique qui empêche la réalisation du but intellectuellement compris. S'il propose une philosophie de l'Être, s'il évoque le parfum du devenir, c'est pour mieux nous inviter à devenir inventeurs de notre liberté. Car s'il y a transmission, l'Être, le Soi, ne se transmet pas. Il demeure. Le cheminement initiatique, qui relève lui de la transmission, conduit à cette ouverture et à la réinvention de soi-même. D'où les « fragments d'une méthode » proposés au lecteur et même les exercices rassemblés en fin d'ouvrage pour répondre à la question, souvent évitée, « mais enfin, comment ? ». La méthode initiatique est avant tout individuelle même si elle connaît ses passages obligés, comme l'attention, l'accès au silence. Elle vise la traversée des formes, la reconnaissance des conditionnements et la non-identification aux composés du moi, laissant libre la place pour l'Être. « Seul l'homme, nous dit Alain Pozarnik, par ses efforts possibles à œuvrer sur un axe intérieur, auquel il est attentif, peut échapper à des actions, des pensées et des sentiments prédéterminés par son histoire passée. Seul l'homme, axé par son Être, a la connaissance de manière indiscutable de sa position de prisonnier et d'exilé, parce qu'il peut évaluer la relativité de sa liberté même lorsque sa pensée égotiste croit choisir librement. La liberté n'est pas seulement un choix, elle est une libération des choix. »

Patrice de la Perrière et Stéphane Rossini, *Le Blason. Langage de l'héraldique*, Dervy, 2018.

Le Blason est aujourd'hui un langage qui nous semble peu accessible alors qu'il était probablement très partagé au XIIIe siècle. « L'héraldique, nous dit d'emblée Michel Pastoureau, est la science qui a pour objet l'étude des armoiries. Celles-ci peuvent se définir comme des emblèmes en couleurs, propres à un individu, à une famille ou à une collectivité et soumis dans leur composition à des règles particulières qui sont celles du blason. C'est l'existence de ces règles — au reste peu nombreuses, moins complexes qu'on ne le croit généralement, et dont la principale concerne l'emploi des couleurs - qui différencie le système héraldique européen de tous les autres systèmes d'emblèmes, antérieurs ou postérieurs, militaires ou civils. »

L'ouvrage de Patrice de la Perrière et Stéphane Rossini allie pédagogie et esthétique pour mettre à notre disposition un véritable cours, très progressif, d'héraldique qui intéressera tous ceux qui sont concernés par le sujet ou, plus généralement, ceux qui s'intéressent au blason pour ses dimensions philologique, artistique ou historique. Si les armoiries étaient à l'origine individuelles et privilèges des combattants, elles devinrent héréditaires et ne demeurèrent pas réservées aux seuls hommes d'armes. Dès le XIIIe siècle, note Michel Pastoureau, des femmes, des artisans, des ecclésiastiques, voire des paysans, présentent leurs armoiries. Jamais, les armoiries ne furent réservées à la noblesse, comme nous le pensons couramment. Les armoiries se développèrent et connurent leur apogée entre le XIVe siècle et le XVIIe siècle avant de connaître des destins divers selon les cultures européennes.

Les auteurs évoquent les blasons comme de véritables « armes parlantes » tant elles apportent des informations sur la vie quotidienne de celui qui les porte. Ils participent à la fois à l'identité et au devenir. La première partie de ce livre indispensable est consacré au blason lui-même : l'écu, les émaux (métaux et couleurs — règle chromatique — fourrures — gravures), les partitions, les pièces, les meubles. La deuxième partie étudie la syntaxe élémentaire : l'énoncé du blason, les variations des pièces et meubles, la lecture des armoiries, les écus composés, les armes parlantes et la création d'un blason. La troisième partie développe les grands thèmes du monde médiéval comme la triple joie (chasse, amour courtois, guerre), le bestiaire, la flore du blason dont les plantes magiques et d'autres thématiques comme les animaux fabuleux (dragon, griffon et autre licorne). Le reste de l'ouvrage traite des sceaux, ornements, armoriaux et enfin des tournois qui exaltèrent l'art du blason comme en témoigne le grand armorial équestre de la Toison d'Or, rassemblant les armes de l'ordre fondé par Philippe le Bon en 1430 à l'occasion de son mariage avec isabelle de Portugal. Cette partie de l'ouvrage est magnifiquement illustrée. L'art du Blason fut largement un art français et fait partie de l'héritage du pays, un héritage qu'il serait bon de se réapproprier afin d'accéder à la connaissance qu'enseigne sa riche symbolique.

***Les Littératures Maudites n° 2 — Actes du Salon 2017 dédié à Jacques Bergier*, L'Œil du Sphinx, 2018.**

Voici les actes de ce salon, devenu incontournable pour tous les passionnés de Réalisme Fantastique ou plus largement les amateurs d'insolite, qui se tient chaque année à Charleville-Mézières. Thibaut Canuti, Conservateur en chef des bibliothèques, rappelle en ouverture la place de Jacques Bergier : « De Bergier on retient l'intelligence surhumaine, la culture pléthorique, l'art du mensonge et la fascination pour le paranormal, l'occulte et les sciences avancées. Mais il ne faut pas oublier qu'il faut l'artisan principal de l'édition en langue française de deux monuments des littératures de l'étrange, Lovecraft et Tolkien. Il méritait ainsi amplement cet éclairage, celui fortéen du parrain de la manifestation, l'ami Philippe Marlin et littéraire par Joseph Altairac, au travers de l'autre passion de Bergier, la science-fiction. »

Le sommaire, très divers, permet d'approcher certains des thèmes chers à Jacques Bergier : *Jacques Bergier, amateur d'insolite et scribe des miracles* par Philippe Marlin et Joseph Altairac – *L'Atlantide, la cité disparue* de Jean-Marie Beuzelin – *Clarles Richet et l'affaire de la villa Carmen* par Renaud Evrard – *Jack L'Éventreur démasqué* de Sophie Herfort – *Le mystère des dames blanches* par Stéphanie Del Regno – *La longue histoire des loups-garous* de Marie-Charlotte Delmas – *Charles Fort, collectionneur de faits maudits* par Claude Arz – *Les lettres ummites* par Stone Gardenteapot – *Jésus thaumaturge* de Bertrand Meheust – *Une introduction à la légende des quatre fils Aymon, défense et illustration du patrimoine ardennais* de Philippe Vaillant.
Personnalité hors-norme, véritable aventurier, Jacques Bergier, à qui nous devons *Le Matin des Magiciens* et l'excellente revue *Planète*, tous les deux en collaboration avec Pauwels, présente de multiples facettes. Ce salon permet de mesurer son influence et de découvrir son héritage, comme le souligne justement Philippe Marlin : « Jacques Bergier a su nous faire rêver et a suscité derrière lui toute une génération de chercheurs parallèles qui ont poursuivi ses impertinences scientifiques dans des collections de légende qu'il a fortement marquées de son empreinte (J'Ai Lu, l'Aventure Mystérieuse, les Chemins de l'Impossible, etc….). Ces chercheurs sont maintenant à Charleville-Mézières pour ces deux journées, et avec eux nous continuerons à rêver avec le petit homme d'Odessa. »

Les domaines explorés par Jacques Bergier vont des *penny dreadful* ou *penny blood* aux avancées scientifiques comme les travaux de Tesla dont on sait qu'ils font aujourd'hui partie des investigations les plus prometteuses tant au niveau thérapeutique que de la santé. Il convient de distinguer ce qui relève de la fantaisie, de l'art et de la science sachant que parfois la science peut se révéler fantaisiste et la fantaisie aboutir à une découverte scientifique majeure. Jacques Bergier incarne un état d'esprit qui manque cruellement à notre époque.

Actes des Rencontres de Berder 2017 autour de Jean-Charles Pichon par l'Association Les Portes de Thélème, L'Œil du Sphinx, 2018

Voici un très beau recueil des interventions aux dixièmes rencontres de Berder qui se renouvellent avec talent pour explorer de nouveaux espaces de pensée et de création. Cette fois, le thème central fut l'Apocalypse en ses diverses dimensions, philosophiques, théologiques, artistiques, cinématographiques et la relation que nous entretenons avec ce sujet à travers la question de notre propre mort et de la disparition éventuelle de l'espèce humaine. Lauric Guillaud note le fort usage du mot *apocalypse* en notre époque qui cumule les incertitudes. Cependant, d'autres sujets, sans lien direct avec ce thème dominant ont pu être abordés.

Sommaire : *Cinéma et apocalypse* de Jean-Charles de Oliveira – *Les nouveaux prophètes* de Julien Pichon – *Les 5 oosei de Haruchika Noguchi* par Emmanuel Thibault – *Pluton, le dieu qui fait danser les mythes* par Geneviève Béduneau – *John Dee à propos d'une exposition à Londres* par Philippe Marlin – *Cinéma et censure* de Jean-Christophe Pichon – *La conversion du pétale ou un mois de questions dessinées* de Silvanie Maghe – *Du gai savoir à l'absurde* de Julie Cloarec-Michaud – *Science-fiction et apocalypse : écologie et catastrophisme* de Lauric Guillaud – *Débat. L'Apocalypse* de Claude Birman et Lauric Guillaud – *La langue des oiseaux* de Sylvie Pinet – *« Frise Pichon « faite à la main : on avance !* de Julien Debenat – *Les secrets de l'efficacité de l'acupuncture enfin dévoilée* par Jean-Marie Lepelletier – Etc.

Julien Pichon prolonge le travail métaphysique de Jean-Charles Pichon sur la trace des prophètes et surtout des nouveaux prophètes que l'on peut chercher du côté de la recherche en mathématiques et physiques quantiques avec, entre autres, la prédiction d'objets cosmologiques. "Le temps a été le support et l'outil du prophète. Mais il a été aussi l'objet même de la quête ontologique. On peut également se poser la question du rôle des mathématiques. Est-ce un outil pour prédire des phénomènes du réel ? Ou est-ce les mathématiques sont des éléments structurants de la chose ? Est-ce que les mathématiques constituent les propriétés principales de la chose ? Est-ce que ce sont les seules propriétés principales ? Est-ce que les mathématiques sont la chose ? Est-ce que les mathématiques ont été génératrices de nouveaux concepts ? Et si oui, à quelle réalité doit-on faire face ? Qu'est-ce que la Réalité ?" Derrière cette cascade de questionnements apparaît une autre question, celle de notre rapport au langage mathématique. Est-il le langage de la nature ou celui de l'homme qui pense la nature ? Dans quelle mesure devons-nous faire nôtre ce langage et pour quelles finalités ?

Actes des Rencontres de Berder-sur-Seine autour de Jean-Charles Pichon, L'Œil du Sphinx, 2018.

Cette édition des actes des Rencontres de Berder-sur-Seine autour de Jean-Charles Pichon qui se sont tenues en décembre 2017 rassemble trois interventions très approfondies :

Philippe Marlin nous plonge dans une analyse comparée de deux grandes œuvres qui lui sont familières, celle de Lovecraft (1890-1937), le prince noir de Providence, et celle de Jean-Charles Pichon. Il nous avait déjà démontré que Lovecraft avait développé la seule métaphysique matérialiste connue. Il nous livre "d'étranges résonances entre les deux œuvres, sachant que Jean-Charles Pichon a bien lu Lovecraft même s'il ne lui a jamais consacré d'écrit. Philippe Marlin met en évidence le rôle des archétypes dans les travaux des deux auteurs, mais il les différencie toutefois. Lovecraft est un 'machiniste', un" créateur d'univers » qui donne du sens. Jean-Charles Pichon est un chercheur, il est en quête du sens.

Jean-François Gérault nous introduit au mentalisme, ou plutôt aux mentalismes puisque les définitions les plus basiques nous conduisent soit vers l'illusionnisme soit vers « une approche plus intérieure de la psychologie ». Ce sont ces deux dimensions qu'il explore ici. Lui-même pratiquant du mentalisme et de l'hypnose, il retrace l'histoire complexe du mentalisme, qui passionne de nouveau les Français, évoque Harry Houdini, l'une des grandes figures de cette discipline « basée sur des psychologiques, sur de la manipulation, de l'hypnose, et d'autres astuces pour donner l'impression au public qu'il est possible de lire les pensées ». Il nous présente la loi du mentalisme de Victor Segno pour faire le lien avec le développement personnel et la loi de la pensée nouvelle de William Walker Atkinson qui lui est, dit-il, concomitante. Il s'agit de mentalisme métaphysique.

Jean-Michel Nicollet s'intéresse, et nous intéresse, au mythe du golem et à ses composants. Popularisé par Gustav Meyrinck, le mythe kabbalistique fait écho à d'autres traditions, égyptiennes ou autres, et permet d'introduire le concept d'égrégore. Si le mot lui-même semble être une création récente (Victor Hugo, 1857), le concept est ancien. « En général, nous dit l'auteur, c'est une force psychique ou une entité créée et nourrie par un courant spirituel ». Jean-Michel Nicollet interroge le concept et sa fonction à travers divers regards, celui de Jung et de son inconscient collectif, celui de Robert Ambelain qui souligne la fonction du rituel dans la création et le renouvellement des égrégores, ou encore celui d'H.P. Blavatasky. Il aborde aussi les questions du retournement d'un égrégore, de sa destruction, à travers les apports de Stanislas de Guaïta et von Sebottendorf notamment. Le texte très documenté et illustré réalise une excellente synthèse sur un sujet hautement complexe et souvent mal compris.

Laigle, Jean-Pierre, *L'Anti-terre*, L'Œil du Sphinx, 2018.

Jean-Pierre Laigle, pseudonyme de Rémi Maure, est un spécialiste reconnu de la science-fiction et un écrivain atypique. Après un volume consacré aux *Planètes Pilleuses*, publié en 2013 chez le même éditeur, il traite ici de plusieurs thèmes mystérieux abordés par la SF.

Le concept d'Anti-Terre apparaît avec le pythagoricien Philolaos de Crotone. L'Anti-Terre vient compléter la décade de sphères : Ciel étoilé – Soleil, Mercure, Vénus, Terre, Lune, Mars, Jupiter, Saturne. On sait l'importance du 10 dans le pythagorisme avec la fameuse Tetracktys. Cette idée fut spécifiquement pythagoricienne. Au XIXe siècle, elle connut une deuxième vie aussi bien avec les occultistes qu'avec les auteurs de science-fiction. Jean-Pierre Laigle rend compte de la dynamique du thème au sein de la SF depuis *From World to World* en 1896. Le thème permet d'introduire des réflexions fort diverses, des questionnements sociétaux ou des critiques sociales : « Rétrospectivement, nous dit l'auteur, l'Anti-Terre apparaît aussi impossible que fascinante. Les philosophes, les occultistes et les astronomes ne l'ont-ils jamais prise au sérieux ? Reste la fiction. C'est d'abord un lieu commun où placer une utopie, comme jadis une île ou une contrée inconnue. Ainsi D. L Stump y transpose-t-il son Amérique idéalisée, S. Béliaev un socialisme accompli, de même que dans une certaine mesure P. Capon au début de sa trilogie, H.T. Flensborg une société qui a résolu ses problèmes les plus graves dans son premier roman et l'équipe hétéroclite de *The power of Warlock* le concept mystique d'une humanité bénéficiant in fine d'une rédemption du péché originel et peut-être plus réussie que sur son modèle terrien. » Jean-Pierre Laigle ne traite pas seulement des Anti-Terres dans ce livre, mais aussi d'autres curiosités de la SF : la vie dans la haute-atmosphère, les allumeurs d'étoiles, les autres mondes concaves selon Edmund Halley et quelques épigones, enfin Vulcain, le mythique monde inframercurien. Tout ceci est aussi passionnant qu'étrange.

Face à la peur de l'extinction du Soleil, divers auteurs ont imaginé des secouristes en tout genre capables d'allumer les étoiles ou de les sauver. Si les solutions proposées font l'éloge de la science, Jean-Pierre Laigle remarque parfois les signes d'une mystique solaire ou stellaire. Le mythe vulcanien fut d'abord scientifique, fruit des propositions d'Urbain Le Verrier (1811 – 1877) pour expliquer alors les anomalies observées dans l'activité de Mercure. En 1802, un précurseur de la SF, Nicolas Anne Edme Restif de la Bretonne (1734 – 1806) publie les aventures extraordinaires du duc Multipliandre. Ce dernier explore plusieurs planètes inframercurielles non sans, là aussi, quelques éléments de mystique solaire. Plus tard, la SF anglo-saxonne développa les possibilités vulcaniennes avec des auteurs comme Roman Frederick Starzl, Leslie Frances Silberberg, John Russell Fearn ou Clifton Bryan Kruse. Jean-Pierre Laigle aurait souhaité des développements de meilleurs qualités que ceux produits, toutefois il reconnaît l'intérêt de ses écrits d'un point de vue analytique. Cette contribution de grande qualité par un auteur érudit intéressera bien entendu les lecteurs de SF, mais aussi plus largement ceux qui recherchent dans la littérature, populaire ou non, des marqueurs de l'évolution de la pensée et de notre rapport au monde.

Pichon, Jean-Charles, *L'anthologie ontologique*, L'Œil du Sphinx, 2018.

Voici une triple histoire relatée par Jean-Charles Pichon, une histoire de l'humanité, une histoire de lui-même et une histoire de la pomme, celle d'Ève, celle de Pâris, celle de Guillaume Tell, celle de Newton, et d'autres, autant de symboles puissants. « D'autres symboles, nous dit Jean-Charles Pichon, traversent les Âges, plus émouvants ou créateurs ; mais rares sont ceux dont la légende, en son évolution, exprime aussi clairement le chemin ambigu de l'homme vers la mort et la liberté ; car, dans le péché, le rapt, le choix, le don, le péril, la lucidité ou la création, c'est bien toujours une liberté qui est en cause, si menacée qu'elle soit. »

Car cette histoire tridimensionnelle est bien une queste de liberté, d'infini et de beauté, antidote aux monstruosités humaines : « La négation du diable, dit-il, a ressuscité le diable. Plus certainement que le cercle noir de l'occultisme, la rune du druide ou l'effigie magique du prêtre vaudou, la naïveté, la vanité contemporaine ont su tirer les grands démons de leur sommeil en sollicitant la raison. Où l'envoûteur n'affaiblissait qu'un homme, le psychanalyste en a réduit deux cents millions ; où le médecin-man a changé la population de vingt-cinq grands États en aimables sursitaires, handicapés dès le berceau où ne vivant plus qu'à force de drogues, de vitamines qui ne vitalisent pas et d'un quelconque antibiotique qui dénature de fait la vie. Où le sorcier, pendant une heure ou une journée, contraignait le futur initié à vivre un peu contraint dans une case étroite, un peu épouvanté par les cris de la nuit, nos planificateurs ont jeté deux milliards de citoyens conscients dans le tumulte vain des prisons capitales. Et quand, hier, les peuples — artisans, paysans — vivaient dans l'ignorante intelligence des signes, des saisons et des plantes (cette ignorance s'appelait l'instinct), nos démons les ont liés à l'érudition *conne* que l'instruction dispense aux races civilisées.

Sous sa triple figure destructrice, menteuse et enlaidissante, le démon est parmi nous. Il règne. Il tue, abêtit, démolit, avec l'aide des Pouvoirs, dont les représentants ont le visage même, cruel ou sardonique, veule, repu, de Satan, le menteur, de Léonard à la double face ou de Belzébuth, le dieu des mouches et des voleurs. Or, très étrangement, ce retour du démon, de moins en moins de gens en doutent ; mais la pensée se fait jour qu'il doit en être ainsi *pour que les choses changent*, et je n'y disconviens pas. Ce que je veux dire dans ce livre n'est pas aisé à dire, mais je le crois nécessaire. C'est que ces diables sont aussi des dieux. Je voudrais qu'on apprenne à respecter les dieux — et les démons — pour désapprendre à détruire l'homme. Je voudrais donner de l'homme et des dieux une figure bien plus fraternelle, humaine chez ceux-ci et divine chez celui-là. Pour que celui qui me lira ne soit plus dupe des sorciers qui mènent et nous tuent. » Il s'agit d'une vaste entreprise de démystification, mais aussi de réhabilitation, voire de restauration, d'exploration cyclique des infinis et de l'identification des limites humaines.

Ce volume de six cents pages est une sorte d'encyclopédie d'un nouveau genre en deux volumes : *La méthode et l'illusion* puis *L'erreur et la réalité*. La dialectique joue un rôle important dans ce traité qui n'est pas seulement de métaphysique. Nous pourrions aussi évoquer une infraphysique, une physique des abîmes obscurs, d'où extraire les pépites de l'expérience à la recherche, non de révélations, mais d'équilibre. Cela passe par un auto-abolissement de la personne, afin de laisser libre la conscience. « Et sans doute il est vrai : même s'il répond au Sphinx, s'il pénètre jusqu'au cœur en étoile du dédale, le chercheur est mangé. Mais, pour que ce néant suive toutes les quêtes, il faut qu'à chaque étape du labeur pénétrant, une faille s'ouvre en ce qui est, comme le bois se creuse à chaque tour de vis, la terre à chaque coup de pioche, le flot à chaque brasse, le feu sous le tisonnier. Et, de fait, il n'est pas de forme révélée au cours de la pénétration absurde qui ne soit étincelle, écume, terreau, copeau, il n'est pas de néant qui ne soit une ouverture. Puisque l'entropie seule mène à l'abîme sans fond, j'en préfère croire les retours de la pensée païenne, réinventée, qui tous les dix ans, tous les deux mille ans, toutes les ères glacières ou tous les *kalpa*, renvoie l'humanité à de nouvelles espérances, plus folles *et* plus conscientes que l'espérance passée. Même si, à mi-chemin des montagnes sublimes, l'humanité s'installe, pour cinq cents ans ou dix siècles, dans les vallées de péché où mûrissent les fruits. » La démystification ouvre l'espace pour un réenchantement qui ne réduit pas la liberté. « Les orbites du temps, conclut Jean-Charles Pichon, où s'inscrivent les symboles et où les dieux éclosent, épousent en cet instant (le premier jour d'hiver) la pierre où je me dore, ronde et plate, empourprée sous le soleil de midi. » Un livre profond et magnifique par un sublime éveilleur.

**Archives secrètes du Prieuré de Sion présentées par Jean-Pierre Deloux,
L'Œil du Sphinx, 2018.**

Ces documents inédits proviennent de Pierre Plantard qui les confia en 1983, pour publication, à Jean-Pierre Deloux (1944-2009). À l'époque, le projet ne put aboutir. Pierre Plantard, personnage pour le moins ambigu, fonda le Prieuré de Sion, sous la forme d'une association, en 1956, et le mythe qui l'accompagne. Pour cela, il n'hésita pas à puiser dans l'histoire, à la tordre pour ses objectifs et à produire de faux documents. L'invention du mythe moderne du Prieuré de Sion est tout à fait passionnante et significative aussi des attendus de notre société aliénée. Pierre Plantard, malgré quelques revers et erreurs, orchestra magistralement la naissance et le développement de ce mythe qui intègre l'affaire de Rennes-le-Château ou plus exactement les « affaires », et la question mérovingienne.

Jean-Pierre Deloux, qui a bien fréquenté l'homme au côté de Gérard de Sède, n'est pas dupe : « Force nous est faite d'admettre qu'il est la principale source de l'affaire et qu'à lui seul (ceci étant pour ceux qui dénient toute existence au Prieuré), il a créé un mythe moderne fédérateur de nos interrogations qui n'a pas fini de faire couler de l'encre ou de faire tourner le celluloïd. Affabulateur, mythomane, peut-être ? Et encore, cela reste à prouver. Manipulateur, inventeur et mythographe : assurément. Quant à ses compétences en hermétisme, le lecteur va pouvoir juger sur pièces. »

Certes les définitions de l'hermétisme sont nombreuses, du néologisme du XIXe siècle, presque synonyme d'occultisme ou d'ésotérisme, à la définition plus stricte faisant référence aux écrits attribués à Hermès Trismégiste et qui concernent l'alchimie, l'astrologie, la magie, la philosophie, la théologie. Si nous prenons cette dernière définition, celle qu'il conviendrait d'employer, on ne peut que constater la pauvreté du propos. Si nous prenons le terme dans son acception en vogue encore aujourd'hui, les textes proposés ne sont pas inintéressants d'un point de vue historique et culturel par les liens qu'ils proposent. « Ces textes, précise Jean-Pierre Deloux, quand ils furent rédigés, n'avaient pas pour but d'être diffusés. Ceux que nous publions sont, selon toute vraisemblance, une très modeste part d'un ensemble bien plus vaste, que Plantard qualifiait d'archives du Prieuré de Sion. Ces travaux sont contemporains de la "période Plantard". »

Jean-Pierre Deloux a organisé ces textes par thème, facilitant ainsi la lecture et stimulant l'intérêt du lecteur. Les textes, souvent courts, parfois de simples notes, abordent l'histoire, la symbolique ou les mythologies. Ils sont typiques de la période de Pierre Plantard, d'autres personnages ayant procédé de même à une époque où il était difficile d'accéder aux sources. « Ces documents, nous dit encore Jean-Pierre Deloux, permettent de se faire une idée de la culture, des connaissances étendues de leur auteur, et surtout des modes de penser particulier à l'hermétisme. Pierre Plantard qualifiait ces textes de *rêveries*. Ils font effectivement référence à une pensée qu'on laisse divaguer volontairement durant le rêve éveillé, à un passage volontaire du coq-à-l'âne par le biais de jeu de mots et d'associations libres. Ce mode participe de la pensée analogique et de l'interaction ludique des symboles, qu'on ne pratique guère aujourd'hui. » Si nous sommes loin de la rigueur de l'hermétisme en son sens le plus strict, y compris de la Langue des oiseaux qui est tout sauf une rêverie, ce serait une erreur de rejeter ces textes. L'intérêt est d'un autre ordre certes, mais il existe.

Exemple avec *Le Prince Vert* : « *Prince Vert* est celui qui admire sa superbe origine pour se proposer une fin plus superbe encore. Afin que ses ancêtres descendent de lui, il renverse les arbres de la forêt généalogique pour les dresser racines en l'air. Le peuple qui reconnaît sa révolte en Thierry la fronde et Robin-des-Bois exige du Prince Vert la qualité aristocratique et le droit de paraître en champ clos, croix rouge sous le tissu vert de l'écu. Le peuple admire la prairie verte, buveuse de sang où se marient le "sel de la terre" et la "sueur de ton front", mais à une condition : que cet aristocrate n'ait pas de parents. » Ce simple passage s'offre aux multiples dimensions de l'interprétation : politique, sociétale, métaphysique, et même alchimique, exceptionnellement. Les contributions sont qualitativement inégales, mais la plupart d'entre elles ne manquent pas d'intérêt. Bien entendu, elles ne sauraient valider le montage opéré par Pierre Plantard, mais parfois, la poésie transforme le rêve en songe. Cet ouvrage, de belle facture, est sans doute l'un des rares ouvrages intéressants sur le sujet.

Lectures croisées d'un imaginaire du temps. Essai d'anthropologie historique comparée sous la direction de Georges Bertin, L'Œil du Sphinx, 2018.

Cet ouvrage collectif offre un très beau sommaire au lecteur passionné par la recherche sur l'imaginaire : _Pour une herméneutique du temps_ de Georges Bertin – _Le calendrier celtique_ de Paul Verdier – _Carnaval ou le Temps à l'envers_ de Georges Bertin – _Banvou, histoire d'un nom au Pays des Grandes merveilles_ par Claude Letellier – _Le temps des Indo-européens_ de Bernard Sergent – _Imaginaire et histoire cyclique_ par Lauric Guillaud.

Afin d'explorer les mythes en leurs multiples dimensions et d'en retirer connaissances et expériences, Georges Bertin propose la mise en œuvre d'une herméneutique du temps. En s'appuyant sur les travaux de personnalités fort diverses comme Henri Laborit, Jean Borela ou Gilbert Durand, c'est une véritable pédagogie du mythe que recherche Georges Bertin :

« Celle-ci est à la fois :
- instituante, en fixant les mythes dans une tradition, un terroir, un topos particulier, ce qui entraîne une limitation de leur sens,
- spéculative dans la mesure où le Mythe doit rester intelligible aux groupes sociaux concernés, puisqu'il permet de poser à son sujet la question de l'être, il est facteur de communication et Marcel Mauss nous enseignait jadis qu'on ne peut communier et communiquer entre hommes que par symboles.
- intégrative, car il ne devient efficace qu'intégré à soi-même et nous amène à édifier notre corps spirituel en même temps que nous l'accomplissons selon sa vérité profonde. L'herméneutique l'actualise comme il nous actualise. »

Carnaval est un thème idéal pour Georges Bertin en raison de sa proximité, de son intimité même, avec l'imaginaire. À la fois intervalle et célébration, Carnaval est indissociable de Pâques et du Carême. Le fou, le charivari, les veillées mascarades et cavalcades, la mise à mort du roi, l'enterrement de Carnaval évoquent dimension dionysiaque de cette fête dont la fonction sociétale fut de première importance, notamment aux 15e et 16e siècles : « La contre-culture qui éclot à cette époque, indique Georges Bertin, y gagne en même temps que, au sens propre, ses lettres de noblesse, une audience et une reconnaissance publique. Le réalisme et la provocation de l'Art Roman, le monstrueux présent dans toutes les églises sont là pour en témoigner, au même titre que l'exaltation du bas corporel, de la laideur et du grotesque dans les images d'une fête populaire laissant issir tout ce qui avait trait au bas ventre. De fait toutes les tendances régressives, les plaisirs et défenses d'ordinaire contenus pouvaient se donner libre cours dans le Carnaval. La licence extraordinaire que l'on pouvait constater dans les manifestations de la fête des

Fous, du Carnaval était en effet profondément ambiguë : contestation de l'ordre établi, libération du paraître et du discours en même temps que récupération, exutoire, et au bout du compte confortement de l'ordre social. » Et Georges Bertin d'avertir avec force et raison : « Que disparaisse Carnaval de nos pays aseptisés, de nos systèmes culturels où déjà règnent en maîtresses absolues téléparticipation mentale, société du spectaculaire et imageries virtuelles, et le souffle froid de la mort sociale se ferait bientôt sentir, présageant sans doute inévitablement le retour de dieux beaucoup plus violents.

Entre le multiple et l'un, entre le temps des origines et celui de la nécessité, tant que vit la fête carnavalesque vit encore sans doute notre liberté. » Les différentes contributions rassemblées dans ce livre relèvent de cette anthropologie de l'imaginaire que Gilbert Durant a promu, discipline qu'il y a urgence à reconnaître comme des plus essentielles à l'humanité.

Facon, Roger, *Fulcanelli et la géopolitique du Diable*, L'Œil du Sphinx, 2018.

Ce livre s'inscrit dans une tradition d'écriture qui fut à la mode, notamment, dans les années 70 et qui mêle réalités, mythes et histoires personnelles. À condition de ne pas prendre pour argent comptant l'écrit de Roger Facon, le lecteur passera un bon moment. Comme dans ses précédents ouvrages, parus chez le même éditeur, *Fulcanelli et les alchimistes rouges*, *Fulcanelli, Commandeur du Temple*, le propos n'est pas étayé et heureusement tant ce qui est décrit est sombre.

Dans le méli-mélo proposé au lecteur, on trouvera quelques informations pertinentes, mais la plus grande part de l'ouvrage relève de l'interprétation fantasmatique. Outre le maillage confus autour de Fulcanelli, nous passons des survivances du nazisme à la contre-initiation en passant par la Trilatérale ou *Skull and Bones*, les Maisons noires de la Fraternité tout aussi noire, pas loin des théories complotistes en vogue. Nous sommes plus proches roman de para-littérature que de l'initiation, alchimique ou non, et des voies de l'éveil.

Ferjault, Jacky, *Moi, Howard Phillips Lovecraft*, L'Œil du Sphinx, réédition, 2018.

Cette réédition de l'autobiographie imaginaire de Howard Phillips Lovecraft était très attendue. Le talent et l'érudition de Jacky Ferjault permettent au lecteur de vivre au côté de Lovecraft et d'approcher au plus près l'intimité psychologique de cet auteur exceptionnel. Reprenons la présentation très juste réalisée par Joseph Altairac en début d'ouvrage : « A la lecture de cette biographie imaginaire décidément plus vraie que nature, on s'apercevra que la conception lovecraftienne du bonheur s'avère beaucoup plus simple qu'on pourrait le penser, et je connais plus d'une personne de mon entourage qui partage les aspirations du prétendu solitaire de Providence : davantage d'argent, davantage de livres, davantage de crème glacée (ou de toute autre spécialité gourmande de votre choix, le sanglochon, par exemple), davantage de ballades et de discussions avec les copains. Davantage de femmes ? Sur ce sujet, la réponse sera un peu réservée, surtout lorsque ces dernières se mêlent de renouveler votre chère garde-robe. Chez Lovecraft, le grignotage de gaufrettes au gingembre se transforme en festin pantagruélique, l'achat d'une édition moderne du *Moine* de Lewis devient une formidable trouvaille bibliophilique, et la visite du Québec rivalise sans peine avec la découverte du Machu Picchu ou l'exploration clandestine de Tombouctou. Lovecraft était un grand rêveur, on le savait, mais certains de ses lecteurs ignoraient sans doute à quel point, sur ce sujet, il pouvait se montrer proche d'eux. Grâce à Jacky Ferjault, nous serons désormais plus nombreux à pouvoir dire : "Je suis un ami de Howard Phillips Lovecraft". » Il est intéressant d'observer une certaine « normalité » chez celui qui, comme nous l'a rappelé Philippe Marlin, a conceptualisé la seule métaphysique totalement matérialiste. Il se dégage même du livre un certain « art de vivre lovecraftien » fait d'appréciation intense de choses simples et de songes extraordinaires nourris par la banalité.

Jacky Ferjault puise dans une riche correspondance, souvent inédite en français, et les archives de Lovecraft pour récapituler les faits, petits et grands, qui fondent la personnalité de Lovecraft, la personne privée, mais aussi la personne de l'écrivain. Il fait voler en éclat l'image habituelle, sombre et solitaire, de Lovecraft pour dresser le portrait d'un homme attachant, plein de joie de vivre, faisant face à ses contradictions personnelles comme professionnelles, soucieux de l'autre et capable d'une sociabilité soutenue. Son œuvre prend ainsi une perspective différente. Elle n'est pas le fruit amer d'un « cerveau malade » ou d'un « ésotériste décalé » comme on a pu l'entendre dire, mais bien une création remarquable d'auteur qui explore lucidement des dimensions peu courantes de la psyché humaine. Ce livre est une opportunité d'approcher le « vrai Lovecraft » et d'établir avec l'œuvre fantastique du maître de Providence une relation renouvelée.

Ferjault, Jacky, *L'art chez H. P. Lovecraft*, L'Œil du Sphinx, 2018.

Jacky Ferjault poursuit son travail passionnant et érudit sur Lovecraft et son œuvre avec sa précision habituelle. Cette fois, il est question de la place de l'art dans la vie et les écrits de Lovecraft. Nous savons déjà que « l'ermite de Providence » ne fut en rien un ermite, mais fut pleinement acteur de la vie de son époque. L'ouvrage débute par l'art épistolaire. Lovecraft produisit une correspondance considérable que Jacky Ferjault qualifie avec raison d'art. Lovecraft écrira beaucoup à ses correspondants au sujet de la littérature, mais aussi de la vie quotidienne et de ses aléas.

Lovecraft s'intéressera à l'art, à tous les arts. L'ouvrage étudie la question par champ artistique. Après l'art épistolaire, nous trouvons ainsi les magazines et les fanzines, la littérature en prose, la poésie, la cinématographie, le théâtre, le théâtre radiophonique, la magie et l'occultisme, l'architecture, les arts picturaux, la sculpture et la musique. Lovecraft investit tout ce qui se présente ou presque, il s'en nourrit, il dissèque, il inclut ou il exclut. Il a souvent des opinions très tranchées, passe sans doute à côté de dimensions profondes, mais va aussi chercher la beauté ou la profondeur là où peu font l'effort. Ses intérêts multiples sont l'occasion d'échanges nombreux, notamment épistolaires. Ainsi, il écrit à son illustrateur et ami Willis Conover, au sujet de la magie et de l'occultisme : « La tradition magique à laquelle croient les gens superstitieux, et qui perdura depuis l'Antiquité jusqu'au Moyen-Age, ne fut en vérité rien de plus qu'un ensemble d'invocations puériles et de formules d'évocation des démons, etc., augmentée de systèmes de spéculation aussi arides que les philosophies orthodoxes. » Ses jugements sont souvent très tranchés, mais cela ne l'empêche pas d'investir le domaine. Il s'intéressera avec passion aux procès de sorcellerie, chercha à confronter les témoignages avec son scepticisme. Il entra également en contact avec Harry Houdini avec qui il collabora à divers projets jusqu'à la mort de Houdini le 31 octobre 1926.

La sculpture tient une place mineure dans son œuvre. Ce n'est pas le cas de l'architecture et de la musique. Tous ces arts s'inscrivent dans sa vision de l'esthétisme : « Mon point de vue personnel à l'égard des questions d'esthétique a toujours été basé sur la crainte devant le mystère du cosmos. La sensation dominante a été une sorte d'émerveillement extatique devant les étendues insondables de l'espace obscur et les joyaux scintillants des nébuleuses, du soleil, des planètes. Parmi ce drame kaléidoscopique, immortel, et sans limite du temps et de l'espace infinis, tout ce qui est terrestre et humain paraît se rétrécir jusqu'à devenir insignifiant. Il y a, à mes yeux, une sorte d'affreuse ironie dans la simple affirmation du point de vue humain. [...] J'aime considérer l'univers comme une intelligence cosmique isolée en dehors du temps et de l'espace. Sympathiser non seulement avec l'homme, mais avec les forces opposées à l'homme ou avec des forces qui n'ont rien à voir avec l'homme et ne se rendent pas compte qu'il existe. » Jacky Ferjault nous montre que Lovecraft « a puisé aux sources mêmes de l'architecture existante pour bâtir ses mondes, personnalisés, parfois embellis et souvent distordus à nos yeux, pour notre plus grand plaisir de lecteurs. »

Son rapport à la musique est plus complexe. Attiré par la musique très jeune, il en vit très mal les contraintes. Il finit par détester la « Musique sérieuse » tout en reconnaissant sa valeur esthétique pour de réjouir de la frivolité des opérettes ou opéras légers. Dans son rapport à la musique et à l'art en général, Lovecraft recherche une authenticité. Il ne se laisse éblouir ni par la technicité ni par la théorie. « L'expression sincère et artistique d'une beauté visible, dit-il, si elle est pleinement et loyalement rapportée sans extravagances ou maniérismes tapageurs, est toujours d'une valeur authentique qu'elle soit ou non moulée dans une époque particulière. Le meilleur art est intemporel — indépendant de toute époque, mais réduit à une simplicité et à une plénitude qui appartient à tous… » Ce livre démontre combien et comment Lovecraft interrogeait toute les formes d'expression humaine, toujours en quête du caché en l'être humain comme dans l'univers. Il s'intéressait avec intensité aussi bien à ce qui l'attirait qu'à ce qui le repoussait. Une telle démarche permet de mieux connaître le monde et de mieux se connaître. Il existe une psychologie lovecraftienne.

Phillips, Rog, *Un rat dans le crâne*, L'Œil du Sphinx, 2018.

Rog Phillips est oublié. Il fut avec Vargo Statten le premier anglo-saxon traduit chez Fleuve Noir en « Anticipation ». C'était en 1954. Rog Philipps, de son vrai nom Roger Phillips Graham (1909 – 1966) participa à l'aventure de l'équipe de Ray Palmer avec des publications comme *Amazing Stories* ou *Fantastic Adventures* qui firent le bonheur des amateurs du genre dans les années 1940. Il publia de nombreux textes sous différents noms. À la suite d'ennuis sérieux de santé, il réduit son activité littéraire avant de se consacrer au récit policier à partir de 1959. Il meurt prématurément à 56 ans. C'est finalement près de 200 nouvelles et courts romans qu'il proposa dans sa carrière.

Grâce à Richard D. Nolane, voici quatre nouvelles rassemblées pour les lecteurs : *Un rat dans le crâne – Les anciens Martiens – La galerie – Les parias*. La première fut finaliste du Prix Hugo en 1959. Richard D. Nolane note que l'originalité et l'imagination de l'auteur permettent à ces nouvelles de traverser le temps. La première nouvelle évoque un rat incorporé dès la naissance dans un automate. L'idée peut sembler désuète, mais elle sert des personnages singuliers qui eux ne le sont pas comme la critique des exactions faites aux animaux par les hommes. Les Martiens de Rog Philipps sont parmi nous, depuis des siècles et, cela complique les choses. Avec *La Galerie*, nous faisons connaissance avec une artiste extra-terrestre dont les portraits sont davantage que des portraits. Enfin, *Les Parias* met en scène un couple de mutants en fuite. Là encore, l'important est moins le thème formel que la réflexion qu'il permet.

Exemple :

« John retint Mary.

    – On ferait mieux d'attendre à l'écart, dit-il. Tu n'as sûrement pas envie de revoir ce type…

    – Ça ne me dérange pas… répondit tranquillement Mary. Maintenant c'est moi qui le plains. Je crois que c'était en fin de compte ce que je voulais découvrir. Et je l'ai trouvé. Je les plains tous, Harry le premier. Pour lui, j'étais belle et attirante…

Elle se tut un court instant avant de reprendre :

    – Cela dépasse notre simple apparence. C'est un modèle génétique qui s'est détraqué comme celui d'un tissu cancéreux. Et nous, on est la partie visible du cancer de l'espèce humaine, surgissant maintenant cent ans après la première bombe… Le modèle de l'espèce est infecté et *eux* sont l'espèce. Ils ne peuvent pas prévoir si leurs enfants nous ressembleront… ou pire. C'est ce qui les fait réagir comme ça. Et ce qui me les fait autant plaindre. »

À l'heure où l'on s'interroge sur l'effet à moyen et long terme des neurodivergences nées de l'impact des environnements pollués sur les gènes, ce texte est hautement actuel.

Le journal de l'abbé Saunière 1901 à 1905. Un trésor à Rennes-le-Château commenté par Patrick Mensior, L'Œil du Sphinx, 2017.

Après de nombreuses péripéties, voici publié le journal personnel de l'abbé Saunière qu'il rédigea avec application chaque jour du 26 mai 1901 au 19 septembre 1905. Il rend compte de la vie quotidienne au village de Rennes-le-Château et dans ses environs : météo, états des travaux dans le domaine, commandes de matériaux, activités des ouvriers, relations familiales, relations avec l'évêché, petits et grands déplacements… Le premier intérêt du journal est de découvrir la vie des habitants du village, l'abbé en premier, jour après jour. C'est un témoignage sur la vie difficile dans un village isolé.

Pris isolément, le journal semblerait rébarbatif à de nombreux lecteurs éloignés d'un intérêt socio-historique mais, croisé avec d'autres documents comme les carnets de correspondance de Saunière, le journal apporte des précisions utiles. L'appareil de notes qui accompagne le journal présenté en fac-similé et en transcription, permet de rendre vie au journal et de situer le quotidien de l'abbé dans le contexte de ses activités religieuses, mais aussi de tout ce qui alimente le mystère entourant la personnalité de Saunière et le site de Rennes-le-Château. De plus, Patrick Mensior identifie ou dresse le portrait quand cela est nécessaire des personnages cités dans le journal.

Patrick Mensior aborde également la question du trésor et pose l'hypothèse d'un trésor matériel retrouvé par Saunière, probablement caché ou enfoui pendant la période révolutionnaire. Divers documents attestent que les membres du clergé de la région ont cherché à préserver les biens de l'Église en les dissimulant. L'abbé Saunière a pu découvrir une cache. Il est question d'un souterrain qui se serait effondré en 1905 justement. Patrick Mensior met en perspective des documents municipaux de l'époque avec les extraits du journal, ce qui vient étayer son hypothèse.

On peut penser que d'autres documents sont encore à découvrir, d'autres témoignages, qui contribueront à clarifier le mystère ou plus simplement les questions sans réponse.
Cette belle édition intéressera tous ceux qui s'intéressent, de près ou de loin, au trésor de Rennes-le-Château.

Grasset d'Orcet, Claude-Sosthène, *Voyage à la légendaire Utique*, L'Œil du Sphinx, 2017.

Claude-Sosthène Grasset d'Orcet (1828 – 1900) est un personnage étonnant, aux multiples facettes. L'une de ses grandes passions fut l'archéologie. Les Éditions L'Œil du Sphinx, qui se sont spécialisées entre autres dans la publication des œuvres très diverses de Grasset d'Orcet, nous propose un ouvrage original, parfois étrange qui rend compte des fouilles archéologiques qu'il a menées en Tunisie, un épisode méconnu de sa vie aventureuse. L'ouvrage fut publié sous le nom de Comte d'Hérisson, mais le style si caractéristique de Grasset d'Orcet ne laisse aucun doute sur l'identité réelle de l'auteur.
Michel Aulonne, dans une précieuse introduction, clarifie les circonstances de ces recherches archéologiques et de la rédaction de ce rapport. Nous y apprenons que Maurice d'Irisson (1839 – 1898), après une belle carrière devient comte romain d'Hérission acheta en 1873 le château d'Hérisson dans le Bourbonnais. Il se lia d'amitié avec Grasset d'Orcet. Le contexte politique et culturel de l'époque conduisit les deux amis à envisager une expédition dans des contrées peu explorées de Tunisie qui fut financée par un groupe de commanditaires rassemblés par le comte. Ces recherches en Utique couvrirent une période allant du 31 janvier 1881 au 31 mars de la même année, trois mois d'aventures fructueuses sur le plan archéologique sans pour autant que des pièces exceptionnelles ne soient mises à

jour. À la suite de l'expédition, une exposition et une « Relation », compte-rendu des fouilles, furent organisées par le comte et son ami Grasset d'Orcet. L'exposition souleva des polémiques. Les étiquetages et interprétations de Grasset d'Orcet furent contestés par les spécialistes de l'époque, non sans raison. L'affaire devint même publique et politique. Nos deux compères sauront retourner la situation à leur avantage par, déjà, leur maîtrise des médias.

Parmi les erreurs de Grasset d'Orcet, il y a l'élaboration d'un panthéon uticéen quelque peu fantaisiste, un ensemble aussi fascinant qu'il est scientifiquement faux. L'erreur vient de l'application irréfléchie de sa théorie cryptographique. « Il est convaincu maintenant, nous dit Michel Aulonne, que la technique du blason, ou du grimoire, s'est pratiquée dans presque toutes les langues, tant anciennes que modernes (…). Sa théorie s'est révélée inexacte, le grimoire ne peut s'appliquer à toutes les écritures, ses limites se circonscrivent au français, voire au latin et au grec. »
Grasset d'Orcet dut admettre son erreur. Ce livre n'en est pas moins intéressant. Il est un témoignage de la vision de l'auteur sur les civilisations antiques et il contribue à mieux cerner cette personnalité aussi attachante qu'originale.

Pichon, Jean-Charles, *L'âne qui a vendu son maître*, L'Œil du Sphinx, 2017.

Dans cet ouvrage original, Jean-Charles Pichon traite de la célèbre question de Heidegger « Pourquoi cela est-il là, plutôt qu'une autre chose ? », question qui intéresse tant les scientifiques que les artistes, les philosophes et les métaphysiciens. Jean-Charles Pichon fut hanté par cette question et c'est Artaud qui lui permit d'avancer, Artaud qui voit dans l'objet de l'organique et seulement de l'organique. La question est difficile, vertigineuse et vouloir y répondre engage sur des chemins pleins de dangers. La paranoïa guette, suggère Jean-Charles Pichon. « Cela nous prouve, poursuit-il, à quel point il était difficile, hier, de distinguer l'objet de l'idée. Cela est plus facile aujourd'hui : de Bosco à Auster, de Queneau à Pérec, cent textes le prouvent. Mais aucun de ces machinistes n'a répondu à la Question, ni Heidegger, ni Artaud. Écrivains, ils ne savaient qu'écrire, peintres que peindre, musiciens que musiquer. Philosophes, ils ne savaient que philosopher : les pires, qui, de chaque mot, nombre ou figure trouvés, font aussitôt l'idée maîtresse. Quand il s'agit de distinguer l'objet (de l'élire), de l'investir (de le miser ou de le prendre), de le projeter, non pas dans une idée, mais en son dépassement original (originel).

Cette « acception » ne doit pas être de conception sans demeurer de perception. Cette « préhension » ne doit pas être de compréhension sans demeurer d'appréhension : ce chemin est terrible. Le dépassement inexprimable — -

un « jet » ne doit pas être seulement une projection : une exposition, une jection, une imposition, etc. Je l'ai dit, ce dépassement ultime, un « objectif - objecté » (dans le *Déménagement zodiacal*). Mais je n'y avais trouvé d'autres symbole-image que l'arbre – ou plutôt celui-là, le saule pleureur, qui ne pleure pas, de mon jardin." Il y a du Alfred Korzybski, le fondateur de la sémantique générale, dans les propos de Jean-Charles Pichon qui choisit de traiter la question dans un dialogue entre un conteur et un professeur. Le livre alterne les chapitres du conte bien connu *L'âne qui a vendu son maître* et les analyses de Jean-Charles Pichon, conteur et professeur étant tous les deux soumis à l'objet.

Jean-Charles Pichon clarifie la question, oblige au dépassement des oppositions dualistes : « Ces mots, aux jours que nous vivons : l'animus, l'anima, ont comblé cent théoriciens, mille analystes, mille foules d'auditeurs. Ils ne comblent pourtant que l'hiatus des genres sexuels, ils laissent béants l'espace qui sépare la matière, la masse, de l'effigie. Au point que le prolétaire ne sera pas, jamais, le fonctionnaire qui l'asservit. J'avancerai cette hypothèse : l'hiatus final entre ana et meta, l'inventaire et la borne, ne joue pas seulement de l'animus et de l'anima (ils sont encore de l'âne), ni de la production et de la consommation. Ils jouent de la tapisserie et de son envers, la trame. Des multiples aspects offerts à ton regard, car le poème, la peinture est innombrable : cependant que ceux-là se défont, ceux-ci se font ailleurs — à la confuse brume des fils pendus dont l'assemblage doit constituer une autre Tapisserie, ici même. À quel niveau ? En celui-là qui transcende les 'séjours' même des dieux, bien au-delà des 42 de l'*Apocalypse*, jusqu'aux images finales, indestructibles, du mythe, de la légende, dont l'Elu ne sera jamais que le traducteur. La glorification de l'âne.»L'opposition fondamentale entre le conteur et le professeur autour des pérégrinations de l'âne, se réduit dans le silence et le lâcher prise. N'est-ce pas ce à quoi conduit sciences, arts, philosophies et métaphysiques dès lors que le jaillissement est permis ?

Wendigo — *Fantastique & horreur n° 4. La fille de Satan*, L'Œil du Sphinx, 2017.

Nous retrouvons avec grand plaisir cette revue-livre qui rassemble des nouvelles fantastiques. Cette fois, Richard D. Nolane, artisan de cette publication, puise au-delà de la date limite de 1945, poussant jusqu'aux années 1950, période de la fin des *pulps*. "Si 1945 avait bien entamé nous dit-il un virage dans l'édition des magazines populaires de genre, il était finalement assez dommage de se priver de ce qui avait été publié au cours du reste de ce virage long d'une dizaine d'années et au cours desquelles le format digest avait remplacé le grand format pulp, avec changement de politiques éditoriales à la clé pour suivre l'évolution des goûts du lectorat."

La fille de Satan qui orne la couverture, nouvelle écrite par E. Hoffmann Price, nous transporte dans l'archéologie fantastique où se mêlent aventures et érotisme magique.

Le portrait du mort de D.O. Marrama conduit le lecteur vers un sympathique fantôme. C'est dans le coin sombre d'une auberge qu'un journaliste raconte à ses amis cette rencontre assez classique.

Un chevalier de grand chemin de Richard Marsh restitue à la fois par le style et le thème l'ambiance du milieu du XVIIIe siècle.

Le manoir de Rog Phillips nous introduit à un autre genre, celui de l'angoisse. Cette nouvelle traverse les temps et les ressorts de l'époque s'avèrent toujours efficaces.

L'enfant de la mort de Guy Boothby relate l'histoire d'une enfant maudite à bord d'un navire qui connaît une mutinerie.

Le vaisseau des hommes silencieux de Philip Fisher Jr, autre nouvelle maritime, relève d'une autre dimension, avec l'histoire d'un équipage confronté à d'inquiétants et incompréhensibles phénomènes électriques.

Marionnette de John D. Swain met en scène la marionnette d'un ventriloque qui, à la mort de ce dernier, s'exprime et pas toujours de manière complaisante envers son propriétaire.

Le dixième commandement de Victor Rousseau évoque, entre surnaturel et secrets, l'histoire d'une famille bourgeoise typique du début du XXe siècle.
La marche des zombies de Thorp McClusky nous emmène dans l'Amérique profonde. Un ancien pasteur fait travailler les morts, ce qui n'est pas toujours sans inconvénient malgré de nombreux avantages financiers.

Chaque nouvelle est précédée d'une courte biographie de son auteur resituant l'œuvre dans le contexte de sa rédaction. Ce nouveau numéro de *Wendigo* offre une belle qualité de textes et redonne vie à une littérature injustement oubliée.

Pichon, Jean-Charles, *Si la notion n'est pas maintenue…*, L'Œil du Sphinx, 2017.

La pensée de Jean-Charles Pichon englobe de vastes domaines dont les sciences quantiques et la métaphysique. Cet essai court et particulièrement dense constitue autant un commentaire qu'une exploration du texte de Samuel Beckett intitulé *Le dépeupleur.* Le point de départ de Jean-Charles Pichon réside dans l'identification de cinquante machines littéraires depuis 1848 : "Toutes ces machines, précise-t-il, nous sont données comme singulières, uniques, bien que toutes prétendent à recouvrir l'univers entier (astrophysique ou biologique, mathématique ou psychanalytique, mythologique ou poétique) ou, plus exactement la localisation du JE dans l'univers."

Parmi les auteurs de ces machines littéraires, nous trouvons Edgar Poe (*Eureka*, 1848), Wronski, Saint Yves d'Alveydre, Villiers de l'Isle-Adam, Mallarmé, Yeats, Jarry, Kafka, Daumal… Souvent, un auteur apparaît comme le traducteur, le redécouvreur ou le schismatique d'un autre. Jean-Charles Pichon y distingue l'action de machines littéraires à l'œuvre à travers ou indépendamment des auteurs. Ce qui n'est pas sans évoquer les machines répliquantes de Gilles Deleuze. 'La machine de Beckett a pour objet, nous dit-il, de définir et de préciser le fonctionnement du 'séjour où les corps vont cherchant chacun son dépeupleur.' Beckett raconte tout de la vie des habitants de ce cylindre, sorte de boîte de conserve, sauf le début et la fin. Cette machine est close, désespérément close. Jean-Charles Pichon en imagine une sortie, en basculant le cylindre, réinterrogeant la 'Forme Vide où viennent mourir les dieux et en naître d'autres'. Beaucoup des questionnements suggérés par Jean-Charles Pichon, à travers les mathématiques, ou le rapport à la langue, relèvent des philosophies de l'éveil : "L'affaire du cylindre', chère à Beckett, ne serait-elle autre, encore, que l'affaire du seuil, non plus distingué de l'appareil, son séjour ? Et le possesseur de la boîte de corned-beef, du cornet de glace, du bull-roarer, le Jupiter justicier ou l'Apollon flûtiste, seraient-ils autres que JE ? Non plus seulement le seul hôte de l'imaginaire séjour, mais l'unique auteur de toutes ces merveilles. Sans doute, en ce point, Dieu est mort. Et la Mère elle-même, la première vaincue, n'est plus que la mariée pendue, la demoiselle, la hie, de toute machine célibataire, Jésus est crucifié, Iahvé enrage, le Créateur n'a plus que faire, le Double est un reflet ou un écho, la science se love en vain — le vieux serpent, le Directeur ne dirige plus rien. Tout se passe en dehors des dieux, inutiles. Mais quel ressort secret anime le culbutant ?'

Le texte de Jean-Charles Pichon est accompagné d'un commentaire et de dix études graphiques de Silvanie Maghe. En 1990, Sylvanie Maghe illustre *Le Dépeupleur* de Beckett et envoie le texte avec ses illustrations à Jean-Charles

Pichon qui écrit alors *Si la notion n'est pas maintenue…* L'une et l'autre sont préoccupés par la même question : Comment échapper à la 'Forme Vide', au cylindre de Beckett ? À la perte de sens ? À la stérilité de la machine ? De même que Jean-Charles Pichon prolonge et d'une certaine manière libère *Le Dépeupleur*, Sylvanie Maghe prolonge le travail de Jean-Charles Pichon par ses gravures talentueuses, qui illustrent ce qui se passe, ce qui apparaît, quand la notion que Beckett voulait à tout prix maintenir s'échappe…

Samson, Charly, *Si Bugarach m'était conté*, L'Œil du Sphinx, 2017.

Bugarach s'est fait connaître presque brutalement, et au grand dam de habitants, quand certains crurent bon de le présenter comme un refuge lors de la fin du monde soi-disant annoncée pour 2012 par des prophéties mayas. Cette annonce fortement médiatisée a finalement masqué l'intérêt que présente le pic de Bugarach.

Toute montagne invite à la méditation et porte ses mystères. D'un point de vue géologique tout d'abord, Bugarach est étonnant puisque les couches les anciennes sont les plus visibles. Ce fait rare justifierait de faire le détour vers ce haut lieu du Razès pour découvrir la majesté inquiétante du lieu et les paysages magnifiques qui l'entourent. Le Razès est une terre de légendes, anciennes ou modernes, du tombeau de Marie-Madeleine aux bases secrètes d'ovnis. Nous sommes tout prêt de Rennes-le Château et de Rennes-les-Bains qui concentrent nombre de mystères, mais aussi Marceille, Alet-les-Bains… Les mythes se chevauchent aux interprétations multiples et souvent fantaisistes. Cependant, la matière mythologique est réelle. Il y a beaucoup à travailler et à explorer.

Charly Samson rend compte de sa relation personnelle avec le site et des recherches qu'il lui a consacrées en lien avec le groupe des Amis de la Salz, du nom de la source salée qu'il souhaitait préserver. Recherche d'un trésor, présence extra-terrestres, couloirs du temps, arche d'alliance… voici quelques-unes des préoccupations du groupe. Le Pic de Bugarach est vraiment un lieu magique…, confie l'auteur, mais dans le véritable sens de ce mot. Tel un souverain accueillant, mais secret, il domine sa région. Il semble maîtriser les forces de la nature qui l'envahissent et lui confèrent une personnalité redoutable dans sa majesté. Il est né de bouleversements géologiques particuliers qui sont à la base — dans tous les sens de cette expression — des intenses vibrations qui l'animent : forces cosmiques, forces telluriques, courants d'eau, réserves de sel, et multiples grottes et cavernes pour la plupart inconnues qui sillonnent ses profondeurs. Le vent caresse ses flancs, mais parfois semble lui manifester une certaine hostilité.

Il joue avec le soleil en créant des illusions qui nous rappellent la beauté de récits bibliques. Les quatre éléments de notre univers jouent avec le Bugarach. La terre depuis la poussière presque impalpable de ses sentiers jusqu'aux roches cyclopéennes qui le coiffent. L'air et le feu du vent et du soleil qui l'enlacent chaque jour. L'eau qui n'est pas que celle que lui offre la pluie, mais aussi l'eau de ses sources qui puisent dans ses profondeurs d'étranges saveurs. Les éléments de la matière ne font pas tout le Bugarach. Quelle vie anime cette masse depuis ses entrailles jusqu'à sa surface que nous connaissons plus ou moins bien ?

POURQUOI ADHÉRER A L'ODS

En plus de rassembler toute une « faune de l'espace » passionnée de littératures de l'imaginaire, science-fiction, fantastique, fantasy, etc et tant de chercheurs érudits des univers de l'étrange, l'ODS est une association active qui organise ou coordonne de nombreux événements dans les domaines qui nous intéressent.

C'est un fait que l'activité de publication de fanzines qui était son expression principale à ses débuts a dû être transférée vers notre maison d'édition, EODS, faute de lecteurs assidus dans un secteur qui s'est peu à peu reporté vers le web. Certaines revues ont disparu, d'autres sont nées à cette occasion. Force est de nous adapter au potentiel du lectorat d'aujourd'hui, et nous voilà au XXIe siècle !

Toutefois, tout en nous adaptant, nous tenons, à l'ODS, à préserver cette convivialité qui fut toujours la première motivation de notre existence associative. C'est pourquoi nous poursuivons avant tout l'organisation de rencontres, conférences, congrès, dîners thématiques et autres missions scientifiques autour des thèmes qui nous sont chers. Participer à ces nombreuses activités, les organiser ou permettre à certains invités de venir y présenter leurs travaux, voilà aujourd'hui la vocation de l'ODS. Ainsi, tout au long de l'année, vous êtes conviés à nous rejoindre lors de dîners informels, comme celui du Nouvel Eon en janvier, et toutes sortes de rencontres à thèmes intitulées « on the spot », selon le calendrier de la venue d'auteurs en région parisienne, ainsi qu'à des colloques de haute teneur dont ceux organisés à Rennes-le-Château (ARTBS) ou à Paris comme le Congrès

Fortéen, les journées Heuvelmans ou Jacques Bergier, etc, mais aussi à nous rendre visite sur les stands des nombreuses conventions auxquels nous participons.

L'organisation de ces événements et la participation de l'association à ceux organisés par d'autres sont aujourd'hui devenus notre activité principale, car c'est ce qui fait vivre notre univers littéraire et préserve ce caractère unique qui nous plaît. Si certains supports de lecture disparaissent petit à petit au profit de medias plus modernes — du fanzine au webzine, des listes de discussions aux réseaux sociaux, etc. — il reste que nous sommes tous attachés aux livres originaux au format papier, non seulement à l'objet que l'on peut aujourd'hui commander en trois clics, mais surtout à ce qui va autour, c'est-à-dire les rencontres, les discussions, le partage et les possibles collaborations qui s'improvisent au gré des initiatives de nos membres les plus passionnés et, bien entendu, au plaisir de lire !

La participation de chacun à cette fourmillante activité littéraire et autour de la littérature se coordonne le plus simplement possible par le moyen de notre association, et c'est la raison d'être de l'ODS. En y adhérant, et surtout en participant par votre présence et votre concours à ces rencontres, ainsi qu'à la naissance et la réalisation de nouveaux projets, vous nous aidez à prolonger la vie de notre multivers littéraire. Bienvenue à tous et merci pour votre présence !

Emmanuel Thibault, membre du Conseil de AODS.

LES ÉDITIONS DE L'ŒIL DU SPHINX

SARL au capital de 15.245 €

R.C.S. Paris B 432 025 864 (2000 B11249)

36-42 rue de la Villette

75019 PARIS

FRANCE

Mail ods@oeildusphinx.com

http://www.œildusphinx.com

http:/boutique.œildusphinx.com

Tél 09.75.32.33.55

Fax 01.42.01.05.38

Toutes nos parutions sont sur :

http://boutique.oeildusphinx.com

Achevé d'imprimer en février 2019
par Kindle Direct Publishing
Dépôt légal : février 2019